# 当代阿拉伯国家
# 社会结构研究

The Social Structure of
Contemporary Arab Countries

詹晋洁　著

社会科学文献出版社
SOCIAL SCIENCES ACADEMIC PRESS (CHINA)

本书出版获陕西师范大学优秀学术著作出版基金资助

本书系国家社会科学基金西部项目"阿拉伯国家社会结构的演进及其对社会稳定的影响研究"的最终成果

本书系陕西师范大学土耳其研究中心"中东治理与国家发展道路"系列成果之一

# 序

  毋庸赘言，中东是国际政治的热点地区，也是二战后局部战争的高发地区。二战后，这里先后爆发过争取独立的民族解放运动、推翻君主制的革命，以及四次中东战争、黎巴嫩战争、两伊战争、海湾战争、阿富汗战争、伊拉克战争，最新的则有"阿拉伯之春"引发的利比亚冲突、叙利亚内战和也门内战，所有上述冲突使中东成为大国博弈的舞台、世界关注的中心。在政变、革命与战争的活剧中，中东的政治家也如走马灯一样轮番登场，各自拿出手里的绝活，吸引着台下的万千民众。

  如果说，中东的政治活剧吸引了媒体和一般观众的眼球的话，那么研究中东的学者近几十年来关注的则是引发上述政治、经济变革的一些深层原因，其中之一就是中东的社会变迁。国内涉及较早的著作有彭树智主编的《二十世纪中东史》（高等教育出版社 1992 年版，2001 年修订版），刘竟、安维华主编的《现代海湾国家政治体制研究》（中国社会科学出版社 1994 年版），黄运发、黄民兴的《中东画卷——阿拉伯人的社会生活》（辽宁大学出版社 1996 年版），王铁铮主编的《沙特阿拉伯的国家与政治》（三秦出版社 1997 年版），黄民兴的《沙特阿拉伯——一个产油国人力资源的发展》（西北大学出版社 1998 年版）等。近年来的著作有毕健康的《埃及现代化与政治稳定》（社会科学文献出版社 2005 年版）、哈全安的《中东国家的现代化历程》（人民出版社 2006 年版）、戴晓琦的《阿拉伯社会分层研究——以埃及为例》（宁夏人民出版社 2013 年版）、王新刚的《现代叙利亚国家与政治》（人民出版社 2016 年版）和张超的《现代伊朗社会转型中的中产阶层研究》（中国社会科学出版社 2016 年版）等。同时，国内还有一些博士论文也是以中东社会作为研究对象的。

可以说，迄今为止国内学界已经出版了不少涉及中东社会方面的研究成果。不过，与上述著作不同，晋洁的这本书是迄今为止国内出版的第一部深入系统研究中东地区社会结构变迁的专门性著作。该书以他的博士论文为基础，同时作为国家社科基金的成果进行了大幅度修改。本书首先对社会结构与社会分层的理论范式进行了探讨，并提出了阿拉伯国家社会阶层的划分标准；其次，分析了近代以来阿拉伯世界社会结构演进的基本轨迹和社会结构演进的推动力（包括社会革命与政治权力体系、现代化与城乡社会关系、城市化与传统部落社会、教育和知识阶层四个维度），以及社会结构演进的基本特征（外源型、突变性、过渡性）。书的主体是阿拉伯社会的分层谱系研究，包括社会上层（政治精英、经济精英、军事精英和宗教精英）、社会中间阶层和社会下层（游牧民、农民、城市贫民、工人阶级和外籍劳工），以及三个特殊视角下的社会群体（妇女、民族和教派）。总体来看，本书的结构较为系统，注重运用有关社会结构与社会分层的理论，辅以大量的个案分析，且外文资料丰富，为我们全面认识阿拉伯世界的社会结构与社会分层提供了一个良好的基础。

放眼未来，我们仍然有很多工作需要做。首先是大量的个案研究，包括中东的人口、社会分层和社会结构的演变、部落问题、民族与教派、城市化、妇女地位、社会生活、宗教生活、风俗习惯、价值观念等。这样的研究既可以是国别的，也可以是地区性的。而且，上述研究应当使用多种语言的第一手资料，并尽可能地进行田野调查。

其次是社会结构与社会分层的国别综合研究。最后是地区性的综合宏观研究。目前，国内已经开展的国别和地区社会分层研究集中于当代，仅在追溯时探讨近现代，至于古代的研究就更加不足了。但是，从学术的角度看，我们必须系统地展开对中东地区和国别的古代（伊斯兰教兴起以后）、近代、现代和当代社会分层及社会变迁的研究，同时关注有关的理论问题。因此，中国的中东社会史研究任重道远。

是为序。

黄民兴

2019 年 2 月 1 日

# 目　录

# 图表目录

# 绪论
# 社会结构与当代阿拉伯
# 国家的社会变迁

　　社会结构与社会分层是理解一个国家和社会发展的关键性议题。从宏观视角观察，社会结构与分层体系对政治发展和政府政策、经济增长与衰退、社会稳定与动荡都具有重要的影响；从微观层面分析，社会结构与分层体系很大程度上决定了人们的政治地位、经济财富、社会声望以及生活方式与生活质量。一般而言，在社会权力结构中，基于出身、地位、财富、职业、种族、性别等结构性的不平等因素，一些人拥有影响国家与社会发展的核心权力，而大多数人虽然也能不同程度地参与国家的政治、经济与社会生活，扮演不同角色的行为体，但始终被排斥于权力体系之外。

　　社会结构与社会分层的主体始终是人，因此，有时候个体的生活史即便不能提供某个社会阶层的完整信息，也有助于我们逐步展开对于社会结构与分层的体系化研究。比如引爆"阿拉伯之春"的自焚小贩布瓦吉吉和在其中被迫下台的部分阿拉伯国家前领导者们，表面上看他们毫不相干，历史文化背景也有差异，但其个体生活史都反映了阿拉伯国家社会分层体系中的一些既定事实：有人处于社会上层，生活富足并享有特权；有人处于社会底层，贫穷且无任何权势，而且社会底层的人数要远远多于社会顶层的人数。与此同时，这些既定事实中涉及社会结构与社会分层中的许多问题，比如贫富差距是否与道德品质和个人天分有关？阶级背景如何影响人们在社会中的地位？权力的获得取决于家族、财富、教育还是政治声望？其实这些都隐含了一个核心问题，就是社会分层是不平等的，源自不同时代各种政治、经济和社会力量的持续推动。当然，或许这些问题始终得不到令人信服的解答，但在研究阿拉伯国家社会结构与社会分层问题中是值得关注的。笔者并非社会学专业出身，但打算运用社会学中有关社会分层的理论，从历史的角度阐释阿拉伯国家社会结构的演变，努力探讨基于各种划分标准的当代阿拉伯国家社会各阶层的基本发展状况，以及与国家和社会稳定的互动关系。笔者认为这是一次有意义的尝试，可以为国内的阿拉伯国家社会史研究提供一种研究思路和方法。

# 一 理解阿拉伯国家社会变迁的一把钥匙：社会结构的演变

2010年12月以来，在西亚北非地区的阿拉伯国家爆发了一场西方媒体所称的"阿拉伯之春"的社会改革运动。这场突如其来的反政府浪潮肇始于突尼斯，然后迅速席卷埃及、利比亚、也门、叙利亚等国家，并波及阿尔及利亚、约旦、沙特等其他阿拉伯国家，影响程度之深或许是二战以来中东政治民主化进程中罕见的。这场连锁剧变直接导致突尼斯、埃及、利比亚、也门四个阿拉伯国家原有威权政府垮台，激烈的社会冲突引发持续性的社会动荡，严重冲击了社会稳定。如今，近十年过去了，有的阿拉伯国家依然处于不稳定状态：在埃及，穆斯林兄弟会被官方解散，民选总统穆尔西被埃及军方赶下台，军人出身的塞西成为总统；在叙利亚，政府军与反政府军之间的混战依然持续；在沙特阿拉伯，王位继承问题也引起地区与国际社会的广泛关注；在也门，内战冲突仍在持续。

有关"阿拉伯之春"爆发的原因，学术界目前存在两种观点：一是强调内因，如民生与经济问题、政治腐败与民主化进程缓慢等因素导致激烈的社会变革；二是强调外因，认为西方国家是幕后推手。从形式上看，西方国家在这场政治剧变中的作用是不能忽视的，但追根溯源，主要还是内因发挥了主导性作用。长期以来，一些阿拉伯国家政治权力体制渐趋僵化，腐败严重，裙带关系影响较大；近40年的依附型经济运行模式造成经济结构畸形发展，造就了大批垄断性产业和寡头精英，掌握了国家经济命脉；虽然多年保持一定的经济增长，但一些阿拉伯国家社会财富再分配体系的不完善等因素导致社会两极分化和社会不公现象较为严重，贫富差距愈来愈大。因此，总体上，还是阿拉伯国家内部国家治理体系出现了严重问题，而这些问题在一定程度上又与阿拉伯国家的社会结构、社会关系的失衡有着很大关联。我们可以看到，极少数人居于社会上层，属于统治阶级，垄断了国家绝大多数的资源；社会中间阶层力量弱小，缺乏有效的社会流动机制；而社会下层规模庞大，贫困失业问题严重，生活缺乏保障。所以，不合理的社会结构与社会分层体系，容易引发社会关系的紧张，从而影响到国家与社会的稳定。

彭树智先生曾指出，研究阿拉伯世界应该用宏观、中观和微观三者相结合的原则与方法去探究阿拉伯地区的三个大层次的内外联系。就整体中东来说，宏观、中观、微观的顺序为中东，阿拉伯，阿拉伯的半岛区、新月区、马格里布区、埃及苏丹区等；就阿拉伯地区来讲，三者的顺序是阿拉伯地区、阿拉伯的分支区、阿拉伯诸国①。笔者也正是遵循这一理念，从社会结构和社会分层的维度出发，从历

---

① 彭树智主编《阿拉伯国家史》，高等教育出版社，2002，第4页。

史的视角分析和解读当代阿拉伯国家社会结构的演变及其对社会稳定的影响，这也是深入理解阿拉伯国家社会变迁的重要视角。

社会结构的变迁是研究二战以来阿拉伯国家社会转型的一个窗口。从传统社会等级制结构向现代社会结构的转换势必带来全方位的变化，涉及社会中的每一个个体及其组成的不同群体与阶层，社会成员的地位与角色也会随之发生较大变化。比如阿拉伯世界传统社会结构长期保持等级式的、相对固化的结构形态，人们依据血缘、家族、宗教等要素来划分社会阶层，以此来确定人们在社会中的位置。从19世纪中后期开始，随着阿拉伯世界现代化进程的启动与奥斯曼帝国的逐步衰落，基于经济、教育、职业等的社会新阶层开始涌现，打破了过去社会中的等级固化要素。二战以来，阿拉伯国家出现重大社会转型，社会各阶层进入分化与整合的重要阶段，社会结构的多元化特征更加明显，社会分层谱系与社会角色日趋复杂，社会流动也逐步加快。因此，传统社会结构逐步被新型的、充满活力的结构所取代。

当代阿拉伯国家从政治体制上可以分为君主制和共和制两大类，从经济上都属于外向型的发展模式，但也可分为产油国与非产油国，从区域上还可分为肥沃新月地带、海湾地区、马格里布地区等。可以说社会模式与发展类型各具特色。但是，每个国家基于历史传统与现代发展所构建的社会结构，深刻影响了各国乃至区域性的政治结构、经济发展和外交事务，而社会结构的变化有时甚至会直接影响到国家的发展路径方向。因此，从这个意义上来说，我们有必要去探究阿拉伯国家社会结构的变迁历程，分析影响社会结构变迁的推动力因素，勾勒当代阿拉伯国家社会分层谱系的基本情况，解读社会结构的演进是否对社会稳定产生重大影响等问题，这也是我们客观把握阿拉伯国家历史发展的重要维度和基础，有助于我们深入理解阿拉伯国家向现代社会转变的特征。同时，从全球视野看，深化对阿拉伯国家社会结构问题的学术探讨，对进一步认识发展中国家社会变迁的内涵与本质有较大的理论价值和学术意义。

## 二　国内外关于阿拉伯国家社会结构研究的学术史回顾①

### （一）国外学术史回顾

20 世纪 50 年代以来，国外学术界掀起了社会史研究浪潮，社会结构作为重要的社会史研究问题受到学术界的关注。总体上，包括中东国家在内的国外学术界对阿拉伯国家社会结构与社会分层的研究较为深入，既有宏观层面的考察，亦有微观研究。笔者将已有研究成果分为整体性研究、区域国别研究和专题性研究三大类，对其中较为重要的研究成果进行学术史的梳理与回顾。其他涉及阿拉伯国家社会结构、社会分层的通史性著作、论文、年鉴报告等均列入参考文献，此处不赘述。

#### 1. 阿拉伯国家社会结构与分层整体性研究

德裔以色列东方学家加布里·巴尔（1919～1982）专长于中东社会史研究。在其著作《阿拉伯东部的人口与社会》② 中，作者从地理和历史视角出发，提出"阿拉伯东部"（Arab East）的概念，区别于阿拉伯国家、新月地带国家、马格里布国家以及中东国家的概念，涉及埃及、苏丹、阿拉伯半岛、伊拉克、叙利亚、黎巴嫩以及利比亚等国家和地区。全书聚焦阿拉伯东部的人口统计（人口规模、分布与增长趋势）、女性与家庭、宗教与族群社团、生态结构（贝都因

---

① 国内外关于社会结构与社会分层理论的学术研究详见第一章。
② Gabriel Baer, translated from the Hebrew by Hanna Szoke, *Population and Society in the Arab East*, Routledge and Kegan Paul, 1964.

人、土地与农民、城市）以及社会分层五大议题。作者特别提到在分析阿拉伯国家社会分层问题时，应注重划分标准的多维度，诸如权力、地位、声望、财富、职业等。据此，作者从宏观角度将阿拉伯国家的社会群体划分为上、中、下三层，同时对当时的上层阶级、中产阶级、底层阶级和劳工进行了简要概括与说明。虽然该书成书于20世纪60年代，但依然有助于从宏观上把握20世纪20年代至50年代末部分阿拉伯国家社会结构的总体状况。

哈里姆·巴拉卡特（1936~ ）是叙利亚知名社会学家和作家，他的著作《阿拉伯世界：社会、文化与国家》[①]共分为五个部分，从阿拉伯社会、政治整合与身份认同、社会结构与组织、阿拉伯文化活力、市民社会等视角全面分析了当代阿拉伯世界的社会风貌。其中的第二部分"社会结构与社会组织"从社会阶级、家庭、宗教和阿拉伯政治四个方面探讨了当代阿拉伯国家的社会阶层组成及其相互之间的关联，同时指出在现代化转型过程中，阿拉伯国家的社会各阶级、家庭、宗教、政治以及市民社会的构建都面临挑战。

德裔美国学者、普林斯顿大学政治学教授曼弗雷德·哈尔彭（1924~2001）的著作《中东北非社会变迁的政治学》[②]（已出六版）是20世纪60年代有关中东政治史研究的佳作。全书包括五大部分十九章，作者在第二部分"社会结构的改变"（第三至第六章）中分析了从摩洛哥到巴基斯坦这一区域社会各群体地位的嬗变。如传统社会精英上层国王、地主、资产阶级等的权力的衰落；作为国家革命和社会稳定力量的新中产阶级是否孤立于伊斯兰传统社会而存在；政治上的沉默者——农民的境遇；工人（非熟练工人）和失业者在社会转型中的地位与处境。

---

[①] Halim Barakat, *The Arab World: Society, Culture and State*, California University Press, 1993.

[②] Manfred Halpern, *The Politics of Social Change in the Middle East and North Africa*, Princeton University Press, 1963.

艾伦·理查兹与约翰·沃特伯利两位学者撰写的《中东政治经济：国家、阶级与经济发展》① 一书，从三个变量之间的相互作用——经济增长和结构变化、政府政策与制度建设、社会阶级——考察和分析了中东国家政策如何改变经济，进而改变阶级结构，以及社会阶级与经济发展和政府政策之间的关系。在二战以来中东地区的经济转型问题上，作者详细描述了经济增长和结构变化、人力资本、农业、城市政治经济、公共和私人部门的发展等。关于中东政治与国家，作者认为政府政策的制定与选择一方面很大程度上依赖于经济发展现状和社会阶级的利益诉求，另一方面要保持政权稳定势必以政治排斥为代价，从而会引发广泛的信任危机。关于中东国家的社会阶级问题，作者讨论了城乡社会阶级特别是新中产阶级的兴起与政治认同，以及其对政府政策的影响等。

凡·尼文惠泽的《中东社会分层：一种诠释》② 是出版于 20 世纪 60 年代的一本研究中东乡村和城市社区社会分层的小书，全书仅84 页。作者高度概括了诸如社会上层人士、中产阶级、大众或无产阶级以及妇女等社会阶层的大致情况，指出中东是一个多元社会，社会分层系统还远未发展成熟；城乡社会阶层的划分取决于传统与现代两个维度，社会各阶层的地位受制于部族、宗教、职业、现代教育、官僚机构、城市化、工业化等多种因素。此书短小精悍，虽然成书较早，且所涉及理论和文献史料多为 20 世纪 60 年代之前，但为后来的研究者提供了研究思路和路径。

詹姆斯·比尔的论文《阶级分析与中东现代化的辩证法》③ 主要探讨了阶级关系、阶级运动与中东现代化的互动关系，从卡尔·马克

---

① Alan Richards and John Waterbury, *A Political Economy of the Middle East: State, Class and Economic Development*, Westview Press, 1990.

② C. A. O. van Nieuwenhuijze, *Social Stratification and the Middle East: An Interpretation*, Brill, 1965.

③ James A. Bill, "Class Analysis and the Dialectics of Modernization in the Middle East", *International Journal of Middle East Studies*, Vol. 3, No. 4, Oct. 1972.

思、拉尔夫·达伦多夫的阶级理论入手，重新分析了阶级的概念、阶级冲突与权力、阶级与社会群体等。特别是作者根据当时的阶级分析理论和具体社会阶级现状，勾勒出中东国家阶级结构的分类模式图，并探讨了阶级间的互动关系及其面临的挑战。该文有关中东社会阶级的描述与分析框架对本书具有重要的指导意义。

东伦敦大学的诺拉·安·科尔顿教授为"海湾国家发展、治理与全球化"科威特项目（该项目得到科威特科学进步基金会的赞助）撰写了题为《海湾合作委员会国家的社会分层》① 的研究报告。该研究报告运用了制度经济学契约理论中的委托代理理论②，聚焦科威特、沙特阿拉伯、巴林、卡塔尔、阿拉伯联合酋长国和阿曼六个海湾合作委员会成员国来分析和研究上述国家社会分层体系中统治家族与其他社会群体之间的合作与冲突关系。这为研究阿拉伯君主制国家统治家族与其他精英群体的关系提供了新的理论框架和视角。

### 2. 阿拉伯国家社会结构与分层区域国别研究

汉纳·巴塔图（1926～2000），巴勒斯坦裔美国著名的马克思主义历史学家和中东研究领域巨擘。他于 1978 年出版了《旧有社会阶级与伊拉克革命运动》③ 一书，该书是一部研究 20 世纪中东政治社会史的鸿篇巨制。作者用阶级理论与方法深入细致地研究了伊拉克

---

① Nora Ann Colton, "Social Stratification in the Gulf Cooperation Council States", Research Paper, Kuwait Programme on Development, Governance and Globalisation in the Gulf States, 2011.

② 委托代理理论（principal-agent theory）是 20 世纪 30 年代美国经济学家米尔顿·伯利和加德纳·米恩斯因洞悉企业所有者兼经营者的做法存在极大的弊端所提出的理论，建立在非对称信息博弈论的基础上。该理论认为，一个或多个行为主体根据一种明示或隐含的契约，指定或雇用另一些行为主体为其服务，同时授予后者一定的决策权利，并根据后者提供服务的数量和质量对其支付相应的报酬。授权者是委托人，被授权者是代理人。委托代理理论倡导所有权和经营权分离，企业所有者保留剩余索取权，而将经营权让渡给代理人。参见杨明基主编《新编经济金融词典》，中国金融出版社，2015，第 876 页。

③ Hanna Batatu, *The Old Social Classes and Revolutionary Movements of Iraq*, Princeton University Press, 1978.

社会结构演进过程中的旧政权和 1958 年后的革命运动。全书共分为三大部分。第一部分介绍了旧社会阶级与伊拉克国家的起源，分析了费萨尔王朝君主制时期（1921～1958）伊拉克社会各阶级的基本构成，并重点介绍了传统社会结构中的部落、圣裔、大地主、大商人等阶层，分析了这些阶层对当时伊拉克王国政治的影响。第二部分探讨了伊拉克王国共产主义运动的形成与演进过程，重点分析共产党在伊拉克的发展，指出当时伊拉克共产党内部结构复杂，同时与伊拉克独立党、复兴党、左翼民主党等其他党派和政治团体之间的冲突分歧较大。第三部分论述了 1958 年伊拉克从君主制到共和制的转变，介绍了 50 年代之后伊拉克自由军官组织、复兴社会党的情况。

美国知名伊拉克史研究专家菲比·马尔（1931～　 ）的《伊拉克现代史》[①] 是研究伊拉克的一部力作，目前已出三版。该书按照时间顺序全面梳理了 20 世纪初以来现代伊拉克国家的历史发展脉络，其中主体章节就委任统治与君主制时期、共和制时期伊拉克的经济和社会变迁进行了研究。作者从当时伊拉克的社会各阶级、快速的城市化、妇女的角色与地位、社会成员的职业结构等方面详细分析了伊拉克革命后国内社会阶级结构的变化。

德国国际安全事务研究所所长、中东史名家沃克·佩尔茨的《阿萨德时期叙利亚的政治经济》[②] 一书的最大特点是作者利用大量未出版的、官方或半官方的文件以及采访记录等珍贵文献，深入分析了 20 世纪 70 年代以来哈菲兹·阿萨德统治时期叙利亚的经济开放政策、社会结构、官僚政治机构与政治决策等问题。作者在该书第三部分"社会结构与阶级关系"中指出，70 年代以来阿萨德政府实施了

---

[①]　Phebe Marr, *The Modern History of Iraq*, Westview Press, 1985.

[②]　Volker Perthes, *The Political Economy of Syria under Assad*, I. B. Tauris, 1995.

一系列土地改革、进口替代型工业化政策，推动了经济变迁，经济变迁则导致叙利亚城乡社会关系和阶级结构发生了较大的改变，出现了经济和政治领域中的新阶级和新阶层。与此同时，作者还分析了叙利亚威权主义的制度内涵，并且评估了民间组织、议会、商业群体和政府等的作用和地位。作者认为，阿萨德时期国家管控下的叙利亚经济和政治发展处于不稳定状态，政权社会基础因经济自由化政策和政府腐败不断被侵蚀，传统的社会关系仍然发挥着重要作用。该书提供了诸多关于哈菲兹·阿萨德统治时期叙利亚社会变迁的有参考价值的文献资料。

赛义德·阿齐兹·阿萨在其论文《1958～1980 年叙利亚的经济政策与阶级结构》[①] 中，首先追溯了 1958 年之前叙利亚的农业土地分配体系；其次，分析了阿拉伯联合共和国时期（1958～1961）的土地改革及其结果、复兴社会党时期的土地政策和影响；再次，从原因和进程两个层面对埃及和叙利亚的土地改革进行了比较研究；最后探讨了 1958～1980 年叙利亚经济改革政策对城乡阶级结构的影响。该文中有关叙利亚土地改革的内容、进程、影响以及此期阶级结构的变化等内容具有较高的史料价值。

### 3. 阿拉伯国家社会结构与分层专题性研究

（1）阿拉伯国家精英阶层

最具代表性的著作是沃克·佩尔茨主编的《阿拉伯精英：协商政治变革》[②]。该书由包括沃克在内的九位专家学者执笔，以二战后阿拉伯国家社会转型、政治变革以及地区和国际环境的变化为宏观背景，深刻剖析了 20 世纪 60 年代以来九个阿拉伯国家（约旦、摩洛哥、叙利亚、埃及、沙特、阿尔及利亚、突尼斯、黎巴

---

① Syed Aziz-al Ahsan, "Economic Policy and Class Structure in Syria 1958 – 1980", *International Journal of Middle East Studies*, Vol. 16, No. 3, Aug. 1984.

② Volker Perthes（ed.）, *Arab Elites：Negotiating the Politics of Change*, Lynne Rienner, 2004.

嫩、巴勒斯坦）精英阶层的结构、类别及演变历程，并就上述国家传统精英和新兴精英的转换、社会资源与地位角色、对本国现代化和政治发展的影响和前景等问题进行了阐释与分析。作者采用同心圆模式对阿拉伯精英进行分类和层层解析，由内而外共分三层，从核心到边缘，互有交叉，存在一定的社会流动。沃克等人对阿拉伯国家政治相关精英（包括政治精英、经济精英、军事精英、文化精英、技术精英、宗教精英等）以及精英循环模式的分析有助于我们精确了解当代阿拉伯国家精英阶层的内涵、本质与流转变迁过程。

以色列希伯来大学荣休教授莫德凯·阿贝尔所撰写的《石油时代的沙特阿拉伯：政权与精英，冲突与合作》① 是一部研究沙特王国社会结构和精英阶层的重要著作。该书分为两大部分：第一部分主题是沙特王国的统治阶级和精英，分析了沙特家族政治的形成、乌莱玛宗教阶层的兴起、现代教育与新兴精英的发展；第二部分则集中分析了沙特王国的现代化与政治改革中的矛盾与冲突。作者分别阐释了沙特国王时期（1953～1964）的权力斗争和民族主义、费萨尔国王时期（1964～1975）石油经济下新兴精英的兴起、哈立德国王时期（1975～1982）的现代化改革与精英阶层的发展以及法赫德国王统治初期的经济危机和政治反对派等问题，全面展现了50～80年代沙特各精英阶层间的冲突与合作。总之，该著作较为关注沙特的宗教运动与政治意识形态，突出沙特精英阶层与王国政治之间的互动关系及其在政治、宗教、商业等领域对社会的影响与作用。

艾曼·亚辛的《沙特阿拉伯王国的宗教与国家》② 是研究中东伊

---

① Mordechai Abir, *Saudi Arabia in the Oil Era: Regime and Elites: Conflict and Collaboration*, Croom Helm, 1988.

② Ayman Al-Yassini, *Religion and State in the Kingdom of Saudi Arabia*, Westview Press, 1985.

斯兰教与国家互动关系的一部重要著作。该书首先从宏观层面概述了宗教与国家关系问题的历史和意识形态背景，以及 20 世纪 80 年代早期中东国家在政治发展中试图调和理想主义与现实矛盾的尝试。然后，以沙特阿拉伯作为典型案例，分析沙特在现代国家构建和改造传统社会中面临的问题，详细介绍了沙特阿拉伯国家的政治、经济、社会、文化和教育改革，强调了沙特王国国家与社会之间的两大主体，即宗教乌莱玛阶层在国家构建和现代化进程中与王室家族之间的共存与矛盾关系。在变革中沙特政府试图不危及自身的伊斯兰合法性，但其现代化政策在传统主义和保守派阵营中引发了敌对反应，并导致了 1979 年扎耶德清真寺事件，这也显现了沙特君主制现代化的局限性或风险性。

沃克·佩尔茨的论文《叙利亚上层阶级一瞥：资产阶级和复兴社会党》[①]集中介绍了复兴社会党时期叙利亚的精英阶层，从阶级分野角度探讨了传统资产阶级的兴衰，以及经济改革之下新实业家、国家资产阶级、新商业阶级等新经济精英的兴起和发展；同时还就叙利亚复兴社会党管控下的国家与资产阶级的互动关系进行了分析，为了解复兴社会党时期叙利亚的社会上层阶级提供了清晰的类型框架和文献数据。

（2）阿拉伯国家军人阶层

二战以来，军人在阿拉伯国家政治生活中扮演了重要角色。军人干政与军事政变层出不穷，军人政权屡见不鲜，这也引发了学术界对军人阶层、军人干政、军人政治、军政关系等问题持续的研究兴趣。相关的理论研究和个案研究成果汗牛充栋，在此仅举有代表性的论著加以介绍。

---

① Volker Perthes, "A Look at Syria's Upper Class: The Bourgeoisie and the Ba'th", *Middle East Report*, No. 170, *Power, Poverty and Petrodollars*, May-June 1991.

美国杰出政治学家塞缪尔·亨廷顿于 1957 年出版了《军人与国家》[①]，该书是国际政治学的扛鼎之作，也是研究军政关系最具影响力的著作之一。亨廷顿在书中着重探讨了军队和文官政府在控制国家权力中各自的重要性问题，并区分了两种不同的军政关系类型：一种是受文官政府节制的客观文人控制（objective civilian control），规模不大，职业性较强，不受意识形态支配；另一种是深受政治意识形态主导与支配的主观文人控制（subjective civilian control），军政关系并不明确，军队广泛介入政治与社会。亨廷顿认为对军队最好的控制就是实行以军队专业化为主要特点的客观文人控制，这种模式可以使军人客观上服从文官政府的领导。

1962 年芬纳发表了《马背上的人——军人在政治中的角色》[②]，反驳了亨廷顿的一些论点和假设，对发展中国家的军政关系进行了调查，发现许多政府行政管理能力和效率低下，为了实现国家社会秩序的稳定运行，不得不依靠军队的干预机制来维护稳定。约翰·A. 约翰逊主编的《发展中国家军队的作用》[③] 考察了拉美、东南亚、撒哈拉以南非洲和中东等新兴国家中武装力量的社会和政治角色，同时将军人干政、军人政权置于现代化理论和依附理论框架内，置于世界范围经济、社会、历史发展的大背景下来进行探讨。

1968 年亨廷顿的《变化社会中的政治秩序》[④] 一书审视了第三世

---

① Samuel P. Huntington, *The Soldier and the State: The Theory and Politics of Civil-Military Relations*, Harvard University Press, 1957. 英文版自 1957 年以来已出十五版。该书中译本为《军人与国家：文武关系的理论与政治》，洪陆训等译，时英出版社，2006；《军人与国家：军政关系的理论与政治》，李晟译，中国政法大学出版社，2017。

② Samuel E. Finer, *Man on Horseback: The Role of Military in Politics*, Frederick A. Praeger, 1962. 该书中译本为《马背上的人——军人在政治中的角色》，由我国台湾地区"国防大学"政战学院军事社会学研究中心于 1997 年出版。

③ John Asher Johnson, *Role of the Military in Underdeveloped Countries*, Princeton Legacy Library, 1962.

④ Samuel P. Huntington, *Political Order in Changing Societies*, New Haven, 1968. 通行中译本为《变化社会中的政治秩序》，王冠华等译，上海人民出版社，2008。

界国家现代化过程中的发展与稳定的关系，是比较政治学研究的经典之作。亨廷顿认为政治不稳定的根源就在于现代化，现代性孕育着稳定，而现代化过程却滋生动乱。他把第三世界国家大致分为传统君主制政体、军人左右局势的普力夺政体和革命政体，并详细分析了上述政体在现代化改革过程中如何发展的问题。其第四章"普力夺社会和政治衰朽"从普力夺国家的政治环境、制度建设和军人本身的特性等方面阐述了军事政变的社会根源以及军人在整个历史发展进程中的作用。

有关阿拉伯国家军人问题的研究，代表性成果如下。埃利泽·贝里的《阿拉伯政治和社会中的军官》[1]，探讨了 20 世纪中东阿拉伯国家重大历史进程中的军人角色、军事政变、军政关系等问题。迈赫兰·卡姆拉瓦的论文《中东的军队职业化与军政关系》[2] 将中东国家军政关系类型分为四类，从军队职业化进程视角，指出中东的军政关系并非一成不变，军队是维持政治现状的最大代理人，虽然意识形态色彩减弱，但军队仍然是政治体系不可分割的一部分，特殊时刻它仍然会干预政治。巴里·鲁宾的论文《当代中东政治中的军队》[3] 认为军队在中东国家虽然重要和强大，但其政变活动大为减少，政府（通常由以前的军官领导）已经学会了如何控制其军队，然而这也造成了阿拉伯国家军事能力的下降。该文分析了中东军队的角色及其在维护国内秩序和在国外传播国家影响力方面的作用。詹姆斯·比尔的论文《中东的军队与现代化》[4] 分析了军事力量在中东社会变革中的

---

[1] Eliezer Be'eri, *Army Officers in Arab Politics and Society*, Pall Mall Press, 1970.

[2] Mehran Kamrava, "Military Professionalization and Civil-Military Relations in the Middle East", *Political Science Quarterly*, Vol. 115, No. 1, Spring 2000.

[3] Barry Rubin, "The Military in Contemporary Middle East Politics", *Middle East Review International Affairs Journal*, Vol. 5, No. 1, 2001.

[4] James A. Bill, "The Military and Modernization in the Middle East", *Comparative Politics*, Vol. 2, No. 1, Oct. 1969.

作用，考察了中东的军事政变、军政力量互动关系与夺权以及现代化
视野下的军事精英。

（3）阿拉伯国家中产阶级

美国加州大学中东史研究专家基思·大卫·维腾堡的著作《形
塑现代中东：革命、民族主义、殖民主义和阿拉伯中产阶级》①通过
借鉴和利用阿拉伯、奥斯曼、英国、美国和法国的相关理论，填补了
大多数有关中东历史著作中不太涉及中产阶级研究的学术空白。作者
将现代性与阿拉伯中产阶级的形成联系起来。从时间上看，该书主要
探讨的是 20 世纪初阿拉伯地区由自由职业者、白领雇员、记者和商
人等社会群体构成的中产阶级的兴起，认为这些新社会群体创建了公
民社会、新的政治形态和思想体系。作者认为在 1908 年的土耳其革
命以及第一次世界大战时期，一个内涵丰富的中产阶级业已形成，划
分的依据不仅是财富、职业或其成员的教育水平，而且也包括现代性
的方式。作者在书中基于叙利亚阿勒颇中产阶级族群和宗教信仰的多
样性，探索了 20 世纪上半期非西方现代性的深刻政治与社会影响。
本书有助于我们了解 20 世纪前半期阿拉伯地区特别是叙利亚中产阶
级的形成与发展问题。

艾哈迈德·穆萨·巴达维的论文《阿拉伯世界中产阶级的转
型》②吸收借鉴了赖特、布迪厄等西方学者的社会学理论，阐述了阿
拉伯世界阶级结构的理论框架和方法论体系。同时以《联合国开发
计划署人类发展报告》《阿拉伯经济联合公报》以及相关国家统计和
规划部门的报告为依托，在进行量化分析的基础上，从政治、经济、
社会和文化等层面，分析了当代阿拉伯世界（尤其是近年受"阿拉

---

① Keith David Watenpaugh, *Being Modern in the Middle East: Revolution, Nationalism, Colonialism, and the Arab Middle Class*, Princeton University Press, 2006.

② Ahmad Mousa Badawi, "Middle Class Transformations in the Arab World", *Contemporary Arab Affairs*", Vol. 7, No. 2, 2014.

伯之春"影响的国家）中产阶级结构的演变与发展历程。

威廉·鲁的论文《沙特阿拉伯新中产阶级的兴起》[1] 首先回顾了 70 年代之前学术界有关新中产阶级的构成的研究；其次，指出沙特新中产阶级的兴起与二战后沙特的社会经济转型（尤其是沙特东部油气资源的开发）密切相关；最后，作者从油气公司高管以及工人受雇情况、政府重要职能部门雇员受教育背景等层面，较为详细地梳理了二战后近 30 年沙特新中产阶级的构成与规模，并就其在政治、经济和社会中的地位进行了阐释与分析。

米沙里·阿尔努伊姆的研究报告《沙特中产阶级构成初探》[2] 通过回顾马克思和韦伯的阶级、阶层理论，试图建构理解新中产阶级概念的理论框架，通过梳理 80 年代以来沙特中产阶级的构成与类别，分析中产阶级在沙特社会经济和政治结构中的重要性。结合该研究报告与威廉·鲁的论文可以较为清晰地勾勒出沙特中产阶级的源起与发展过程。

迈克尔·埃普尔的论文《1921～1958 年伊拉克哈希姆王朝的精英、艾芬迪亚以及民族主义和泛阿拉伯主义的发展》[3] 强调了研究"艾芬迪亚"（西化的中产阶级）的价值，讨论了"艾芬迪亚"的概念、与精英之间的复杂关系以及这一群体在委任统治和君主制时期伊拉克社会中的政治角色和地位。该文对于了解阿拉伯世界现代中产阶级的源起问题有一定的参考价值。

英国伯明翰大学的露西·丽佐娃的《艾芬迪亚时代：殖民时期

---

[1] William Rugh, "Emergence of a New Middle Class in Saudi Arabia", *Middle East Journal*, Vol. 27, No. 1, 1973.

[2] Mishary Alnuaim, "The Composition of the Saudi Middle Class: A Preliminary Study", Gulf Research Center Gulf Paper, 2013.

[3] Michael Eppel, "The Elite, the Effendiyya, and the Growth of Nationalism and Pan-Arabism in Hashemite Iraq, 1921 – 1958", *International Journal of Middle East Studies*, Vol. 30, No. 2, 1998.

埃及的现代性途径》① 是研究中东现代中产阶级的前身——"艾芬迪亚"的综合性学术专著。该书全面阐述了"艾芬迪亚"的概念、群体构成、阶层特点以及其在奥斯曼帝国晚期和委任统治时期各国社会变迁中的关键作用。作者通过梳理大量的社会调查文献和照片史料指出,"艾芬迪亚"代表着新的中产阶级精英,在委任统治时期的埃及、叙利亚、伊拉克以及奥斯曼帝国晚期和土耳其共和国时代,是官僚、教师、记者、自由职业者和公共知识分子的集合体。这一群体是现代政治和社会文化的塑造者,产生过从民族主义到伊斯兰主义的现代意识形态,是制订和执行国家现代化政策的专家;他们在反殖民主义运动和中东现代国家构建中发挥了关键的政治作用;他们同时也是新兴的现代都市文化潮流的引领者。

(4) 阿拉伯国家的工人、地主与农民

美国斯坦福大学教授乔尔·贝宁的《现代中东的工人和农民》② 一书将中东社会阶层中的工人和农民置于近代以来世界经济与政治发展的大背景下进行考察,分四个时段分别探讨了 1750～1839 年的世界资本主义市场、地方政权与本土生产商,1839～1907 年奥斯曼帝国改革与欧洲帝国主义,1908～1939 年大众政治的兴起,1939～1973 年民粹民族主义、政府主导型发展与威权政体,以及工人阶级和农民的后民粹主义改革等议题。该书有助于从整体上把握中东地区在近代以来不断卷入世界贸易与市场体系过程中,工人与农民两个社会阶级地位发展变化的时代背景。

法赫德·卡扎米等主编的论文集《现代中东的农民与政治》③ 所

① Lucie Ryzova, *The Age of the Efendiyya*: *Passages to Modernity in National-Colonial Egypt*, Oxford University Press, 2014.

② Joel Beinin, *Workers and Peasants in the Modern Middle East*, Cambridge University Press, 2001.

③ Farhad Kazemi and John Waterbury, *Peasants and Politics in the Modern Middle East*, Florida International University Press, 1991.

包含的 13 篇论文大多是关于中东各国农民运动的案例研究，主要围绕中东国家政治中农民为何处于相对被动的地位这一问题展开分析，特别是对 20 世纪初的伊朗、伊拉克等地的农民起义进行了调查和解释。因此，该书不仅仅是对中东国家农民群体的专题研究，而且为中东政治研究提供了一个研究视角。

埃利斯·杰伊·戈德伯格的《中东劳工的社会历史》① 首先从整体上回顾了奥斯曼帝国以来影响整个中东劳工阶层发展的经济和政治因素；其次，重点剖析了土耳其、埃及、叙利亚、马格里布、以色列和伊朗等国家和地区的劳工群体。作者认为现代中东国家的发展历程中有着相似的历史、政治和经济条件，在这种格局下，政府与劳工之间的互动模式在区域范围内有许多类似之处，而且现代生产方式并没有像普遍认为的那样迅速或完全侵蚀"传统"的生产方式。不过作者认为，整体上，中东劳工阶层在政治上属于沉默的群体，相应的制度建设相当缺乏。

雷蒙德·辛尼布什的论文《叙利亚复兴社会党时期的乡村政治：阿拉伯社会政治发展中乡村社会作用的个案研究》② 较为细致地阐述了复兴社会党统治时期叙利亚的乡村政治发展，力图从传统社会、复兴社会党的崛起、政府乡村治理等层面解读农民在国家现代化中的作用。该文的结论是叙利亚复兴社会党和政府的农村动员战略未能实现革命的社会主义改造，叙利亚的政权类型、政府政策和社会基础似乎已经达到兼容性的稳定阶段。

Z. 凯兰的《叙利亚的社会主义与经济变迁》③、E. 盖苏兹的

---

① Ellis Jay Goldberg, *The Social History of Labor in the Middle East*, Westview Press, 1996.

② Raymond A. Hinnebusch, "Rural Politics in Ba'thist Syria: A Case Study in the Role of the Countryside in the Political Development of Arab Societies", *The Review of Politics*, Vol. 44, No. 1, Jan. 1982.

③ Z. Keilany, "Socialism and Economic Change in Syria", *Middle Eastern Studies*, January 1973.

《叙利亚的土地改革》①、阿尔弗雷德·爱德华兹等的《伊拉克的土地改革：经济和社会含义》② 分别聚焦 20 世纪中期叙利亚和伊拉克的土地改革与乡村社会关系问题，涉及乡村中的两大群体——地主和农民。其中，《叙利亚的社会主义与经济变迁》一文回顾了 20 世纪 50 年代叙利亚经济的结构与发展，并简要介绍了作为一个新政府角色的阿拉伯社会主义的出现、土地改革、国有化及公共企业。作者得出的结论是随着 1958 年阿拉伯联合共和国的形成，以及随后在 1963 年复兴党接管政权，"阿拉伯社会主义"的意识形态在叙利亚成为现实。通过一系列激进的经济和社会措施，复兴党完成了经济上从自由的私营企业转变为国家主导的社会主义经济模式，并在其管理中起决定性作用。作者认为要准确评估叙利亚经济中这些根本性变化的长期结果需要进一步的证据。盖苏兹的《叙利亚的土地改革》一文首先简要叙述了土地改革前叙利亚农业的特点，然后结合土地分配的相关统计数据，着重介绍了土地改革的过程，并展现了地主和农民在土地改革前后的地位变化，但作者认为农民群体真正从土地改革中获益较少。阿尔弗雷德·爱德华兹等的《伊拉克的土地改革：经济和社会含义》一文回顾了伊拉克的土地使用权制度，从土地改革的概念出发，介绍了伊拉克土地改革的历史背景、新土地改革法以及其主要目标和特点，农业合作社、农业关系，并分析实施土地改革可能带来的经济和社会变化。作者认为土地改革法中引入的三项主要措施即土地分配、租金上限和农业工人的最低工资，除了政治目标之外，主要是将国民收入重新分配给低收入群体，并将为增加消费支出提供更多资金。此外，作者认为，尽管土地改革对国家发展特别重要，但没有大幅提高农民的生产力和收入，政府需要建立一个积极而有组织的合作体系来

① E. Garzouzi, "Land Reform in Syria", *Middle Eastern Studies*, Winter-Spring 1963.

② Rasool M. H. Hashirni, Alfred L. Edwards, "Land Reform in Iraq: Economic and Social Implications", *Land Economics*, Vol. 37, No. 1, Feb. 1961.

保证农民的生活水平。

（5）阿拉伯国家女性群体

国外学术界有关阿拉伯国家妇女问题的研究成果众多，侧重点各异，关注的核心议题是现代化进程中的女性，涉及家庭、政治参与、就业等，但是研究的地区差异较为明显，对埃及、沙特等大国的妇女问题关注较多，而对海湾地区小国以及新月地带国家的妇女问题研究不足。

伊朗裔美国东北大学女权主义学者、社会活动家瓦伦丁·莫加达姆的《现代女性：性别与中东的社会变迁》①（截至目前已出三版）是研究中东地区女性问题的重要著作。作者兼顾冲突学派与功能主义理论的相关内容，使读者从全球视角了解伊斯兰主义以及西亚北非的父权制社会。作者认为，中东国家妇女的地位受到性别观念和政府性别政策、宗教、经济发展状况以及社会关系等因素的影响。她从国家、社会阶级和性别三方面出发，阐述了中东国家妇女的历史与现状，然后讨论了中东妇女就业、家庭角色、妇女的现代化以及女性与伊斯兰等诸多问题。作者对中产阶级女性在中东社会与政治变迁过程中作用的论述是该书的一大特色。

阿扎·M. 卡拉姆的著作《妇女、伊斯兰主义与国家：当代埃及女权主义》②详细探讨了当代埃及妇女的现状。作者用六个章节分别论述了国家与伊斯兰主义、伊斯兰主义与纪律惩戒权的萌芽、女权主义的兴起与妇女组织、关于妇女权利争辩的理论与实际、从男性角度看伊斯兰主义与性别等，分析了妇女、伊斯兰主义与国家三者之间的关系。作者认为伊斯兰主义并不是一种政治宗教组织，而是一种政

---

① Valentine M. Moghadam, *Modernizing Woman: Gender and Social Change in the Middle East*, Lynne Rienner Publishers, 1993.

② Azza M. Karam, *Women, Islamism and the State: Contemporary Feminisms in Egypt*, Palgrave Macmillan Press, 1998.

权，并且会与其他权力阶层争夺领导权。

纳迪杰·萨迪克·阿里所著的《伊拉克妇女：1948 年至今不为人知的故事》<sup>①</sup> 以六个章节的内容介绍了 1948～2006 年伊拉克妇女在民族移居、革命、复兴党统治、战争与制裁、被占领等时期的社会处境，并认为由于党派斗争、库尔德地方自治以及伊拉克较为恶劣的生存环境，妇女问题经常被边缘化，妇女参政也受到很大的限制。该书以伊拉克女性的经济与社会生活为中心，展现了妇女在不同历史阶段的经历，尝试建立一种可供参考的"新历史"。作者通过调查获得了大量伊拉克女性的社会经历与故事，较为真实地展现了近 60 年中伊拉克女性地位的变化。

莫娜·阿尔穆纳杰德的《当代沙特女性》<sup>②</sup> 是一部介绍现代化进程中沙特女性社会生活的重要著作。在简要追溯沙特过去与现在的历史发展过程之后，作者详细论述了伊斯兰教法之下阿拉伯女性的地位，以及沙特女性在性别差异、社会风俗（佩戴面纱）、受教育和就业等方面的具体情况。作者高度重视教育在沙特社会以及沙特女性发展中的作用，她认为，合理的教育体系可以帮助在社会上建立一个宗教的并且有道德的实体，教育可以改变沙特女性对于家庭的态度，且能够为女性外出工作提供方便。然而妇女受教育的情况也由于传统观念与社会价值等受到限制，并且教育在短时间内并不会改变妇女的生活状况。尽管如此，作者仍坚持认为，政府需要长期在家庭与学校中进行改革，以提高女性的社会地位。该书对于沙特女性在社会生活各领域状况的描述比较详尽，对于了解沙特女性的社会现状有重要意义。

总体上，国外学术界关于阿拉伯国家社会分层结构问题的研究成

---

① Nadje Sadig Al-Ali, *Iraqi Women: Untold Stories from 1948 to the Present*, Zed Books Ltd, 2007.

② Mona Almunajjed, *Women in Saudi Arabia Today*, Palgrave Macmillan, 1997.

果较为丰富，在研究角度、史料选择、理论方法等方面对本书的撰写提供了一定的借鉴。但已有关于社会结构的学术成果大多没有将阿拉伯国家作为一个整体进行全面研究，主要是国别研究或者聚焦特定阶层的专题性研究，这也是本书试图完善的地方。

## （二）国内学术史回顾

国内学术界对阿拉伯国家的研究主要集中于伊斯兰教、政治与经济、国际关系等领域，对于社会结构的研究起步较晚，且研究成果不多，专题性的研究更是屈指可数。20世纪90年代以来，关于阿拉伯国家社会结构的研究出现了一些新变化，学者们开始关注阿拉伯国家的社会阶层、结构以及社会各群体的构成、地位与作用问题，对阿拉伯国家社会史研究的广度与深度都有所扩大和加深，出现了一些具有代表性的著作与论文，以下就此进行扼要叙述，而部分涉及阿拉伯国家社会结构、社会阶层的其他论著、工具书等均列入参考文献，兹不赘述。

西北大学中东研究所黄民兴教授在《中东国家通史·伊拉克卷》[1] 一书中集中就伊拉克君主制时期、共和国时期的政治与经济进行了探讨，包括政治体制的嬗变（包括复兴社会党）、经济结构的调整、土地改革与乡村社会关系的变动、人口和社会结构的演变、女性地位、世俗化教育改革、教派与民族结构等。作为个案研究，作者的学术观点和书中的文献史料对笔者研究阿拉伯国家社会结构问题具有重要的参考价值。

黄民兴教授撰写的《沙特阿拉伯———一个产油国人力资源的发展》[2] 是国内学术界关于沙特王国人力资源问题的重要著作。作者从

---

[1] 黄民兴：《中东国家通史·伊拉克卷》，商务印书馆，2002。
[2] 黄民兴：《沙特阿拉伯———一个产油国人力资源的发展》，西北大学出版社，1998。

经济学及其分支理论视角阐述了中东产油国经济发展的历程，着重剖析了沙特王国的经济发展模式（"地租型经济"）以及其对沙特人力资源发展模式所产生的重要影响。此外，作者还对现代化进程中沙特王国的教育体制、现代人力资源的源起、发展历程以及特点等问题进行了细致探讨，对研究沙特阿拉伯的社会结构有重要的参考意义。

西北大学中东研究所王铁铮教授主编的《沙特阿拉伯的国家与政治》[①]是全面系统研究沙特国家、政治、宗教与社会的综合性著作。该书详细分析了沙特国家的源起，沙特君主制政体的构建，沙特政治发展中的伊斯兰教与政治反对派，石油美元与经济、教育现代化，沙特王国社会结构的演进与特点等。作者对部落社会与组织、沙特王室与谢赫家族、大资产阶级、乌莱玛宗教阶层及宗教组织、中产阶级、外籍移民和沙特妇女等社会各阶层进行了深入探讨和解读。特别是作者在沙特王国世俗政权与宗教神权的关系（彼此支撑、互为依存）、沙特王国经济和社会结构演变的特点（突发性）等重要问题上提出了一些新的观点，对研究海湾国家社会结构问题具有开拓意义。

北京第二外国语学院戴晓琦教授的《阿拉伯社会分层研究——以埃及为例》[②]是国内关于埃及社会结构与社会分层研究的重要专著。作者梳理了穆罕默德·阿里时期、纳赛尔至穆巴拉克时期的埃及社会分层演进历程和各阶段社会分层特征，并对19世纪以来埃及阶级结构的变化、中产阶级的发展轨迹及其与社会稳定的互动关系等进行了阐述和分析。该书的特点在于，一是从社会学与历史学两个维度、运用马克思主义阶级理论探讨埃及社会分层问题；二是该书引证

---

① 王铁铮主编《沙特阿拉伯的国家与政治》，三秦出版社，1997。
② 戴晓琦：《阿拉伯社会分层研究——以埃及为例》，宁夏人民出版社，2013。

文献多为阿拉伯语文献，史料的本土化是其一大优势。同时，该书也为笔者的研究提供了部分史料来源。

南开大学哈全安教授的《中东国家的现代化历程》[①] 和《中东史：610～2000》（下卷）[②] 集中讨论了埃及、新月地带国家、阿拉伯半岛诸国的现代化历程，分析了现代化过程中埃及、伊拉克、叙利亚、黎巴嫩、约旦、沙特等阿拉伯国家的经济改革、政治民主化实践、伊斯兰教以及社会结构变迁等。作者旁征博引，所用经济、社会史领域的文献史料具有重要的参考价值。

中国社会科学院世界历史研究所毕健康教授的《埃及现代化与政治稳定》[③] 充分利用英文和阿文文献探讨了自19世纪穆罕默德·阿里以来埃及的现代化与政治稳定问题。作者首先介绍了1952年之前埃及的现代化进程、现代政治机构与政党组织；其次，作者就纳赛尔时期的军人政权与政治稳定，萨达特至穆巴拉克时期的总统独大制与政治稳定，当代埃及的政治参与、政治文化、政党制度、政治伊斯兰与政治稳定，当代埃及的城市化、经济改革、贫困失业与政治稳定等问题进行了细致分析和梳理；最后，作者还分析了埃及政治稳定的阶段性特征和影响政治稳定的诸因素。该书有关当代埃及政治发展、经济改革以及社会结构与社会稳定的分析具有重要的参考价值。

山西师范大学车效梅教授在《中东城市化与社会稳定研究》[④] 一书中基于社会稳定概念的多角度解构，探讨了中东地区城市化与社会稳定的四个构成要素（政治稳定、经济稳定、社会心理稳定、社会秩序稳定）之间的紧密关联，详细解读了城市化对中东社会稳定的影响、分析了城市治理与社会稳定的关系。作者认为城市的健康、有

---

① 哈全安：《中东国家的现代化历程》，人民出版社，2006。
② 哈全安：《中东史：610～2000》（下卷），天津人民出版社，2010。
③ 毕健康：《埃及现代化与政治稳定》，社会科学文献出版社，2005。
④ 车效梅：《中东城市化与社会稳定研究》，社会科学文献出版社，2019。

序发展离不开良好的城市治理。

复旦大学陈明明教授的《所有的子弹都有归宿——发展中国家军人政治研究》① 是一本军政关系理论研究专著，也是国内研究军政关系的经典著作。该书从比较政治学、比较历史研究和政治经济学视角出发，系统全面地考察了军人在政治中的角色、地位以及军方干预政治的方式，探讨了二战后发展中国家军人政权的缘起、维系与终结，以及军人政治与政治发展的关系，揭示了军事统治的内在矛盾与军人政治产生的条件、发展模式与特点及军人政权终结的历史政治原因。

西北大学王新刚教授的《现代叙利亚国家与政治》② 以专题形式细致探究了叙利亚军人政治的兴起原因、发展历程、演变特点以及对民主化的双重作用等。作者指出，在叙利亚历史发展的特殊阶段，军人干政在整体上具有推动政治乃至社会现代化的积极作用，但是频繁的军人干政和军事政变影响了叙利亚政治发展进程，使议会制民主政治制度无法维持，最终形成了复兴党与军队联合掌握政权的权力结构。该研究对认识中东普遍存在的军人政治现象具有重要借鉴意义。

云南大学伍庆玲的《现代中东妇女问题》③ 在简要回顾了中东古代对于妇女的观念及妇女的生活之后，重点论述了埃及、伊朗、沙特阿拉伯、科威特、阿富汗等国 20 世纪的妇女问题以及现状，并以较大篇幅详细论述了埃及与伊朗妇女问题的发展过程。作者认为，埃及和伊朗的妇女问题并非工业革命导致的社会变化所带来的结果，而是两国对外来文化冲击进行内部回应的结果。受到西方文化及国家内部民族民主运动的影响，女性主义逐渐兴起，且在埃及和伊朗最

---

① 陈明明：《所有的子弹都有归宿——发展中国家军人政治研究》，天津人民出版社，2003。
② 王新刚：《现代叙利亚国家与政治》，人民出版社，2016。
③ 伍庆玲：《现代中东妇女问题》，云南大学出版社，2004。

为活跃。这些国家通过改革解决了一部分妇女问题，但是一些新的妇女问题也随之产生。只有少部分妇女能积极参与社会发展过程，但这无法调动广大妇女对于改变自身处境、提高女性地位的主动性。并且，虽然改革赋予了女性部分权利，但是在父权制意识形态下并没有构建起授权妇女的文化，这就使得传统与现代的妇女观出现冲突，也是各国世俗化改革失败的重要原因之一。书中对于埃及等国妇女的社会现状（如教育、就业等）有一定描述，并在书中最后一部分对中东妇女问题进行了回顾与展望，是了解中东妇女问题的重要参考书。

黄民兴教授在论文《当代中东产油国的社会变迁》[1] 对石油经济格局下当代中东产油国的社会变迁做了系统梳理和高度概括。作者认为，石油经济冲击了以君主制为主体的中东产油国的政治基础和社会结构，其在传统部落和乡村的影响体现在部落游牧民人数的下降，土地改革引发乡村社会阶级关系的重大变动上；在城市，国有化运动打击了部分国家的大资产阶级，新兴阶级（官僚资产阶级、新中产阶级）不断发展壮大，宗教神职人员的传统特权逐渐式微；产业工人（包括外籍劳工）迅速崛起，但高速的城市化也导致了两极分化、城市贫困和社会的不稳定；少数族群普遍受到压制。作者的结论是，二战后，虽然在石油经济和现代化改革影响下，中东产油国的社会结构发生了重大变化，但相对而言，社会结构的变化体现出明显的滞后性。

毕健康教授在《论当代埃及的社会结构与发展困境》[2] 一文中，基于大量的统计数据和文献史料，运用社会学相关理论，对纳赛尔以来的埃及社会结构与国家发展问题进行了研究。作者的基本判断是，

---

① 黄民兴：《当代中东产油国的社会变迁》，《阿拉伯世界研究》2007 年第 4 期。
② 毕健康：《论当代埃及的社会结构与发展困境》，《阿拉伯世界研究》2019 年第 2 期。

当代埃及社会结构依然是二元对峙的金字塔形结构模式（社会中间层及以上占人口的30%，其余占70%）。两极分化的社会结构及社会的普遍贫困造成了埃及人口与人力困境、储蓄与投资困境、治理与政治困境三大发展困境。作者继而认为，有效破解埃及发展困境的路径在于：埃及政府必须有力地推进社会结构转型，促进社会结构现代化，即埃及政府需要大幅度地提升中间层人口所占比重，降低中下层特别是底层人口比重，从国民储蓄和资本形成亦即供给侧等方面进行有效改革。

哈全安教授的论文《20世纪中叶中东国家的土地改革》[①] 是有关20世纪50～70年代中东尼罗河流域、新月地带、伊朗高原和安纳托利亚高原土地改革的专题性论文。作者充分利用文献史料深刻分析了其间埃及、伊拉克、叙利亚、伊朗和土耳其等国土地改革的内容、进程及影响。作者认为，20世纪中期中东国家自上而下的政府主导型土地改革，直接导致土地所有权结构的剧烈变化，加速了原有封建土地所有制的瓦解，中东地区的小农经济得以广泛发展，引起了乡村社会关系的改变，成为中东现代化和社会转型过程中的重要历史坐标。

韩小婷的博士学位论文《沙特王国社会转型中的精英集团研究》[②] 是国内学术界对沙特精英集团进行系统研究的重要专题性论文。作者利用政治学、社会学等相关学科的理论与方法，对现代沙特王国精英集团的历史、现状和发展前景展开了深入分析。具体而言，作者首先追根溯源，考察了沙特精英集团形成的历史基础和动力；其次，根据沙特现实国情探讨了沙特精英阶层的分类构成、结构特征和内部冲突等问题；最后，从精英阶层参与国家政治决策的路径角度分

---

① 哈全安：《20世纪中叶中东国家的土地改革》，《经济社会史评论》2018年第1期。
② 韩小婷：《沙特王国社会转型中的精英集团研究》，博士学位论文，西北大学，2013。

析和总结了沙特精英阶层与沙特王室政权的互动关系，并对沙特未来的政治发展做出了自己的判断。

艾林的博士学位论文《当代沙特阿拉伯王国的社会不稳定因素研究》① 聚焦沙特王国的社会稳定问题，具有较强的现实意义。作者根据社会系统论和社会冲突论的理念，并与沙特王国社会结构的历史与现实相结合，从经济发展、政治稳固、文化安全以及国际环境四个方面全方位探讨了沙特王国社会稳定所面临的挑战。同时，作者还就沙特社会稳定问题和政府的应对政策以及对中国的影响和借鉴进行了分析和解读。总之，作者通过考察沙特社会的不稳定因素，指出沙特王国社会稳定的实现需要一个循序渐进的过程，是一项宏大的系统工程，在现代化和社会转型过程中，只有加强制度建设才能化解社会危机和矛盾，推动社会稳定发展。

王然的博士学位论文《当代沙特政治稳定研究——以沙特的制度和政策调整为视角》② 运用政治系统理论和国家与社会互动关系理论，以制度与政策为视角，深刻解读了沙特王国长期保持政治稳定的原因。作者指出，沙特政府依据国情构建本国政治稳定的方式和举措（包括完善政治制度举措、强化政治吸纳措施、严密控制主流意识形态、提高经济社会绩效）是王国政治稳定的关键因素，但同时也指出，国王继承问题的不确定性、日益增加的极端主义威胁以及逐步凸显的经济社会发展困境是保持沙特王国政治稳定无法回避的重大问题。

吴彦的博士学位论文《沙特阿拉伯王国宗教政治研究》③ 首先回

---

① 艾林:《当代沙特阿拉伯王国的社会不稳定因素研究》，博士学位论文，北京外国语大学，2013。

② 王然:《当代沙特政治稳定研究——以沙特的制度和政策调整为视角》，博士学位论文，上海外国语大学，2018。

③ 吴彦:《沙特阿拉伯王国宗教政治研究》，博士学位论文，南开大学，2009。

顾了沙特王国宗教政治的历史基础，包括沙特宗教政治的历史传统、瓦哈比派与早期沙特国家的关系以及沙特王国的构建等问题。然后从官方和民间两个视角分析了沙特官方的宗教政治制度、政治生活与沙特民间宗教政治运动的发展形态和社会性质。作者结合文献着重阐述了沙特王室家族地位、作用和家族政治的演变，乌莱玛宗教阶层的源起、构成、地位沉浮以及宗教政治与国家的互动关系等问题。最后，在结语部分，作者从教俗合一的政治制度、官方宗教政治与家族政治的相互依存等角度客观评价了沙特王国的传统宗教政治和家族政治体制，探讨了官方与民间宗教势力的政治实践活动对沙特王国现代化进程的影响。

陈静的博士学位论文《当代中东妇女发展问题研究》[1] 是研究当代中东妇女问题的重要论文。作者首先概述了二战后北层国家、北非四国、海湾国家女性在教育、就业以及健康方面的发展情况；其次总结了中东地区女性在教育、就业、政治参与、健康四方面发展的特征，指出了中东国家在这四方面发展中所存在的诸多问题；再次从国内外引导、自身意识提高、法律制度改革等方面分析促进中东妇女问题解决的动力，并从宗教文化、经济、法律、政治等方面阐述了阻碍中东妇女发展的因素；最后展望了在全球化背景下中东妇女问题的发展走向与前景。该文条理清晰，较为全面地论述了第二次世界大战后中东妇女的发展情况及其原因。

黄民兴教授的《沙特阿拉伯妇女地位的演变》[2] 一文指出，二战后沙特阿拉伯社会中妇女的地位相较之前发生了巨大变化。作者认为，二战结束后，特别是费萨尔国王执政以来，国王的锐意改革使得沙特女性地位得到很大程度的提高，主要表现在受教育、就业、婚

---

[1]　陈静：《当代中东妇女发展问题研究》，博士学位论文，西北大学，2003。
[2]　黄民兴：《沙特阿拉伯妇女地位的演变》，《阿拉伯世界》1992 年第 4 期。

姻、参与社会活动与妇女组织等几个方面。虽然妇女的基本权利已经有所保障，但是保守势力对改革的反对以及民众观念滞后等问题仍然是影响妇女地位进一步提高的重要因素。

# 三 阿拉伯国家社会结构研究的内涵与路径

## （一）研究内涵：思路与框架

笔者试图利用已有的国内外学术成果，积极吸收和借鉴相关的理论成果和文献资料，对当代阿拉伯国家社会结构的演进及其与社会稳定的关系问题进行整体性考察。本书从历史的长时段着眼，紧紧围绕阿拉伯国家的政治、经济、社会、宗教以及文化的历史发展现状与各国国情，既进行宏观考察，也对相关国家进行个案研究，多维度展现当代阿拉伯国家社会各阶级、阶层的变迁进程，穿插分析阿拉伯国家社会结构演进的影响因素，并对当代阿拉伯国家社会结构与社会稳定之间的互动关系进行历史与现实的探讨和分析。

本书由绪论、正文和结语三大部分组成。

绪论部分主要介绍选题背景和研究意义，阿拉伯国家社会结构国内外学术史回顾、研究内涵与路径。

正文包括如下七章。

第一章主要探讨理论视域的社会结构与社会分层理论。首先，通过西方学术界社会分层体系中的功能论与冲突论范式的分层理论，特别是马克思的阶级理论与马克斯·韦伯的三位一体理论，阐明社会结构所要研究的领域和对象，搭建本书的理论架构。其次，探讨西方社会分层结构理论的应用限度，尝试构建和设定阿拉伯国家社会分层的划分标准。

第二章主要从历史角度考察阿拉伯国家社会结构演进过程。首先概述近代以来阿拉伯世界社会结构演变的基本历史线索，然后分析社会结构演进的诸多推动因素，如社会革命与政治权力体系的结构性变动、现代化经济改革与城乡社会关系的变迁、城市化与传统部落社会的衰落、世俗化教育和知识阶层的崛起等，最后总结阿拉伯国家社会结构演进的基本特征。

　　第三至第六章为本书的核心部分，勾画了阿拉伯国家整体的社会分层谱系。本书结合阿拉伯国家的具体国情和历史传统，将阿拉伯国家中社会各群体划分为社会上层、中间阶层以及社会下层三个层次。社会上层主要涉及政治精英、经济精英、军事精英、宗教精英。阿拉伯国家的社会中间阶层，笔者主要关注的是中产阶级的兴起与发展问题，以君主制国家沙特与共和制国家伊拉克、埃及与叙利亚等个案方式呈现；社会下层，笔者主要聚焦于游牧民、农民和城市贫民、阿拉伯国家的产业工人和外籍劳工。此外，从性别差异、民族宗教多元化角度看，女性、少数族群、教派是阿拉伯国家社会分层中的重要划分标准，其群体身份以及社会地位的变化是当代阿拉伯国家社会进步与否的一把标尺，因此本书单设一章（第六章），关注阿拉伯国家的妇女与民族、教派。总体上，在行文过程中，有些分析属于概况性和描述性分析，有的则属于个案分析，有些社会阶层具有较为明显的继承性，而有些则是在现代化和民族国家构建过程中涌现出的新社会阶层。目的在于通过对社会阶级、阶层的介绍与总结，搞清楚当代阿拉伯国家社会分层的基本谱系。

　　第七章研究阿拉伯国家社会结构转变对社会稳定的影响。本章主要探讨社会各阶层对社会稳定的影响，也即双方的互动关系，指出应客观认识精英阶层与政治稳定的关系；中产阶级维护或颠覆社会稳定的政治功能取决于多种变量的影响；社会底层的贫困与失业现象是社会与政治失稳的潜在风险因素。

　　最后是结论部分。笔者认为要构建合理的社会结构，使社会三个层级之间形成良性互动关系，并降低社会结构变动给社会稳定带来的消极影响，需要推动渐进性的政治民主化进程、改变依附型经济发展模式和重视政治宗教极端主义问题。

### （二）研究路径：方法、时空、概念与特点

在研究过程中，本书的指导思想是马克思主义唯物史观和辩证法，批判性地吸收和借鉴西方学术界关于社会结构与分层的理论学说，力求实现阿拉伯国家社会结构和社会分层理论的本土化。

第一，研究方法以历史学叙述与分析为主，注重还原和重构研究对象的客观史实。但本书研究又涉及阿拉伯国家的政治、经济、社会、宗教、民族等诸多领域，因此本书也借鉴了社会学中的社会分层理论、比较政治学、经济学中的委托代理理论、路径依赖理论等相关学科的理论体系与研究方法，有助于深化对某些具体问题的诠释和分析。

第二，采用宏观与微观相结合的研究手段，首先从宏观视角出发，概述阿拉伯国家社会结构演进的基本线索，然后结合个案研究，探讨阿拉伯国家社会分层谱系以及社会结构变迁对社会稳定的影响。

第三，采用区域比较的方法加强对阿拉伯国家社会分层体系的研究。君主制国家和共和制国家社会结构的演进，虽然有着现代化与民族国家构建的大背景，但两种政治体制之下社会结构的演进受制于各自的历史文化传统和诸多外部因素，如政治制度、社会革命与战争、现代化与国家经济社会政策、城市化、民族宗教、性别差异等。因此，本书试图通过比较研究的方法，探究阿拉伯国家中君主制国家与共和制国家社会结构演进的不同路径，并对其各自的社会结构模式做出基本的判断。

本书的研究时空包含两个方面，一是时间段的划分，二是所涉及

的国家。

　　研究的时间段主要界定在当代，也即二战以来的半个多世纪。主要是基于阿拉伯国家均脱胎于奥斯曼帝国。虽然奥斯曼帝国在一战后解体，中东出现民族觉醒运动，但就社会结构而言，有着很大的继承性。而二战以来是阿拉伯国家真正由传统走向现代的转型时期，其中社会结构的演变在很大程度上决定了阿拉伯现代民族国家构建的内涵与深度。

　　研究范围限定在狭义的中东概念之下，主要包括信仰伊斯兰教的十二个阿拉伯国家，即沙特阿拉伯王国、也门共和国、阿曼苏丹国、阿拉伯联合酋长国、巴林国、卡塔尔国、科威特国、伊拉克共和国、阿拉伯叙利亚共和国、约旦哈希姆王国、巴勒斯坦国、阿拉伯埃及共和国①。这十二个阿拉伯国家可以从地理区域、政治体制和经济结构的角度再次进行划分，本书主要依据政治体制将其划分为君主制国家和共和制国家。从横向来说，众多阿拉伯国家中的民族教派问题纷乱复杂，传统伊斯兰遗产与现代社会新因素相互交织，各国历史传统与现实国情存在较大差异性；从纵向来看，每个国家的人们都因为占有不同的社会资源而出现了社会层化现象。所以由于阿拉伯国家本身的复杂性，很难精确划分并逐一分析和解读社会各阶层和群体。基于此，为突出研究重点和典型性，本书选择了有代表性的君主制的沙特阿拉伯和共和制的埃及、叙利亚、伊拉克四个国家为主要研究对象，学术综述与筛选的史料也基本以上述四个国家为主。当然，在本书具体的行文过程中，根据研究需要，既有针对整个阿拉伯世界的宏观分析，也有针对具体阿拉伯国家的个案探讨。这也为本书研究提供了进行比较研究的机会，因为不同类型的国家因受制于诸多因素的影响，

---

　　①　有关"阿拉伯国家的界定和狭义中东的说明"分别参见：彭树智主编《阿拉伯国家史》，高等教育出版社，2002，第26页；彭树智主编《二十世纪中东史》（第二版），高等教育出版社，2001，序言，第2页。

其社会结构的演变也呈现出不同的历史轨迹，进行比较研究可以从宏观视野归纳出阿拉伯国家社会结构演进的历史过程，以及阿拉伯国家社会分层的基本谱系。

本书涉及一些重要的学术概念，现梳理如下。

**社会结构与社会分层**

社会结构（social structure）与社会分层（social stratification）是社会学研究中的重要议题。马克思主义唯物史观认为，社会结构不同于经济基础，它属于上层建筑范畴，而且取决于不同社会时期的生产关系以及人与人之间的特定关系①。日本学者富永健一指出，社会结构是构成社会的角色、制度、社会群体、社区、社会阶层、国民社会等各种要素间相对恒常的结合体②。清华大学李强教授认为社会结构是指经济、群体、职业、组织等社会各要素之间形成的一种较为稳定的互动关系模式③。

而社会分层一词源自地质学术语"stratify"，原意是指地质学中岩石不断沉积而形成的连续地层，即地层构造具有高低有序的若干等级层次的特性。后来这一地质学术语被引申至社会学领域，用来比喻人们的社会地位以及社会各群体之间的高低层次关系。李强认为社会分层是指社会成员因为占有不同的社会资源，从而出现社会群体的层化与差异现象④。复旦大学周怡教授等在此基础上指出，社会分层是指"纵向社会成员间的等级分化，如阶级、地位、权力和财富的分化现象"⑤。社会学专家陆学艺教授认为社会分层是社会结构中的核

① 沈汉：《西方社会结构的演变——从中古到20世纪》，珠海出版社，1998，第3页。
② 〔日〕富永健一：《社会结构与社会变迁》，董兴华译，云南人民出版社，1988，第19~20页。
③ 李强：《当代中国社会分层：测量与分析》，北京师范大学出版社，2010，第1~2页。
④ 李强：《社会分层十讲》（第二版），社会科学文献出版社，2011，第1页。
⑤ 周怡、朱静、王平、李沛：《社会分层的理论逻辑》，中国人民大学出版社，2016，第6页。

心问题，其中就包含了阶层分化的形式与层级，重点关注的是阶层分化的质变内涵①。换言之，社会分层就是"从人们的社会地位、财产状况、政治权力等制度考察不同群体与个体在社会中境遇的相似性和差异特征"②。美国学者杰克·普拉诺认为，"社会分层的基础因时间和社会而有所不同，它们是种种不同因素的组合体：其中包括权力、所有制、收入、教育、宗教、世袭门第、种族、利他主义和道德以及社交联系等。社会阶层在开放的系统中通常称为阶级，而在封闭的系统中则常常成为等级"③。

综上所述，大体上广义概念上的社会结构涵盖了政治结构、经济结构、社会群体，而狭义概念的社会结构指的是社会分层，也即在特定社会分层体系结构中，各种要素之间制度化的角色和关系的配置和组合，它清楚地标识了社会各群体间的互动关系，也就此说明社会成员的角色和地位存在差异。换言之，社会结构的核心内容就是社会分层结构，社会分层是整个社会结构的一条重要轴线④，它反映了人与人之间、社会各群体之间的等级分化程度，并受制于权力、地位、财富、声望、教育、宗教、种族、性别等多种变量因素，从而将社会成员划分为不同的阶级或者等级。所以，从这个意义上说，狭义的社会结构指的就是社会群体结构，特别是社会分化导致的社会地位不同的群体之间关系的状态。这样一来，在探讨社会分层问题时，阶级、阶层、职业、宗教及政党都会成为考察的视角，尤其在阶级社会中，阶级结构是我们把握社会群

① 陆学艺：《当代中国社会流动》，社会科学文献出版社，2004，序言。
② 沈瑞英：《矛盾与变量：西方中产阶级与社会稳定研究》，经济管理出版社，2009，第1页。
③ 〔美〕杰克·普拉诺等：《政治学分析辞典》，胡杰译，中国社会科学出版社，1986，第162页。
④ 〔日〕高坂健次主编《当代日本社会分层》，张弦等译，中国人民大学出版社，2004，第19页。

体地位和作用的关键，相应地，阶级关系成为决定社会以及社会群体发展方向的关键因素。

总而言之，本书从社会结构的狭义定义出发，探讨阿拉伯国家的社会结构与分层理论，在西方学者社会分层理论基础上，结合阿拉伯国家的现实国情，客观分析和探讨阿拉伯国家独特的社会结构分层谱系，从而从一个侧面展现阿拉伯国家的社会变迁过程。

### 等级、阶级、阶层

美国学者格尔哈斯·伦斯基认为，等级（social estate）是指"一个社会的人口中合法地界定的一部分人，他们拥有由法律所确定的独特的权利和义务"[①]。通常来说，前现代社会，也即工业文明建立之前的东西方传统社会，均被打上了等级制的烙印。等级制是传统社会结构中的基本特征和外在表现，它决定了人们自出生后的社会位置、角色以及相互之间特定的社会关系。等级制代表着一个社会的基本秩序和规范，在传统社会具有相当的稳定性。在等级社会中，社会各群体依据血缘关系，身份地位，特定的法律、政治体制和文化传统等确定社会等级，其子嗣也会相应地承继此前的等级关系、经济财富和社会地位。而阶级（class）则更为看重社会经济关系的特别属性，强调的是社会成员在生产资料方面的占有层次，看重的是财富分配关系。所以，从渊源和内容上来看，等级式的社会分层体系主要依靠地位、身份、门第来构建，是"身份相同人的集合"[②]；而阶级属性的社会分层体系相对较为开放，主要以经济地位为基础。换言之，等级式社会结构中社会成员的社会地位决定了其经济收入。另外，与此相

---

① 〔美〕格尔哈斯·伦斯基：《权利与特权：社会分层的理论》，关信平等译，浙江人民出版社，1988，第97页。

② T. H. Marshall, *Class, Citizenship and Social Development*, Anchor Books, 1965, p.193. 转引自舒小昀《分化与整合：1688～1783年英国社会结构分析》，南京大学出版社，2003，第25页。

关的，就是阶层（stratum）的概念。所谓阶层包含两个意思，其一是它指在社会同一阶级内部，社会成员可以根据经济地位或其他标准来归类；其二是指从一些特定标准出发，将社会各阶级中一部分成员组合起来，从而形成社会中的特殊群体部分。从某种程度上看，阶级和阶层有时存在一定的重合。

### 社会稳定

社会稳定（social stability）是一个国家现代化改革和社会持续发展的基石。美国学者杰克·普拉诺认为，稳定通常是指社会发展中不出现根本性的或者是破坏性的变化，即使有所变化，也可以将变化限制在可以接受的特定范围之内。比如政府领导人或者内阁等核心机构很少发生突变，能保持相当长时间的宪政政体形式，很少发生暴力与内乱[1]。美国著名学者塞缪尔·亨廷顿曾指出，"现代性孕育着稳定，而现代化过程则滋生着动乱"[2]。因此，对于正处于由传统社会向现代社会转型过程中的发展中国家而言，社会稳定是关系民族国家构建和国家前途命运的重要问题。

国内学者蔡应明认为社会稳定有广义和狭义之说，广义上是指"社会或其中特定群体为达到维持社会秩序而采取的手段"，狭义上是"社会或其特定群体对偏离社会规范的越轨行为所采取的限制措施及限制过程"[3]。王银梅也认为社会稳定代表了社会生活秩序的一种动态平衡状态，这种状态需要借助国家干预和社会成员的自我调整实现[4]。

---

① 〔美〕杰克·普拉诺等：《政治学分析辞典》，胡杰译，中国社会科学出版社，1986，第168～169页。
② 〔美〕塞缪尔·P.亨廷顿：《变化社会中的政治秩序》，王冠华等译，上海人民出版社，2008，第31页。
③ 蔡应明：《社会稳定学》，上海三联书店，2014，第21页。
④ 王银梅：《我国社会稳定理论研究综述——社会稳定及预警机制研究》，法律出版社，2009，第38页。

总体上，社会稳定包含了两项重要的普遍性特点：一是在长时期内不出现大规模的社会矛盾和冲突，社会整体上呈现出良性运行状态；二是整个社会具备一定的自我调节能力，社会各要素或各群体间保持一种相对的平衡状态。从更广泛的内涵上看，社会稳定应包括政治稳定、经济稳定，但三者之间同时也是相互依存和促进的关系，其中政治稳定是最重要的、是核心要素，经济稳定是基础性要素，而社会稳定则是政治与经济稳定的重要因素[①]。与此同时，如果从国家和地区来看，社会稳定与否更依赖于各国不同的历史传统、社会环境、具体国情、治理理念等复杂因素，是在基本的制度安排保持不变的前提下所展开的非质变的、渐进式的局部改革和调整适应的过程。

本书利用专业领域内的已有文献史料和各种研究动态信息，在吸收前人学术研究成果的基础上，主要在如下两方面具有一定的学术创新性。

第一，选题较为新颖，具有开拓性研究价值。本书是国内学术界对阿拉伯国家社会结构问题展开的一次整体性研究。国外学术界对这一问题的研究虽然较早，但缺乏系统的研究与考察。国内学术界的研究目前处于早期阶段，有针对性的专题成果较少，系统化的研究更是少见。因此，深入、系统考察这一问题可以拓展国内的阿拉伯国家社会史研究。为此，本书一是以马克思主义唯物史观为指导思想，在客观把握社会分层理论的基础上，力求梳理出阿拉伯国家社会分层的划分标准；二是尽量整合学术界较为分散的文献资料，批判地吸收和借鉴相关学术观点，阐释阿拉伯国家社会结构的演进线索和特征，构建阿拉伯国家的社会分层谱系，并就社会结构变动与社会稳定的关系进行解读。

第二，注重交叉学科研究方法，运用社会学、政治学和经济学的

---

① 鞠健：《新时期中国政治稳定问题研究》，博士学位论文，南京师范大学，2006，第13页。

理论与方法进行具体历史问题分析。如用历史分析方法阐述阿拉伯国家社会结构的演变历程；批判性地运用社会学中的分层理论，分析阿拉伯国家的社会分层标准问题；利用发展政治学中的政治稳定、政治参与理论来透视阿拉伯国家的政治发展、政治稳定以及社会各阶层的政治参与等问题；运用经济学中的路径依赖理论和委托代理理论，来分析共和制阿拉伯国家军人干政的原因、君主制阿拉伯国家的治理体系等重大现实问题。

# 第一章
# 理论视域下的社会结构与社会分层<sup>*</sup>

## 第一节　社会结构与社会分层的理论范式

社会结构与社会分层研究是社会学最重要的研究论题之一，国内外学术界的研究成果十分丰富和庞杂，相关理论观点与分支研究也是层出不穷。关于社会分层的学术探讨，其研究主题与理论动向都具有鲜明的时代性特征，这种时代性往往取决于特定时期社会变迁的深度与广度，同时也与社会思潮的新趋势紧密相关。因此，针对历史上不同时期的社会分层问题，学术界的关注点和理论取向各异，甚至会产生相冲突的学术观点。

直至目前，西方学术界关于社会结构与社会分层的理论研究，大

---

\* 目前学术界尚无有关阿拉伯国家社会结构的理论性论著，国内外研究者的研究重点多集中在西方社会结构理论与中国社会结构理论上。马克思和恩格斯对此也有相当精深的研究，英国、美国、德国等西方现代主义和后现代主义的政治学家和社会学家们也都有成套的模式分析，这就为全面理解、认识和把握社会结构的整体运作状况打下了坚实的基础。了解国内外学者的社会结构相关经典理论和其他分支理论，为不同国家和地区之间社会结构的比较研究提供了可能。本书也正是依据马克思主义社会结构理论和西方学者关于阶级、阶层的理论分析，来探讨当代阿拉伯国家的社会结构变迁和社会分层问题。

体上可以分为功能论范式与冲突论范式。以埃米尔·涂尔干（Emile Durkheim，1858～1917）和塔尔科特·帕森斯（Talcott Parsons）为代表的功能论范式，注重社会稳定与社会整合，强调社会分工、职业共同体、共同的价值体系等因素；而以卡尔·马克思（Karl Marx）和马克斯·韦伯（M. Weber）为代表的冲突论范式，则强调社会冲突对社会变迁的重要作用与影响，不过马克思与韦伯对各自所处时代资本主义的社会分层理论解释各有侧重，阶级与阶层是他们分析和考察的重要对象。后世学者将二人的主要学说概括为马克思主义与韦伯主义，乃至于形成两个流派，并且成为社会分层研究领域的主导理论取向，从而影响了整个 20 世纪的社会分层理论构建。

## 一　功能论范式的分层理论

功能论范式的分层理论领域，产生了许多社会学理论大师，早期最著名的代表是法国社会学家埃米尔·涂尔干。涂尔干是分工分层论的首创者，其《社会分工论》一书探讨了社会分工的意义与重要性。他认为社会分工最重要的意义不仅在于它能够在很大程度上提高劳动生产率，更重要的是它使整个社会紧密而有效地结合起来。根据涂尔干的理解，社会分工是人类社会中必然存在的现象，因为人的能力的差异性导致社会分工也有所区别；人们根据自己的能力去承担适合自己的工作，由此才能在整个社会成员中形成比例适中的社会职业角色[①]。涂尔干理论的核心在于为了维护社会的团结与稳定，需要以职业为标准实现社会成员的整合，这样才能保证社会这个有机体的整体性。维尔伯特·摩尔（Wilbert Moore）和金斯利·戴维斯（Kingsley Davis）则继承扩展了涂尔干的社会分工与社会统一有机体的理论学

---

① 陈鹏：《经典三大传统社会分层观比较——以"谁得到了什么"和"为什么得到"为分析视角》，《社会科学管理与评论》2011 年第 3 期。

说，认为社会分层是为了满足复杂的社会系统的功能需要①。而结构功能主义大师、美国学者塔尔科特·帕森斯对于社会分层的研究侧重于社会秩序问题。他认为价值与规范是维系社会秩序的核心内涵，而社会分层则全面维系社会秩序。在帕森斯那里，共同的价值体系最大的功能就是可以满足一定的社会需求，这样，荣誉与地位就成为社会分层结构的一种重要划分标准。所以，社会成员究竟属于哪一种社会等级，更多的是由其在社会中实践共同价值的好坏来评判的，只有那些实践社会共同价值较高的人才会获得相对较好的地位层级与财富回报②。

## 二 冲突论范式的分层理论

冲突论范式的分层理论在理念上有别于功能论范式，主要有三点不同：冲突论分层理论强调阶层并非社会必然存在，而是征服、社会成员之间的冲突与竞争导致的；冲突论认为经济结构在社会结构中居于核心地位，权力在社会成员间的分配极不平衡，因此社会成员的工作与经由工作所获取的报酬也相当不合理；最后，该理论还认为，社会阶层的改变并非经由革命来完成③，这也是冲突论范式分层理论的核心。

冲突论范式的分层理论中，影响力颇大的一是卡尔·马克思的阶级理论，二是马克斯·韦伯的多元社会分层理论。阶级理论与多元分层理论提供了有关社会不平等的基本理论模式与分析框架。以下对马克思的阶级理论及韦伯的多元社会分层理论分别做简单介绍。

---

① Kingsley Davis, Wilbert Moore, "Some Principles of Stratification", *American Sociological Review*, Vol. 10, No. 2, 1945.
② 侯钧生、韩克庆：《西方社会分层研究中的两种理论范式》，《江海学刊》2005 年第 4 期。
③ 侯钧生、韩克庆：《西方社会分层研究中的两种理论范式》，《江海学刊》2005 年第 4 期。

### （一）马克思主义阶级理论

学术界在探讨和分析资本主义社会结构时，往往都会以马克思主义阶级理论作为研究的出发点。众所周知，阶级观是马克思主义的基础，但马克思并没有就阶级问题做出过明确而系统的阐述。因此，我们只能从整体的马克思理论体系中去梳理和阐释有关马克思主义阶级理论中阶级的定义、资本主义社会的基本阶级和阶级斗争等重大问题。马克思根据所处的资本主义的历史发展与社会现实，将人们在特定生产关系中的地位作为划分阶级的标准，并认为社会成员的社会分工决定其阶级地位。这是首次将阶级与生产和发展联系起来。马克思主义认为，财富的多少、职业的不同等并不是划分阶级的根本要素，而是人们在生产过程中的不同地位。在资本主义社会中，存在资产阶级与无产阶级两大阶级，资产阶级指的是占有生产资料与工人剩余劳动价值的社会集团，无产阶级则不仅不占有生产资料，而且还需要通过出卖自身劳动力来获得收入与报酬。换句话说，社会成员不同的经济地位成为马克思主义划分不同社会群体的标准。马克思与恩格斯在《共产党宣言》中指出，资产阶级的时代使阶级对立简单化了，整个社会日益分裂为两大相互直接对立的阶级，即资产阶级和无产阶级[①]。

马克思主义关于阶级理论的观点可以归纳为，资本主义社会阶级结构逐渐分裂为资产阶级和无产阶级两大对立的阶级，资本主义社会的主要矛盾就是由这两大对立阶级之间的利益冲突所引发的矛盾，这种矛盾冲突也推动了资本主义的社会变迁历程，并最终将导致资本主义社会走向灭亡。不过马克思也观察到，现实中的资本主义社会阶级结构并非只有两大阶级的对抗与矛盾，因为阶级内部还存在诸多分支，以及一些具有过渡性质的阶级群体。但马克思始终认为随着资本主义发展的渐趋成熟，最终还是将形成两极分化的阶级结构格局，而

---

[①] 《马克思恩格斯选集》（第1卷），人民出版社，1995，第273页。

那些过渡性质的阶级成分也将被消除。

因此，归结起来，马克思主义认为阶级产生的主要根源是生产资料、所有制关系以及劳动分工，同时也是社会分化和不平等的基本标准①。这成为我们分析 20 世纪资本主义社会阶级关系的一个重要视角。不过，马克思主义的阶级理论引起后世学者对资本主义社会结构认识的极大争议，尤其是随着资本主义社会现实的迅速变化，出现了许多与马克思的阶级理论预判不同的地方，比如社会现实中的确存在多种阶级共存的现象，在此情况之下，判断资本主义社会基本阶级的具体依据是什么？20 世纪资本主义社会的迅速变化如何改变社会的基本阶级结构？基于此，后世学者逐步丰富了马克思以人们在生产方式中的地位来界定阶级的学说理念，扩大了这种"地位"因素的具体内涵，根据社会现实，将经济收入、职业结构、社会威望等因素也作为社会阶级划分的标准和依据。

### （二）韦伯的多元分层模式②

作为公认的西方社会学的奠基人之一，德国社会学家马克斯·韦伯的社会分层理论不同于马克思的阶级理论，马克斯·韦伯与卡尔·马克思对于社会分层的关注点和侧重点各异。韦伯强调的是对社会结构的横断面进行刻画与描述，尤其主张阶层与阶级综合分析；马克思的阶级理论侧重于描述社会变迁等动态过程，十分强调阶级的纵向发展与经济因素在社会变迁中的作用。韦伯对社会阶层采用多元化的分析模式，认为社会应该通过多种指标、多种方法来划分层次，因为社会是多元的，具有多个层面，而阶级应该只是划分层次标准的一个方面，并不是唯一标准；马克思则认为社会经济结构具有决定作用，资本主义社会特有的生产方式导致了社会中无产阶级与资产阶级的天然

---

① 〔俄〕T. 戈连科娃主编《俄罗斯社会结构变化和社会分层》，宋竹音、王育民译，中国财政经济出版社，2004，第 3 页。

② 〔德〕马克斯·韦伯：《经济与社会》（上下卷），林荣远译，商务印书馆，1997。

对立。

　　相对于马克思社会分层理论中的经济因素论，韦伯则是多因素论者。韦伯的多元分层理论构建了三位一体的社会分层结构，他创造性地将收入（经济地位）、权力（政治地位）以及声望（社会地位）作为核心标准，划分社会成员之间的不同等级。韦伯的三位一体分层结构强调了政治领域内存在政党和其他政治派别（party），经济领域存在阶级（class），社会领域存在身份地位较高的（status）群体或声望较大的（social honor）群体。首先，韦伯高度重视阶级分层的维度，并将其作为社会分层的第一个维度。但和马克思阶级理论的重大区别在于，韦伯没有将资产阶级和工人阶级之间的矛盾冲突视为资本主义社会中唯一且最重要的一对冲突关系。他根据资本主义社会中的"市场状态"来划分阶级，"市场状态"就是指社会成员获取就业机会和有价物品的能力。根据韦伯的阶级划分原则，那些拥有专业技术知识和能力的社会群体在市场状态与经济实力上就有了一定的优势，因而可以获取相对可观的收入，并在消费市场中占据较高地位。这与当代中产阶级的现状也较为符合。其次，韦伯也强调身份地位或者社会声望的维度。在他看来，人们的身份取决于生活方式，而生活方式则更多由社会价值评估来支配。因此，声望与地位大致处于相同水平、生活方式与行为模式相似的社会成员将会组成同一身份群体。也就是说，在身份地位的这一维度中，同一群体一般会以自我为中心划定一个在婚姻关系和社会关系等方面具有同质性的圈子。如此一来，身份地位相同或类似的群体就会逐渐发展成为一个相对封闭的社会等级。韦伯最后强调了党派或权力的维度，其核心就是政党和组织的科层制。社会成员个体与统治上层或权力的亲疏关系很大程度上决定了他们在社会中的位置[①]，因此，在韦伯那里，收入、权力与声望成为

---

① 侯钧生、韩克庆：《西方社会分层研究中的两种理论范式》，《江海学刊》2005 年第 4 期。

阶级划分的重要维度，但韦伯认为在不同社会的不同历史发展阶段，三者的权重有所不同，如阶级标准在早期资本主义社会的分层体系中十分重要，地位维度在等级制社会中至关重要，而政党组织与权力的重要性则在现代社会中较为突出。

韦伯的分层理论影响了美国社会学界的研究路径与方向。在二战后的数十年间，由于新社会史异军突起，美国后现代主义学者在探究社会分层问题时，更多地吸收和借鉴了韦伯所提出的多元社会分层模式，而非马克思的阶级划分模式。学者们以收入、权力、声望、教育、职业、性别等诸多维度为切入点，充分运用相关文献和统计数据，对不同时期的社会群体进行细致的层次划分，从而揭示社会中存在的不公正和不平等的现象。

卡尔·马克思和马克斯·韦伯所提出的两种关于社会分层的理论模式，对社会分层的内涵、表现形式以及影响因素等都做了不同的解释，这两种模式代表着两种不同的理论取向，但不可否认，两者都对国际学术界的社会分层研究产生了很大的影响。在他们之后，国内外许多关于社会分层与社会结构的理论研究都是建立在这两种理论的基础上，并得以进一步发展的。20 世纪 80 年代之后出现的新马克思主义分层理论和新韦伯主义社会分层理论①均对原有两大主流理论流派进行了重构和解读，出现了一批相关的代表人物，并引领了新一波的社会分层研究热潮。如安东尼·吉登斯（Anthony Giddens）的阶级和阶级理论强调了生产资料、教育、生产技术和体力劳动等维度②，查尔斯·米尔斯（Charles Wright Mills）提出的"精英统治理论"将权力因素作为划分美国社会结构的标准③。新的分支理论均试图修正马

---

① 有关新马克思主义和新韦伯主义的发展，参见李春玲《社会分层研究与理论的新趋势》，《社会学：理论与经验》2006 年第 1 期。

② Anthony Giddens, *The Class Structure of the Advanced Societies*, Harper & Row, 1973.

③ 〔美〕查尔斯·赖特·米尔斯：《权力精英》，王昆、许荣译，南京大学出版社，2004。

克思和韦伯原有的社会分层理论，以便适应不断发展变化的社会新现实。

## 第二节　阿拉伯国家社会阶层的划分标准

### 一　社会分层理论的应用限度

探讨社会分层理论有一个语境问题，这并非一个简单的学术问题，如果从历史沿革的纵向维度和现实发展的横向维度来检视两种范式的分层理论，我们可以发现社会分层理论在分析非西方国家和地区的社会结构问题时有一定的适用性。

然而，在一定程度上承认分层理论的适用性，并非意味着承认它一定会成为衡量世界所有国家和地区社会分层的唯一标准和依据。社会分层理论毕竟有其得以产生和发展的社会土壤，根植于西方各社会群体与民族以及西方历史发展的实际。西方社会结构的发展演进经历了宗教改革、政治革命、工业革命以及启蒙运动等一系列相互承接的大事件，在这些事件的影响下，西方的社会结构逐步趋于成熟，这也是其独特性之处。同样的道理，阿拉伯文明有其独特的民族群体、宗教信仰、历史传统、政治体制以及价值观念等，与西方国家存在诸多方面的差异，并建立了与西方社会历史文化传统迥然不同的社会结构体系。

所以，任何一种分层理论都有其适用的范围。譬如，在分析阿拉伯国家社会分层理论时，阶级分层的标准有一定的局限性。究其原因，以下三点值得注意。首先，在阿拉伯国家，存在宗教、部落等制约阶级分层模式成为社会分层体系理论基础的非阶级划分变量，伊斯兰教、部落和家族是影响阿拉伯国家社会分层的重要维度。众所周知，在阿拉伯国家尤其是阿拉伯半岛地区，部落家族与家族统治有着悠久的历史，血缘和宗教信仰是社会阶层划分的主要依据。可以说，血缘关系在社会组织和社会结构中发挥了根本性作用，社会成员的社会与经济义务均由以血缘关系为纽带的父系氏族来确定，尤其在部落成员的婚姻、部落领袖选举等问题上，血缘关系的重要性往往超过了财富的重要性。因此，社会地位决定了社会成员的财富收入与经济地位。另一方面，伊斯兰教教义理论上反对阶级分化，主张人人平等，但也看到现实社会中的贫富有别，因此倡导劳动致富观念，认为致富也是安拉恩宠穆斯林的体现。埃及学者萨米尔·阿明（Samir Amin）是国际公认的依附理论的权威学者，他认为伊斯兰教推崇商业，鼓励穆斯林经商致富，体现和反映了商人的利益，但同时他指出，社会成员应从事伊斯兰教法所认可的合法的经商职业[①]。此外，伊斯兰教在一定程度上也体现了平等观念，主张为了防止社会两极分化过于严重，社会成员致富后应该适当救济穷人。因此，在阿拉伯国家和地区，宗教信仰和传统的部落意识在一定程度上阻碍了阶级意识的产生和阶级分化。

其次，中古以来的阿拉伯世界深受部落家族与宗教信仰的广泛影响，虽然社会成员中存在财产分化与阶级，但是阿拉伯世界社会成员的阶级意识一直不甚明显。在全球范围内可以看到近代民族民主运动的发生与发展与其社会历史条件之间紧密相连，这种社会历史条件主要包括四个方面的内容：第一，社会中出现新的经济成分，即民族资本主义的发展；第二，出现新的文化和现代教育，但是何芳川先生认为，由于民族资产阶级在第三世界发展不充分，近代知识分子的作用会更大一些[②]；第三，新兴阶级的出现，主要有资产阶级、无产阶级和近代知识分子；第四，出现民族主义的思想意识形态。20世纪初

---

① 阿明关于阿拉伯世界的研究，参见 Samir Amin, *The Arab Nation: Nationalism and Class Struggle*, Zed Press Ltd., 1978。

② 何芳川：《论近代亚洲资产阶级早期政治活动的性质和作用》，《世界历史》1984年第6期。

期，受世界范围内民族民主运动的影响，阿拉伯世界民族意识不断觉醒，但是除了外部影响外，其自身的社会历史条件才是决定性因素。可以说20世纪初期阿拉伯世界的民族资本和民族资产阶级（主要是少数族裔买办）并不雄厚和发达。根据马克思主义所提出的阶级分析理论，阿拉伯地区不具备像近代欧洲、近代中国那样产生明显阶级分化和阶级意识的条件。因此，资产阶级和无产阶级很难在阿拉伯地区细致地区分开来。

最后，阿拉伯地区形成较为稳定的阶级的时间较晚。东西方社会中，特别是西欧和中国，社会各阶级的分化均较早，如地主阶级在西方国家和中国历史上长期存在。相比较而言，阿拉伯地区社会阶级分化的进程较为缓慢，比如地主阶级在阿拉伯地区真正形成的时间很晚。19世纪以前的阿拉伯地区受奥斯曼土耳其帝国管控，伊斯兰教法对私有财产的规定不明确[1]，帝国境内大部分土地为国有土地，私有土地（穆尔克）比重不大，没有持续发展的合法性和现实基础。虽然奥斯曼帝国也推行采邑制，但与中世纪欧洲采邑制最大的不同在于素丹分配的土地采邑主终生不能买卖。因此，奥斯曼帝国并不认可土地私有化，私有产权无法得到切实保障，也就很难形成稳定成熟的地主阶级。直到19世纪中叶，内忧外患的奥斯曼帝国开始了长达半个世纪之久的改革，以法国等西方国家的法典为蓝本，创制了帝国的刑法、民法、商法等一系列法律条文，开始认同私有财产。随后原来的采邑完全变成包税地，特别是帝国后期的土地改革使得部落土地真正向私有土地转化，至此才开始不可逆转的土地私有制发展趋势，直到20世纪上半叶本土的地主阶级才真正形成。但其主体存在的时间较为短暂，因为新月地带和埃及的地主阶级在二战之后的历次政治革

---

[1]　〔英〕佩里·安德森：《绝对主义国家的系谱》，刘北成、龚晓庄译，上海人民出版社，2001，第524~526页。

命、社会动荡和土地改革中消失殆尽。此外，阿拉伯本土资产阶级的形成则是在第一次世界大战之后。

简言之，社会分层理论应有其应用的实际限度，不宜无限放大，我们在分析阿拉伯国家的社会分层结构时，既要遵循社会分层的一般适用性标准，更要努力找出阿拉伯社会分层的独特标准，以此构建阿拉伯国家社会分层的理论基础。

## 二 阿拉伯国家社会分层的动态标准

当代阿拉伯国家多数脱胎于奥斯曼帝国和殖民主义体系之下的王朝国家，社会结构的演进也经历了奥斯曼帝国与一战、委任统治与二战、殖民主义的崩溃与民族独立国家体系的形成等诸多相互交织的发展阶段，特别是二战后，阿拉伯国家迎来了从传统社会向现代社会转型带来的整体性社会结构变迁，市场转型带来了利益关系和经济机制的深刻变革。在阿拉伯国家社会变革与发展的历史进程中，原有较为固化的社会结构已经向开放性的、多样化的社会结构格局转化，社会各阶级和阶层的存在形式与地位作用已经发生了重大变化，这一变化加剧了阿拉伯国家社会分层研究的复杂性。

总体来说，新型社会结构带来的影响主要包括以下两方面：第一，过去以血缘、家族、宗教等为纽带的传统社会关系被冲击和破坏，血缘和家族关系较过去有所松弛，社会流动的可能性趋势在逐步增长；第二，那种纯粹以权力、财富、身份等维度来划分社会成员阶层地位的因素标准已经逐渐失去了影响力，出现了社会成员的垂直流动。这就意味着过去社会各阶层之间的封闭性出现裂缝，相互隔离的等级制度也被打破，传统的身份标准重要性逐步丧失。故而，处于新格局之下的社会成员可以凭借其所受的良好教育、职业优势抑或其他的政治经济渠道跻身社会上层。这样一来，社会群体和个人在一定程度上可以依据自身财富、声望和职业等作为新的标准，重新确定自己在社会中的地位以及与社会中其他个体与群体之间的关系；而过去处于社会上层的人则因为各种各样的原因，社会地位受到冲击和影响，人们对家族和血缘关系的认同逐渐降低，开始让位于对经济地位的认同。因此，新的系统与格局导致了真正意义上的社会成员的垂直流动，从而重构一种符合社会现实的新身份系统，继而搭建起一种新的社会结构框架。当然，社会结构的重构并非朝夕之间就能完成，必定是一个漫长的过程。尽管阿拉伯国家社会阶层之间的封闭性被打破、阶层之间流动性增强，但是由于新的政治、经济与社会体系发展并不充分，社会经济结构的本质还未发生质变，因此那些横亘在阶层之间的障碍屏障不会立刻消失，处于底层的社会成员仍然难以改变自身命运、获得更多的发展机会。从这个意义上来说，当代阿拉伯国家社会结构中仍然保持着传统的固有特质，如海湾国家王室家族的力量依然稳固和强大，正是以其为核心的精英阶层主导了本地区的现代化进程。

社会群体的复杂性使得我们在研究阿拉伯国家社会结构问题时，应基于阿拉伯国家自身的社会历史条件，尤其应该重视其固有的民族、种族、宗教、文化价值观，采用多维度的划分标准。以下简要列出笔者认为较为重要的划分维度。

第一，基于血缘、家族地位和宗教信仰的维度，可以分为王室家族、圣裔、乌莱玛、部落民以及逊尼派与什叶派等宗教派别等社会阶层，如奉行王国制度的阿拉伯君主制国家的王位承继依然延续着地位继承的社会分层模式。血缘、等级的地位准入在传统阿拉伯社会和当代阿拉伯国家是适用的。

第二，基于财富、收入与经济地位，可以将社会成员划分为经济精英中的大资产阶级、地主阶级、商人、手工业者、农民等社会阶层。如土地是地主阶级最重要的财富来源，拥有土地数量的多寡就成为判断其是否属于地主阶级的一个重要参数。但是仅以经济收入作为标准的话，在实践中存在较大困难，因为西方国家关于社会各类群体的收入水平有相对丰富且完善的统计资料，而阿拉伯国家不仅各国间差异大，而且关于社会各群体的经济收入统计数据相对欠缺。

第三，基于社会群体的受教育程度和职业进行划分。如前文所述，职业标准是涂尔干分工分层理论的核心维度，社会分工决定了社会成员的阶层地位。美国社会学家彼得·布劳（Peter M. Blau）和奥迪斯·戴德里·邓肯（Otis Dudley Duncan）也持相同的观点，在《美国职业结构》① 一书中阐述了基于职业地位的阶级分层模式。他们认为在资本主义社会中，利益与经济资源虽然仍可以用来定义阶级，但是社会阶层急速变化的事实使得将人们归属于某一特定群体或集团并没有实际意义，而将职业作为分层标准更具有现实意义。新韦伯主义的重要代表人物戈德索普以及后工业社会理论的先驱丹尼尔·贝尔（Daniel A. Bell）也赞同将职业作为划分社会阶层的标准。结合当代阿拉伯国家社会发展的现实，可以发现，二战后阿拉伯国家社会经济生活的一个突出表现就是职业结构的巨大变化，政治权力新结构和经济改革衍生出多种现代职业，如律师、医生、教师、公务员、管理人员、技术人员等，这些新社会群体构成了当代阿拉伯国家的新中产阶级。因此，经济生活的变迁带来了社会阶层的分化与重组。

第四，根据政治权力和党派划分。如前所述，马克斯·韦伯提出财富与收入、权力、声望的三位一体社会分层模式，政治权力就是这三元指标中的重要一元。从古至今，在东西方社会中，权力的大小与高低始终是社会差别的重要标志，社会成员所拥有的权力的影响力往

---

① Peter M. Blau, Otis Dudley Duncan, *The American Occupational Structure*, New York: Wiley and Sons, 1967.

往超过财富和收入等带给社会成员的作用。因此，根据占有权力资源的多少与拥有政治权力的高低来划分社会阶层在一定程度上可以体现出社会群体之间的利益关系。将这样的标准作为划分依据，可以在阿拉伯国家社会阶层中明显地划分出一个权力精英阶层，包括政治精英（包括叙利亚与伊拉克的复兴社会党）、官僚资产阶级、军事精英等。基于政治权力的社会阶层划分标准反映了马克思主义与韦伯主义关于社会阶层冲突论的理论范式，即社会阶层的变动主要是通过革命完成的。正如自然界中的地震或火山喷发从根本上重塑地表之下的岩石一样，社会革命打破了原有社会秩序，形成了新的政治权力结构与统治阶层。

第五，基于社会声望资源不同而形成的分层。前文提到的美国学者帕森斯就赞同该观点。以声望作为划分标准的这种观点更多地强调社会成员的主观评价对于社会地位的影响。该观点认为公众的评价决定一个人社会地位的高低，个人的社会地位必须要得到公众的认可才有意义，比如在某些阿拉伯国家中，王室成员、有名望的教法学家等经过国家与公众的认可，其崇高的社会地位将得到社会成员的承认。

第六，基于性别差异的社会分层新维度。女性是阿拉伯国家中的重要社会群体，其在家庭与社会中的角色变迁始终是新社会史的重要研究对象。鉴于穆斯林妇女地位的变化是阿拉伯国家社会结构变迁中的一项重要指标，性别分析方法可以作为阿拉伯国家社会分层的一个标准。

总而言之，通过考察二战后阿拉伯国家的社会发展现实，我们既可以从强调"地位"的功能论范式出发去解释当代阿拉伯国家社会阶层分化与整合的过程，同时，由于利益冲突、权力分配、机会占有等问题大量存在于社会分化和分层的形成过程中，也可以从强调"阶级"维度的冲突论范式去分析。两种范式的结合似乎能够更好地分析阿拉伯国家社会分层划分的标准问题。值得注意的是，标准的不同必然导致部分社会成员可能拥有多个身份，也会直接影响他们的阶层归属。

# 第二章
# 阿拉伯国家社会结构演进的历史考察

## 第一节　近代以来社会结构演进的基本轨迹

近代以来，阿拉伯世界社会结构的变迁经历了三个发展阶段，即奥斯曼帝国时期、殖民主义和委任统治下的王朝国家时期、民族国家构建和现代化改革时期。

众所周知，1258 年巴格达的陷落标志着阿拉伯帝国的终结。事实上，公元 10 世纪中期，波斯人控制下的白益王朝时期和突厥人的塞尔柱王朝时期，阿拉伯帝国已经失去了区域内的军事政治大权，基本上，哈里发只有宗教权力，巴格达只是宗教文化中心。中东的政治中心也从伊拉克转移到了波斯，伊拉克也成为波斯的一部分。直到奥斯曼帝国崛起，波斯在与其百年的拉锯战中失败，从而失去伊拉克，伊拉克开始处于逊尼派的控制之下。因此，1258 年之前，阿拉伯帝国周围早已兴起和出现许多独立的政治实体，再加上欧洲十字军东征，阿拉伯帝国始终处于分裂状态。奥斯曼帝国兴起后东征西讨，迅速征服了西亚北非地区，并建立起地跨欧亚非的伊斯兰帝国，特别是

1517 年埃及成为帝国的行省之后，整个阿拉伯世界都处于帝国管控之下。在国家治理层面，以伊斯坦布尔为中心的中央政府与帝国各区域间始终处于合作与冲突的状态。由于领土广袤、人口分布不均，帝国对于阿拉伯世界的治理和控制根据属地与权力中心的远近来确定。通常，靠近中央政治权力中心的大叙利亚区的阿拉伯省份由帝国直接派出的官员进行管理，而远离伊斯坦布尔的北非地区则由地方精英控制，帝国政府的管控较弱。尤其是埃及，长期与伊斯坦布尔处于一种疏离状态，当地的马木路克势力往往强于帝国的总督。后来随着拿破仑的入侵，穆罕默德·阿里开始崛起，虽然名义上埃及依然是帝国行省，但享有很大的独立性和主权。

奥斯曼帝国时期，阿拉伯地区是帝国的属地，既是帝国的组成部分，也有一定的自治性。这一时期阿拉伯社会结构是一种金字塔形的等级结构，居于社会上层的除了帝国的素丹和地方埃米尔之外，还有占统治地位的家族重要成员、有影响力的圣裔、部落酋长、帝国大臣、地方总督、宗教乌莱玛以及大商人等；社会中间阶层的力量十分弱小；处于社会最底层的是为数众多的游牧民、农民、传统手工业者等群体。传统阿拉伯社会结构具有以下特点。其一是由于受地缘和传统历史条件的影响，判断和决定社会成员地位的主要因素是血缘、信仰、年龄、民族、职业、性别等，社会成员的阶级意识较为淡薄，并不认同经济地位的标准。其二，由于家族和血缘关系是社会关系的决定性因素，统治者和社会上层无须担心其社会地位的滑落，而社会下层群体也缺乏向上流动的渠道和路径，社会层次较为明晰和简单，社会结构相对静止而封闭。其三，在政治传统上，中央一级的政治运行由统治者个人和特权阶层管控，统治者的权力源自特定的家族或者宗教群体，而非现代政治组织；地方基层的政治与社会秩序有赖于群体中最具声望的部落酋长，从而形成具有高度凝聚力的社会关系网络，也为中央和地方统治构建了稳定的社会基础。

19世纪初期开始，英、法、普鲁士（德意志）、沙俄等殖民主义大国在处于衰落中的奥斯曼帝国境内展开殖民竞争，争夺势力范围，同时因为复杂的民族宗教矛盾、紧张的央地关系以及对外战事（对欧洲、埃及、俄国）接连失利，奥斯曼帝国在巴尔干地区、黑海以及北非的领土几乎丧失殆尽，尤其在阿拉伯世界，实际控制领地只剩下中央管辖的亚洲部分。可以说，奥斯曼帝国内忧外患，政治与社会稳定堪忧。此时的素丹与统治集团内部的改革派大臣早已意识到帝国的衰颓与腐朽，为了王朝的长治久安和改变帝国凶险的外部环境，素丹塞利姆三世、马哈茂德二世开始了旨在富国强兵的改革，特别是从30年代末开始进入全方位改革阶段，以阿卜杜勒·迈吉德一世1839年"花厅御诏"为起点，以阿卜杜勒·哈米德二世1876年奥斯曼帝国宪法的颁布为终点，历时近半个世纪，涉及经济、行政、司法、教育、社会、文化等各领域。这是奥斯曼自觉走现代化道路的一个关键时期。

但是这种自我改造的努力并未改变帝国专制的体制，最终以失败告终，1908年的土耳其革命以及第一次世界大战导致帝国最终解体。在这一过程中，凯末尔创建了一个政教分离的共和国，土耳其真正走上了现代民族国家的道路。而阿拉伯世界的民族主义精英则希望建立一个大阿拉伯国家或大叙利亚国家，并积极参与一战和阿拉伯大起义。但事与愿违，根据战时的《赛克斯—皮科协定》以及战后的《国际联盟盟约》，前属奥斯曼帝国的近东阿拉伯领土成为英、法等国的委任统治地，它们积极扶植代理人（本土政治精英）进行统治，如英国委任统治下的外约旦酋长国、伊拉克王国以及受英国保护的埃及，法国委任统治下的叙利亚和黎巴嫩。由此，阿拉伯世界失去了统一的机会，重新陷入四分五裂的境地。而沙特的国家构建较为特殊，阿卜杜勒·阿齐兹于1913年至1926年相继征服了内志和汉志，1926年成为国王，1927年《吉达条约》的签署标志着沙特阿拉伯正式脱离英国，最终在 1932 年实现统一。

伴随着西方殖民主义的入侵、奥斯曼帝国改革以及一战后的英法等国的委任统治，在长达百年的时间里，整个阿拉伯世界的社会结构出现了较大变动。首先，帝国改革时期，在大量西方国家派遣的军事顾问帮助下，各地纷纷建立西式军队，军官成为西化改革的主要推动力量，是奥斯曼帝国现代化的一个重要特点[1]，更重要的是深刻影响了未来阿拉伯国家的政治权力格局。早期的行政机构改革按照西方政治结构模式，创设了内阁制。后期的奥斯曼帝国宪法确立了宪政框架下的开明专制，实行议会制度和独立的司法体制，并确认了"花厅御诏"中有关公民自由、法律平等的个人权利。奥斯曼帝国的土地法令衍生出真正意义上的阿拉伯世界本土的地主阶级，这是数百年来阿拉伯社会结构变迁中的重要标志。委任统治时期，地主阶级规模不断扩大，发展渐趋成熟。由此，社会上层的构成出现了新变化，素丹、军政官员、自由化地主、商人成为新的统治阶层。此外，还有一个新现象，英法委任统治期间，分别向委任统治地派遣了大批的政治精英和技术精英，导致各国社会上层中还出现了居于高位的外国人，包括政客、资本家等，他们控制着委任统治地的政治、经济和外交。其次，教育（兴办学习法语和其他世俗学科的学校、帝国高级中学、翻译局）、司法（宗教法庭和世俗法庭并存）、经济（积极引入西方技术和资本、鼓励工商业、兴建铁路和电报网）、社会（服饰、习俗的西化）等领域的改革导致社会阶层持续分化，社会中间阶层逐步扩大。特别是改革造就了一大批新型知识分子——"艾芬迪亚"，他们多任职于政府和军队，由于长期和西方国家有所接触，普遍对西方体制和文化有好感，主张改革政治、通过学习西方科技和教育来提升帝国国力。这一群体在奥斯曼帝国晚期、埃及、委任统治时期

---

① 雷颐：《土耳其现代化历程的启示》，《炎黄春秋》2002 年第 3 期。

的叙利亚、伊拉克等国曾经扮演了重要的社会角色。最后，社会下层依然以部落民和农民为主，帝国的解体和现代国家的建立并没有真正提升他们的社会地位，他们国家观念淡薄，还是忠诚于部落或者乡村族长。

二战是阿拉伯地区历史发展进程中的转折点和分水岭。瓦伦丁·莫加达姆曾指出，经济加速发展与国家不断扩张的二元进程是二战结束后阿拉伯国家社会变迁的重要动因①。经济发展在产油国与非产油国有较大区别：在沙特等产油国，石油工业迅速兴起和繁荣，同时也推动了与石油相关的产业和经济部门的发展；非产油国则积极出台一系列国有化立法与政策，旨在尝试建立符合本民族和国情实际的现代化经济体系。国家扩张指的是40年代中期以后民族独立国家体系的逐步形成。民族国家的构建为阿拉伯国家的现代化提供了载体以及物质和制度保障，同时也为长期处于国际格局边缘区的阿拉伯国家带来了巨大的历史机遇。

国家扩张和经济发展的二元进程带来了阿拉伯世界急剧的社会变迁，传统封闭的社会结构逐步崩解，新型多元化的社会结构应运而生。最大的变化莫过于埃及、叙利亚、伊拉克等共和制国家统治阶层的变化，小资产阶级和军人经过革命与政变登上政治舞台，取代旧有社会上层，达到了权力结构谱系中的顶峰；官僚机构、经济行业中的新阶层不断涌现，出现了一个由不同的政治、经济和社会群体构成的中间阶层混合体，不仅分享了社会资源，而且普遍参与政治生活，从而成为现代中产阶级的基础。而沙特等海湾君主制国家更多地具有部落社会的形态特征，部落家族、伊斯兰教等非国家行为体是其社会结构构建的基础，成为社会各阶层强有力的精神支

---

① Valentine M. Moghadam, *Modernizing Women: Gender and Social Change in the Middle East*, Lynne Rienner Publishers, 2003, p. 22.

柱和凝聚力源泉，从而形成了王室家族与伊斯兰教互为依存和支持的结构。由此，王室家族和宗教精英居于社会顶层，分享了核心的政治权力和经济特权，许多王室成员由过去的酋长式贵族演变为大资产阶级。王室对政权的控制也有所松动，允许平民中的专业人士进入内阁，如石油输出国组织的创始人之一、石油大臣阿赫美德·扎基·亚马尼[①]。石油工业的繁荣导致在经济和行政管理领域产生了一批不依赖于家族与血缘关系的商人、企业家以及各类专业人员等新兴群体，构成了本土的中产阶级，改变了沙特在二战前几乎不存在中产阶级的局面。

总体而言，二战以来，阿拉伯国家的社会各阶层在传统与现代的激烈对抗和交融中起起伏伏，社会成员的地位与财富呈现出全新的格局，社会关系在新的格局下重新组合。过渡时期的阿拉伯国家社会结构虽然还不稳定，但是社会结构的变动与重组以自身独具特色的功能影响了阿拉伯国家整体的社会变迁过程，深刻改变了国家与社会的关系。

## 第二节　社会结构演进的推动力

当代阿拉伯国家大多脱胎于奥斯曼帝国，在历史传统、宗教观念等方面均存在一定的同质性，但各国在地缘、宗教、族群、政治体制等层面也存在明显的差异性，共和制国家和君主制国家社会结构的演进各具特色。当代阿拉伯国家的社会结构变迁取决于每一发展阶段不同领域的主导性因素，可以说，多种因素共同推动了阿拉伯国家社会结构的逐步演进。

---

① 黄民兴：《沙特阿拉伯——一个产油国人力资源的发展》，西北大学出版社，1998，第107页。

## 一　社会革命与政治权力体系的结构性变动

年鉴学派的代表人物布罗代尔从时间角度出发，曾提出历史结构分析中的短时段、中时段和长时段理论，虽然布罗代尔更加关注人口、经济、气候、生态、社会组织、思想传统等中长时段的因素，但他指出短时段的突发事件对区域和地方的历史发展进程有直接影响。根据布罗代尔的理论，如社会革命、战争等事件对于整体的人类社会而言，或许只是一粒尘埃，但作为一种短时段事件和现象，往往对于处在特定历史阶段的国家和地区带来直接的、剧烈的社会影响。

20世纪50~70年代，阿拉伯共和制国家社会结构的变化与社会革命、政变等短时段事件息息相关。对于阿拉伯共和制国家而言，"废除君主制是一场破坏性的巨大变革，君主因为革命而下台的真正意义在于，这是一个终结，是不可避免的历史变革历程的最后一步"[1]。二战以来，阿拉伯民族主义意识不断增长，特别是具有民族独立意识的军人，利用世界民族解放运动高涨的有利时机，纷纷发动革命和政变推翻本国君主，建立起独立的民族主义政权，尤以1952年的埃及革命、1958年的伊拉克革命较为典型。50年代阿拉伯国家区域性的革命使20世纪初以来阿拉伯世界的社会变迁达到顶点，革命和政变是阿拉伯世界从传统走向现代的一种痛苦抉择，其带来的社会结构变迁急速而又剧烈，打破了原有的社会关系，构建起新型的共和制国家政体和社会体系。在这一进程中，阿拉伯共和制国家建立了民族主义政权，统治阶级和社会上层出现重大调整与变化。频发的社会革命和政变剥夺了旧有政体中统治阶层的政治特权，中小资产阶级和军人等新型阶层登上政治舞台，成为统治阶级。在埃及、伊拉克，

---

① 〔英〕布伦达·拉尔夫·刘易斯：《君主制的历史》，荣予、方力维译，生活·读书·新知三联书店，2007，第163页。

军人与小资产阶级本身大多就出身于社会中下层，教育程度良好且受西方政治思想影响。因此，政权的转换使得资产阶级与知识阶层得以进入政府机构，体现了平民化特征；随着政权的稳定，逐步还政于民，出现了军人与技术官僚共治的局面；政党和其他政治组织逐步兴起，其人员构成也不断向适应现代政治发展实际需要的方向转化。与此同时，新的统治阶层可以施行有利于民众的政治、经济和社会政策，从而为自身统治提供合法性并扩大社会基础。如通过议会与政党组织的正常化、军人政权的文官化等措施提高民众的政治参与、确保其政治权利，推进政治民主化进程；通过国有化和政府主导的经济政策调整产业结构，增加就业，提高大众福利；通过司法和教育立法，削弱乌莱玛传统宗教力量，提高女性穆斯林的社会地位，扩大公民权利范围，提高民众受教育程度等。这些措施均改变了传统社会结构，加速了社会流动，特别是有利于现代中产阶级群体的出现。

## 二 现代化经济改革与城乡社会关系的变迁

政治革命的成功为阿拉伯世界民族国家的构建提供了基础保障和较为稳定的政治环境，然而，更重要的在于革命之后如何进行经济改革来确保新生政权的稳定。二战后阿拉伯国家在经济发展层面采用的是国家主导型战略，大规模的国有化运动说明了国家在经济事务中的干预作用。

在城市，无论是激进的共和制国家，还是海湾的君主制国家，大致都制订了贴近本国实际的经济与社会发展计划，确定发展目标、重点、政府与私人投资的数额、主要指标和主要项目；积极实行国有化战略，控制金融机构和外贸，大量投资发展基础设施和工业等。建立国有经济体系（石油也属国有经济），垄断国家经济命脉；政府制约和影响社会的生产、交换、分配和消费。20 世纪 60 年代以来，阿拉伯非产油国实施经济调整措施，促进了私人资本的膨胀和产业结构的转化，大量侨汇作为国民经济的重要支柱也相应推动了小型私人工商经济的兴盛。而石油收入的迅速增长对产油国的民族国家构建产生了非同寻常的推动作用，影响到其构建的方式①。沙特等君主制产油国依靠石油工业、服务业在二战后迅速崛起，促进了新型城市社会关系的形成。王室家族享有绝对的财政税收支配权，那些与王室家族有紧密联系的经济精英成长为新兴的统治阶层。阿拉伯国家通过国家主导型的经济发展模式，全方位控制了工商、金融等城市经济实体，改变了传统经济结构和职业结构，也深刻改变了城市社会各阶层之间的力量对比，导致出现持续不断的阶层分化和社会流动。总体上，一方面，国有化运动打击了共和制国家大资产阶级的特权地位，直到70年代初才逐步恢复。另一方面，国家职能的扩大、官僚机构的迅速膨胀以及经济结构的变动，改变了传统的人口结构，城市人口增加，在政府部门和企业部门产生的政府官员、企业主、专业人员群体成为社会中间阶层特别是中产阶级的重要组成部分。产业结构的调整和就业门类的增多，使阿拉伯国家社会下层中形成了一支初具规模的产业工人队伍。但同时城市社会关系日趋复杂化，贫富差距逐步拉大，社会两极分化严重。外籍劳工则改变了沙特等产油国的人力资源配置和经济人口分布，对本国的社会稳定和财富分配造成较大影响。

埃及、叙利亚和伊拉克等共和制国家的乡村，在50～70年代实行了相似的土地所有权和分配改革，土地改革彻底改变了原有的乡村社会关系，加剧了农村社会结构的转变。最重大的变化是，"在外地主"开始衰落，地主阶级的传统农业社会中的乡村统治阶级地位已经不复存在了。土地改革的另一个重要后果是自耕农阶层不断壮大，成为可能是农村拥有土地数量最多的阶层。除了土地法令，共和制国家普遍通过建立农业合作社组织来加强国家对乡村政治与生产的指导

---

① 黄民兴：《论20世纪中东国家的民族构建问题》，《西亚非洲》2006年第9期。

和管理，打破了乡村原有的财富与权力格局。相对而言，海湾君主制国家保持了相当的稳定性，改革较为平缓，不少王室成员、酋长、地主逐渐演变为大农场主和资本家，部落民的人数持续下降，传统部族关系不同程度地受到外力因素的冲击。

总而言之，二战以来阿拉伯国家的经济改革产生的影响十分重大，带来的是革命性的改变，彻底解构了传统的经济关系，形成了利益与权力分配的新格局，成为决定阿拉伯国家城乡社会结构转变的根本性因素。

### 三 城市化与传统部落社会的衰落

阿拉伯是世界历史发展中城市起源最早的地区之一。二战之前，阿拉伯地区的城市集中分布在地中海沿岸，如开罗、亚历山大、大马士革、阿勒颇、贝鲁特、耶路撒冷等，见证了千年来地中海沿岸地区阿拉伯世界的沉浮。二战之后，随着民族国家构建和经济发展，阿拉伯国家迎来了城市化的高峰期，尤其是波斯湾沿岸的产油国城市化发展十分突出，出现了一批新的行政首都和沿海城市。海湾国家的城市化进程并非西方国家城市化那样的自然渐进过程，而是深受70年代"石油繁荣"的影响。基于石油经济发展，数百万临近非产油国以及亚非国家的移民和外籍劳工纷纷涌入，进入农业、制造业、建筑业和服务业，成为海湾国家最主要的劳动力来源。大规模的人口迁移导致海湾国家城市的数量与规模急速膨胀，城市人口急剧增长。表2-1反映的是1950～2010年中东北非国家的人口与城市化比例。海湾国家中卡塔尔、科威特、巴林、沙特的城市人口增长极为迅猛。1950年、1980年、2010年科威特城市化比例分别为61.5%、94.8%、98.2%，沙特分别为21%、65.9%、82.1%。而共和制国家如埃及、伊拉克、叙利亚自80年代以来城市人口增幅相对而言较为稳定。

表 2 - 1　中东北非国家的人口与城市化（1950 ~ 2010 年）

| 国家 | 总人口（百万） | | 城市化比例（%） | | |
|---|---|---|---|---|---|
| | 1950 年 | 2010 年 | 1950 年 | 1980 年 | 2010 年 |
| 阿尔及利亚 | 8.75 | 35.5 | 22.2 | 43.5 | 72 |
| 巴林 | 0.116 | 1.26 | 64.4 | 86.1 | 88.6 |
| 埃及 | 21.5 | 81.1 | 31.9 | 43.9 | 43.4 |
| 伊朗 | 17.414 | 74 | 27.5 | 49.7 | 68.9 |
| 伊拉克 | 5.72 | 31.7 | 35.1 | 65.5 | 66.5 |
| 以色列 | 1.26 | 7.42 | 71 | 88.6 | 91.8 |
| 约旦 | 0.449 | 6.19 | 37 | 59.9 | 82.5 |
| 科威特 | 0.152 | 2.74 | 61.5 | 94.8 | 98.2 |
| 黎巴嫩 | 1.44 | 4.23 | 32 | 73.7 | 87.1 |
| 利比亚 | 1.03 | 6.36 | 19.5 | 70.1 | 77.6 |
| 摩洛哥 | 8.95 | 32 | 26.2 | 41.2 | 56.7 |
| 阿曼 | 0.456 | 2.8 | 8.6 | 47.6 | 73.2 |
| 卡塔尔 | 0.025 | 1.76 | 79.2 | 89.4 | 98.7 |
| 沙特阿拉伯 | 3.12 | 27.5 | 21 | 65.9 | 82.1 |
| 叙利亚 | 3.54 | 20.4 | 30.6 | 56.7 | 55.7 |
| 突尼斯 | 3.53 | 10.5 | 32.3 | 50.6 | 66.1 |
| 土耳其 | 21.5 | 72.8 | 24.8 | 43.8 | 70.5 |
| 阿拉伯联合酋长国 | 0.07 | 7.51 | 54.5 | 80.7 | 84 |
| 约旦河西岸与加沙（巴勒斯坦） | 0.932 | 4.04 | 37.3 | 62.4 | 74.1 |
| 也门 | 4.32 | 24 | 5.8 | 16.5 | 31.7 |

资料来源：联合国 2011 年版《世界城市化进程》，转引自 Valentine M. Moghadam and Tabitha Decker, "Social Change in the Middle East", in Ellen Lust (ed.), *The Middle East* (Fourteenth Edition), CQ Press, 2017, p. 82。

城市化是现代化的重要标志和步骤，是阿拉伯国家尤其是海湾国家传统社会结构迅速嬗变的催化剂。首先，城市化冲击了传统的家庭结构，大家庭的组织关系和亲缘关系的纽带开始松懈。其次，高速的城市化吸引了大量的部落民，部落游牧人口急剧下降，加速了部落组织的衰落进程。与此同时，城市化在一定程度上弱化了部落意识与部落观念，部落民认同和忠诚对象从原有的部落组织开始向国家逐步转换。最后，城市化加速了石油工业以及市政建设、交通运输业、服务业等行业的持续繁荣，带来了经济的高速增长和大量的就业机会，吸引了各类专业技术人才，新的社会阶层不断涌现，广泛分布于社会的第二和第三产业，彻底改变了原有的城市社会关系，社会流动进一步加速。但是，阿拉伯国家数十年过度的城市化也引发诸多社会问题，如城乡差距日益扩大、住房和失业问题日趋严重、社会贫富分化加剧等，均成为国家和社会的稳定的重大隐患。

## 四　世俗化教育和知识阶层的崛起

中世纪阿拉伯世界的教育比较发达，以神学教育为主，研修《古兰经》和"圣训"，旨在培养具有社会影响力的伊斯兰教法学家与合格的神职人员，但不少清真寺的教长和伊斯兰学者也讲授阿拉伯语、算术、伊斯兰历史和地理等世俗学科科目。此外，阿巴斯王朝的巴格达"智慧馆"、摩洛哥的卡拉维因大学（859 年）以及塞尔柱王朝时期巴格达的"尼姆扎大学"都是当时高等教育的典范，设有神学、法学、哲学和历史、自然科学等课程。阿拉伯世界的现代教育始于 19 世纪奥斯曼帝国的教育改革，当时帝国引入西方国家教育体系，在大中城市创建非宗教类型的高等院校、各类专科学校和新式中小学，培养各种专业人才。20 世纪前期是阿拉伯国家现代教育进一步发展的时期，新式教育逐步向乡镇延伸。二战以后，阿拉伯国家的现代教育迎来了大发展，不论是君主制国家，还是共和制国家，都推行了不同程度的世俗化教育改革。首先是在保存并延续传统宗教教育的同时大力发展现代世俗教育。一方面清真寺等宗教机构和宗教学校依然发挥重要的宗教教育功能，以培养神职人员；另一方面，政府大兴现代世俗学校，积极建立现代教育体系，在学制、课程、专业设置、教学方法上都有所创新，以符合现代教育的理念和模式。在这种情况下，传统宗教学生人数逐步下降，1970～1971 年度宗教学校在校生仅为 8800 人，而世俗性质的中学生、师范生、职校生总数高达 92479 人[①]。此外，阿拉伯国家还大力发展女子教育，出现了女子小学和女子师范院校，大学也逐步开始招收女生。教育大发展的结果就是阿拉伯国家女性基础教育普及率都有不同程度的提高。

　　尽管 50 年代以来阿拉伯国家的教育发展存在诸多问题，如教育不平衡、城乡差别大、女性教育欠发达、文盲率高等，但世俗化教育对阿拉伯国家社会结构的影响是深远的。第一，通过改造传统的宗教教育以及兴办各类世俗学校，一定程度上降低了各国的文盲率，提高了各国的全民教育素质，如埃及文盲率从 1986 年的 49.6% 下降到 1996 年的 38.6%，70 年代的伊拉克就已经实行大、中、小学和幼儿园免费教育制度[②]。第二，新型教育体系下，基础教育、高等教育空前发展。从表 2 - 2 可以看出，1970～2010 年，阿拉伯国家各教育阶段的入学率都有了大幅度的提高，在一定程度上满足了各国现代化建设的专业人才需求，同时为社会中下层逐步向社会上层的社会流动提供了机会。同时各国政府还加大了教育投资，如 1975～1985 年沙特王国的年均教育投入猛增到 203.9 亿里亚尔，1990～1995 年的第五个五年发展计划中，沙特人力资源开发的款额年均达到 282.2 亿里亚尔[③]。第三，战后阿拉伯国家教育模式和理念的转变造就了具有现代思想的世俗知识分子阶层。世俗知识分子阶层的崛起打破了乌莱玛宗

---

① 黄民兴：《沙特阿拉伯——一个产油国人力资源的发展》，西北大学出版社，1998，第 70 页。

② 赵国忠主编《简明西亚北非百科全书（中东）》，中国社会科学出版社，2000，第 708、564 页。

③ 赵国忠主编《简明西亚北非百科全书（中东）》，中国社会科学出版社，2000，第 644～645 页。

表 2 - 2　中东北非国家小学、中学和大学入学率（1970～2010 年）

单位：%

| 国家 | 毛入学率 | | | | | | | | | | | | | | | | | |
| --- | --- | --- | --- | --- | --- | --- | --- | --- | --- | --- | --- | --- | --- | --- | --- | --- | --- | --- |
| | 小学 | | | | | | 中学 | | | | | | 大学 | | | | | |
| | 1970 年 | | | 2010 年 | | | 1970 年 | | | 2010 年 | | | 1970 年 | | | 2010 年 | | |
| | 女 | 男 | 总 | 女 | 男 | 总 | 女 | 男 | 总 | 女 | 男 | 总 | 女 | 男 | 总 | 女 | 男 | 总 |
| 阿尔及利亚 | 58 | 93 | 76 | 110 | 117 | 113 | 6 | 16 | 11 | 97 | 94 | 95 | 1 | 3 | 2 | 34 | 24 | 29 |
| 巴林 | 84 | 113 | 98 | 106* | 107* | 106* | 43 | 60 | 51 | 95 | 98 | 96 | 2 | 1 | 1 | 46* | 19* | 31* |
| 埃及 | 53 | 81 | 68 | 110 | 115 | 112 | 19 | 38 | 28 | 74 | 77 | 76 | 4 | 10 | 7 | 32 | 35 | 33 |
| 伊朗 | 52 | 93 | 73 | 106 | 107* | 106 | 18 | 36 | 27 | 79 | 83 | 81 | 2 | 4 | 3 | 43 | 43 | 43 |
| 伊拉克 | — | — | — | 89* | 106* | 98* | 60 | 54 | 57 | 37* | 56* | 47* | 17 | 20 | 18 | 12* | 20* | 16* |
| 以色列 | 95 | 97 | 96 | 104 | 104 | 104 | — | — | — | 103 | 101 | 102 | — | — | — | 67* | 50* | 58* |
| 约旦 | 65 | 79 | 72 | 98 | 100 | 99 | 23 | 41 | 33 | 92 | 88 | 90 | 1 | 3 | 2 | 43 | 38 | 40 |
| 科威特 | 76 | 100 | 88 | 97* | 99* | 98* | 57 | 70 | 63 | 98* | 93* | 95* | 4 | 4 | 4 | 29* | 10* | 19* |
| 黎巴嫩 | 112 | 131 | 121 | 99 | 108 | 103 | 33 | 49 | 41 | 75 | 74 | 74 | 10 | 31 | 21 | 49 | 47 | 48 |
| 利比亚 | 84 | 136 | 111 | 105* | 107* | 106* | 8 | 33 | 21 | 112* | 94* | 103* | 1 | 5 | 3 | 58[a] | 53[a] | 56[a] |
| 摩洛哥 | 36 | 66 | 51 | 108 | 115 | 107 | 7 | 17 | 13 | 58 | 67 | 62 | 0 | 2 | 1 | 13 | 15 | 14 |
| 阿曼 | 1 | 5 | 3 | 82* | 82* | 82* | 0 | 0 | 0 | 85* | 89* | 87* | — | — | — | 30 | 21 | 25 |
| 卡塔尔 | 88 | 104 | 96 | 119* | 122* | 120* | 30 | 41 | 36 | 117 | 95 | 104 | — | — | — | 27 | 5 | 10 |

续表

| 国家 | 毛入学率 | | | | | | | | | | | | | | | | | |
| --- | --- | --- | --- | --- | --- | --- | --- | --- | --- | --- | --- | --- | --- | --- | --- | --- | --- | --- |
| | 小学 | | | | | | 中学 | | | | | | 大学 | | | | | |
| | 1970 年 | | | 2010 年 | | | 1970 年 | | | 2010 年 | | | 1970 年 | | | 2010 年 | | |
| | 女 | 男 | 总 | 女 | 男 | 总 | 女 | 男 | 总 | 女 | 男 | 总 | 女 | 男 | 总 | 女 | 男 | 总 |
| 沙特阿拉伯 | 29 | 61 | 45 | 102 | 100 | 101 | 5 | 19 | 12 | 86* | 94* | 90* | 0 | 3 | 2 | 40 | 35 | 37 |
| 叙利亚 | 59 | 95 | 78 | 116 | 120 | 118 | 21 | 54 | 38 | 73 | 72 | 72 | 3 | 13 | 8 | 24 | 27 | 26 |
| 突尼斯 | 80 | 121 | 100 | 107 | 110 | 109 | 13 | 33 | 23 | 92 | 86 | 89 | 1 | 4 | 3 | 36* | 26* | 31* |
| 土耳其 | 93 | 122 | 107 | 102 | 103 | 102 | 15 | 37 | 26 | 8** | 87 | 84 | 2 | 8 | 5 | 50 | 62 | 56 |
| 阿拉伯联合酋长国 | 72 | 115 | 95 | 108 | 117 | 113 | 10 | 30 | 22 | 86* | 84* | 85* | | | | 37ᵃ | 13ᵃ | 23ᵃ |
| 约旦河西岸与加沙（巴勒斯坦） | | | | 90 | 91 | 90 | | | | 89 | 82 | 85 | | | | 57 | 43 | 50 |
| 也门 | | | | 83 | 101 | 92 | | | | 34 | 54 | 44 | | | | 7 | 15 | 11 |

资料来源：联合国教育统计，转引自 Valentine M. Moghadam and Tabitha Decker, "Social Change in the Middle East", in Ellen Lust (ed.), The Middle East (Fourteenth Edition), CQ Press, 2017, p. 94.

注：毛入学率（GER）代表某一特定教育层级的总入学率，是某一阶段入学学生总数（不论年龄大小）占符合该阶段官方学龄人口的百分比。毛入学率可能超过100%，因为它包括较早及较晚进入该阶段学习的学生，也包括复读的学生。*：2005年数据。**：原文数据如此；笔者认为应是"87"。

a：2003年数据；

教阶层对教法教义的解释和国民教育的垄断特权，削弱了乌莱玛在意识形态和思想文化方面的传统优势地位和其在旧时代的主要知识阶层的作用。与此同时，高学历的知识分子进入政府机构，出任政府内阁成员和各级官员，提高了政府的管理水平和效率，从而成为阿拉伯国家推行现代化的一支重要力量。如沙特1972年的14名内阁大臣中，王室成员为5人，6人获得过美国和埃及大学的学位，本国大学毕业生3人，副大臣中多人留过学[1]；在伊拉克，1958年革命以后的20多年间，来自中小城市的政府内阁部长比例不断飙升，到70年代高达75%[2]。第四，二战后阿拉伯国家的女性教育和家庭法的颁布，改变了阿拉伯国家女性群体长期以来被边缘化的命运，有效提升了女性的地位，为女性参与政治、经济和社会活动提供了机会，突破了传统观念的约束和限制，标志着公民权的适用范围和领域的扩大。

## 第三节　社会结构演进的基本特征

### 一　社会结构演进的外源型与突变性

人类社会中的任何一种社会结构都并非静止和恒常，它总是处于动态变化与不稳定之中。东西方国家和地区社会结构的演进总是因地缘、社会环境、传统制度而各具特色，并呈现出不同的表现方式。笔者基于现代化的相关理论并结合具体的社会历史条件，认为阿拉伯国家社会结构的演进属于国家主导的"外源型"模式，并具有较强的突变性。

---

① William Rugh, "Emergence of a New Middle Class in Saudi Arabia", *Middle East Journal*, Vol. 27, No. 1, 1973.

② Alan Richards and John Waterbury, *A Political Economy of the Middle East: State, Class and Economic Development*, Boulder: Westview Press, 1990, p. 413.

　　"内生型"社会结构的基础是传统社会或未变革前社会的阶层和阶级，其生成发展具有自发性和无组织性的特点。近代以来，西方社会结构演进的基础是三次工业革命，其突出表现是新生产方式的出现和经济结构的深度变革导致了社会结构的渐进性改变。比如第一次产业技术革命，产生了早期的工业资产阶级，改变了包括英国在内的欧洲国家的社会阶级结构和政治结构体系，工业化社会的形成重塑了欧洲人的家庭、日常生活甚至价值观念取向。19 世纪 60 年代开始的第二次技术革命最重要的结果是在全球范围内形成了资本主义世界体系，而西方国家社会结构变迁最突出的特点是产业工人与中产阶级的大发展，工人阶级与资产阶级的对抗和冲突，正如马克思所言，成为西方国家社会中的重要矛盾。二战以来的第三次工业革命引起了全球范围内经济与社会生活的巨变，西方国家得以构建较为理想的三层式社会结构，社会中间阶层的构成、规模日趋复杂和庞大，特别是成熟的现代中产阶级，已成为维系整个社会结构稳定发展的重要社会力量。可以说，西方国家社会结构的演进更多地源自其社会内部因素的作用，即三次社会生产方式的变革彻底改造了西方国家传统的社会结构，而不是靠诸多的外部力量去解构传统社会。

　　"外源型"社会结构的生成则深受外力因素的影响，如世界资本主义市场的扩大和西方殖民主义、民族独立国家体系形成进程中的政治革命与现代化改革等。其中，民族国家构建对于非西方国家社会结构的演进起到了至关重要的作用。如前所述，奥斯曼帝国时期，距离伊斯坦布尔较近的西亚阿拉伯处于帝国直接统治之下，而较远的马格里布地区实际上处于一种独立地位。帝国的政治权力架构属于王权与教权的二元体制。由于受到传统因素的影响，在帝国境内，宗教信仰、部落家族是民众认同和效忠的主体，民族意识相当欠缺、薄弱。随后的奥斯曼帝国改革时期，帝国中央政府和地方行省（如埃及）刻意效仿西方国家推行了旨在富国强兵的改革，并催生了一批新型社会阶层如阿拉伯军官和"艾芬迪亚"等，推动了近代民族以及民族意识的形成。20 世纪是阿拉伯世界民族国家兴起和发展的时期，埃及等国出现了民族主义政党和民族主义理念的宣传鼓动，在西方殖民侵略和委任统治的背景下，本土的民族资产阶级开始形成，并通过反帝反殖的民族独立运动来推动国家和民族的双重构建过程。同时，两次大战之间多数中东民族国家疆界的基本确立也为民族国家构建提供了坚实基础。二战后主权独立的阿拉伯国家逐步摆脱殖民控制，制度层面的世俗化改革努力与尝试取得了令人瞩目的成效，到 70 年代阿拉伯民族国家体系业已形成。从全球化的角度来看，近代以来的阿拉伯世界并没有经历过西方国家那种完整的三次工业革命的洗礼，其社会新阶层的产生主要是源自民族国家构建过程中国家主导的、统制式现代化强力改革。因此，在纵向发展上阿拉伯国家的社会结构演进呈现出较强的突变性，从横向看，阿拉伯国家的社会结构还处于构建良性社会结构的初始阶段。

## 二　社会结构演进的过渡性

从社会学的视角看，合理的社会结构以西方国家"柠檬形"或"橄榄形"结构为代表，其典型特征是两端小（社会上层精英与社会底层）、中间大（中间阶层）；较为发达的发展中国家多属于"埃菲尔铁塔形"，典型的特征是社会顶层为米尔斯所说的少数"权力精英"，国家领袖和社会上层通常都出自这个群体组成的权力集团，他们掌握着国家与社会资源的垄断权；中间阶层规模较大，成员构成复杂，他们享有部分有价值的社会资源；塔形结构的社会底座比较宽，一般由农民、民众和工人等贫穷阶层组成。还有一种类型的社会结构，即"金字塔形"社会结构，其最重要的特征是社会底层人数众多，极少数各类精英位于塔尖，社会中间阶层界限较为模糊，阶层比较固化，社会的流动性也差。

目前阿拉伯世界基本上不存在"柠檬形"社会结构的国家，也不能全部归属于"埃菲尔铁塔形"的社会结构范式。20世纪70年代，西方学者詹姆斯·比尔提出现代化进程中的中东国家阶级结构属于"埃菲尔铁塔形"。如图2-1所示，作为社会上层，曾经存在或依然存在的群体有统治者（国王）、王室家族、部落贵族、本土大地主、经济和军事精英、高层乌莱玛，还包括外国资本家以及无地食利者精英。社会中间阶层在构成、数量、规模上有所不同，大体上包括职业中产阶级、官僚中产阶级、中等资产阶级以及宗教中产阶级。社会底层则由农民、部落游牧民、传统手工业者、产业工人（包括外籍劳工）等组成。

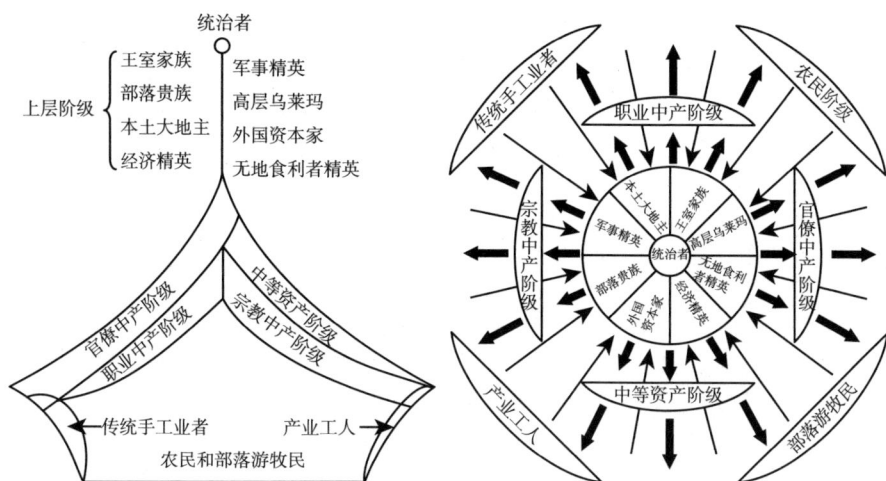

**图 2-1　中东国家阶级结构示意图（横截面、垂直维度）**

资料来源：James A. Bill, "Class Analysis and the Dialectics of Modernization in the Middle East", *International Journal of Middle East Studies*, Vol. 3, No. 4., Oct. 1972。

阿拉伯世界传统社会结构在很大程度上受到农牧业自然经济以及家族、部落社会组织的影响，这种结构中居于顶层的为极少数，社会最大的群体是广布于各地的农牧民，此外还有少量传统手工业者，如西北大学王铁铮教授将传统沙特王国的社会结构形象地比喻为菱形结构①。二战以来，民族国家构建、社会革命、世俗现代化改革以及石油繁荣带来了急速的社会变迁。经过战后数十年的发展，新的社会结构还未定型。笔者认为，二战以来处于社会转型期的阿拉伯国家社会结构的演进具有过渡性的特征，属于建构中的"埃菲尔铁塔形"社会结构。尽管从形式上看，一些非民主的或者非国家行为体的因素仍然制约着社会结构的良性发展，但随着旨在平衡与整合各种社会力量的现代化改革的深入，阿拉伯国家社会结构的本质和内涵已发生深刻变化，传统与现代共存也造就了当代阿拉伯国家独具特色的多元社会结构。

---

① 王铁铮教授认为传统沙特完全是单一的农牧社会，其菱形社会结构中处于两极的是两个人数甚少的社会群体，即以沙特家族为首的王公贵族、同沙特家族结盟并具有宗教权威的谢赫家族，以及部分部落酋长和军政要员构成的掌握王国大权的统治阶层，和分散在波斯湾和红海沿岸的那些在经济和政治上影响微乎其微的旧式小商人和小手工作坊的经营者，处在菱形中部的最大社会群体是游牧民和一部分从耕务农的定居农民，游牧业和农业支配着沙特经济生活。详见王铁铮主编《沙特阿拉伯的国家与政治》，三秦出版社，1997，第92页。

# 第三章
# 阿拉伯国家社会分层谱系

## ——社会上层

　　探讨阿拉伯国家的社会分层谱系问题，面临诸多限制因素。一是阿拉伯国家众多，各国的国情和具体历史条件不同，很难以某些固定的标准去衡量和划分。为此，本书第三至五章主要从共和制与君主制的视角对阿拉伯国家进行归类，并选择其中的沙特、埃及、叙利亚以及伊拉克作为讨论的重点；二是有关阿拉伯国家社会分层的英文文献史料极为分散，且缺乏较为完整的统计数据，特别是关于社会各阶层的规模以及社会群体和个人财富和经济状况的资料较为匮乏和有限；三是笔者不懂阿拉伯语，语言障碍为深入探讨这一问题增加了难度。为此，笔者根据现有的文献资料和认知，从社会分层理论的一般适用性标准和特殊性标准出发，并结合阿拉伯国家社会演进的历史与现实，将阿拉伯国家社会各阶层划分为社会上层（统治者和精英阶层）、社会中间阶层（以现代中产阶级为主）以及社会下层三大类，并以阶级、地位、经济、职业以及部落家族、宗教、民族和性别等多重维度重新检视阿拉伯国家社会各阶级和阶层，尽可能地分析社会各阶层的源起、构成、规模以及发展历程，其中既有宏观层面的考察，也有具体的个案研究，力图客观展现当代阿拉伯国家整体的社会分层谱系。

# 第一节　政治精英

一般而言，所谓的社会上层是由社会地位较高的成员所组成的，他们通常拥有权力、财富、社会声望与影响力，居于社会分层体系中的顶端，统治者与各类精英是这一阶层的主要群体。

"精英"（elites）概念属于社会学和政治学领域，其范围界定并不十分明晰。西方语境之下的精英通常是指特定社会（阶级或整个社会）中居于最高层次的那些最有权势或声望的群体①，他们在政府中的作用有的是直接的，有的则是间接的②，其来源渠道也较为固定，一般涉及政治、经济和军事三大领域③，但这一群体或者集团往往主导国家事务，在政治结构中居于核心地位。

沃克·佩尔茨等九位学者在《阿拉伯精英：协商政治变革》一书中对 20 世纪 60 年代以来的约旦、摩洛哥、叙利亚、埃及、沙特、阿尔及利亚、突尼斯、黎巴嫩、巴勒斯坦九个阿拉伯国家的精英阶层进行过探讨，采用同心圆的理论模式提出政治相关精英（Politically Relevant Elite，PRE）的概念④。沃克等人提出的以政治相关精英为代表的社会上层具有如下一些特征：①从其准入标准看，出身、财富、地位或功绩是重要因素；②从其构成看，包括那些在特定国家中

---

① 〔美〕格尔哈斯·伦斯基：《权力与特权：社会分层的理论》，关信平等译，浙江人民出版社，1988，第 99 页。

② 〔意〕V. 帕累托：《普通社会学纲要》，田时纲译，生活·读书·新知三联书店，2001，第 298 页。

③ 〔美〕查尔斯·赖特·米尔斯：《权力精英》，王昆、许荣译，南京大学出版社，2004，第 14 页。

④ Volker Perthes（ed.），*Arab Elites：Negotiating the Politics of Change*，Lynne Rienner，2004，p. 5.

具有政治话语权和影响力并掌握实际政治权力的领导人及政府高层人员，身处大型国家经济、社会组织以及军事组织中具有影响力的头面人物等特殊群体；③从其功能看，精英通常掌握政治权力和巨额财富，往往能够直接或间接地制定和参与国家重大政治政策、经济政策、社会公共政策以及军事外交政策，在整个国家社会变迁中发挥巨大作用。

沃克等人在三个同心圆的示例性说明中，将阿拉伯国家的政治相关精英从核心到边缘由内而外共分为三层。沃克指出，第一个（或内部）圈子包括核心精英，即能够做出战略决策的人；第二个圈子存在一个中间精英群体或个人，对政治的影响或对决策的重要性相对较低；第三个圈子的精英能够间接影响战略决策或通过他们在政府部门、利益组织、游说团体、媒体等机构中的地位来达到利益诉求。与此同时，沃克认为三个圈子之间的边界并不固定，也不封闭，政治精英阶层具有弹性，互有交叉，存在一定的社会流动。

综上所述，根据国内外学者的精英理论，结合阿拉伯国家当代社会发展的现实，笔者认为，当代阿拉伯国家的社会上层主要由统治者与各类精英阶层构成，即在社会分层体系中占据最高位的关键群体中居于顶端的是统治者（国王），权力精英（政治、经济、军事、宗教精英）则围绕统治者形成权力核心阶层。其中，政治精英主要指高阶层政治官员（包括君主制国家的王室家族成员），经济精英包括城市大资产阶级、大商人、大土地所有者、农村大农场主和大牧主等阶层，宗教精英是指高阶层乌莱玛。

下面，笔者将就阿拉伯国家以政治精英（包括王室家族）、经济精英（城市大资产阶级、地主阶级）、军事精英、宗教精英（乌莱玛）等权力精英为代表的社会上层进行分析和阐述，即从宏观层面观察上述精英阶层的构成与发展，也从个案研究方面加以着重解读。

## 一 君主制国家的王室家族①

海湾君主制国家在国家构建、政治发展和社会分层结构方面有两个突出特点。一是其现代国家的构建一般是在原有部落社会结构的基础上演变而来，这是海湾国家的基本国情与现实，所以部落扮演了重要角色，对国家政治形成持续性影响，此种情形被西方学者形象地称为"挂国旗的部落"（tribes with flags）②。二是其国家政治权力结构中，政治精英的家族性很强。王室家族是传统社会上层的统治者和权力精英，而且延续至现代阿拉伯君主制国家，其地位极其重要，显现出明显的继承性特征。这从一个侧面也说明了血缘、家族维度在阿拉伯君主制国家社会分层体系中的重要性。

近代以来的海湾阿拉伯国家曾出现过许多名望家族，他们统治着阿拉伯半岛大大小小的独立国家或地区，其中最有名的就有沙特王国的沙特家族、阿联酋的扎耶德家族、科威特的萨巴赫家族、巴林的哈利法家族、阿曼的赛义德家族、卡塔尔的萨尼家族等。二战之后，阿拉伯半岛和海湾地区的王国和地方酋长国纷纷建立独立国家，并以石油为基础迅速由传统游牧国家向石油工业国迈进，再加上城市化和定居政策的实施，深刻改变了社会经济生活与社会关系。但因根植于部落的传统观念以及特有的宗教和社会特征，定居者和游牧者都保持着与部落的紧密联系，因此社会结构的基础依然是家族，正是在这种社会与心理纽带基础之上，传统的这些家族势力才能建立起政权，并拥有颇具影响力的国家统治权。因此，部落与家族在很大程度上影响了海湾国家社会统治阶层的组成，他们往往通过部落/家族之间的联姻来扩大统治的规模和基础，家族子嗣通常会直接垄断政府部门中的关

---

① 王室家族在海湾国家社会变迁中最为典型，行文中以沙特王国为切入点加以说明。
② 丁隆：《中东民主化进程：一个政治经济学的视角》，《阿拉伯世界研究》2008 年第 1 期。

键职位，拥有国家决策大权，非统治家族成员很难进入核心圈子①。

下面以沙特王国为例，分析君主制国家以王室家族为核心的政治精英阶层的构成与地位。

在阿拉伯国家中，沙特王国是实行家族统治的典型国家。18 世纪中期，穆罕默德·伊本·沙特与瓦哈比派创始人瓦哈卜联姻结盟，共同创建了沙特家族和瓦哈比谢赫家族统治的早期沙特国家，但之后因教派、部落争斗激烈，两度亡国。到了 20 世纪初，现代沙特王国的奠基人伊本·沙特相继征服了阿拉伯半岛多数区域，1932 年建立起"沙特阿拉伯王国"。此外他还借助瓦哈比派力量频繁与其他部落结盟，迅速扩大势力范围。作为现代沙特的创建者，为了维护政权稳定，伊本·沙特频繁联姻，不断娶妻生子，留下男性子嗣 300 多人，其中法定承认并具有王位继承权的亲王有 36 人，数十年过去，到 20 世纪 80 年代末其直系子嗣达到 700 人左右②。作为统治家族，沙特家族早已形成一个家族控制的国家关系网络圈，势力强大，掌握着中央及地方政府各重要部门和关键职位。据估计，进入 21 世纪以来，沙特家族的男性子嗣达到 10000 多人，整个家族连同家属已高达 25000 人③。

纵观沙特家族统治的历史和现状，由于王室成员庞杂，派系与子嗣众多，整个家族在王国政权中的地位和作用取决于两个关键性因素。

（1）根据沙特法律，沙特王位继承不同于我们所知的西方君主制国家的长子继承制，沙特王国实行的是特有的王储制，而能否成为

---

① 彭树智主编《中东国家和中东问题》，河南大学出版社，1991，第 136 页。

② Mordechai Abir, *Saudi Arabia in the Oil Era：Regime and Elites；Conflict and Collaboration*, Croom Helm Ltd, 1988, p. 12.

③ Stig Stenslie, *Regime Stability in Saudi Arabia：The Challenge of Succession*, Routledge, 2012, p. 26.

王位继承的候选人，最重要的是看候选人是不是沙特家族的直系或者嫡亲①。也就是说，只有伊本·沙特的具有法定继承资格的后代才能继承王位。从沙特家族的发展历史可以看到，伊本·沙特之后的六位国王沙特、费萨尔、哈立德、法赫德、阿卜杜拉以及萨勒曼均是伊本·沙特的儿子。每一位国王在任期间，都形成了核心精英圈子，如已故国王阿卜杜拉在任时，外交大臣、国家安全委员会主管、国民卫队司令、地方政府省长以及其他内阁核心成员等多为第三任国王费萨尔之子；再如法赫德时期颇具影响力的"苏代尔七兄弟"改革派就执掌了国家实权。

沙特王室除了伊本·沙特的直系之外，还包括三个旁系即贾卢韦、苏乃因和卡比尔的子嗣成员，其先祖曾经在沙特建国过程中发挥了重要作用，其中贾卢韦旁系的势力和影响最大，如第三任国王费萨尔两个儿子的母亲、第四任国王哈立德及其兄长穆罕默德的母亲均来自贾卢韦系②。

此外，谢赫家族成员在沙特王国中也占有重要地位。谢赫家族成员包括 18 世纪以来阿卜杜勒·瓦哈卜的几百名直系男性后裔。早期沙特的创始人穆罕默德·伊本·沙特与瓦哈卜的女儿结婚，加强了他们的政治联盟，并延续至今。当代沙特费萨尔国王的母亲是阿卜杜勒·瓦哈卜的直系后裔艾尔·沙伊赫·卡迪的女儿。90 年代谢赫家族大部分成员并不是神职人员，但在政府、教育、安全部门、武装部队和私营企业中担任重要职务，而且也是王国一些重要宗教机构的高级成员。

（2）沙特王位继承按照"兄终弟及"的继承制继承，如现任国王萨勒曼于 2015 年其同父异母的哥哥阿卜杜拉去世后接任。但是目

① Joseph A. Kechichian, *Power and Succession in Arab*, Lynne Pienner Publishers, 2008, p. 411.
② 详情参见王铁铮主编《沙特阿拉伯的国家与政治》，三秦出版社，1997，第 97 页。

前，沙特兄终弟及的王位继承传统已经被新任国王萨勒曼打破。自2015 年上任以来，萨勒曼两次废立储君。在上任之初，他任命同父异母的弟弟、第二王位继承人、副王储穆克林为王储，但短短三个月后就下令免去穆克林的王储职务，其侄子穆罕默德·本·纳伊夫成为王储兼内政部长，其子、时任国防大臣的穆罕默德·本·萨勒曼被任命为副王储。此时萨勒曼的做法已经打破了"兄终弟及"的继承制；2017 年，萨勒曼又解除王储穆罕默德·本·纳伊夫的所有职务，任命其子、副王储穆罕默德·本·萨勒曼为新王储和第一副首相，而且继续兼任国防部长、经济与发展事务委员会主席等职务。这样一来，沙特自立国以来，政治权力结构出现重大转折，以萨勒曼父子为核心的全新权力格局正式形成。

有关沙特精英阶层的情况，国内学术界已经取得了一定的研究进展。比如韩小婷博士根据沃克·佩尔茨的同心圆概念，勾勒出沙特王国精英阶层的结构示意图，如图 3-1 所示，处于精英阶层第一圈的是国王及王室核心成员；第二圈包括了王室重要成员、宗教权威和专家治国者；第三圈为王室一般成员、宗教精英、商界精英、部落精英、新伊斯兰主义者以及新兴中产阶级等群体[1]。

韩小婷认为，核心成员与非核心成员的区别造成了王室各成员地位和权力的差异，特别是同心圆第一层沙特王室少数最核心的成员，掌握着王国优质的政治与经济资源。

在政治上，如中央政府层面，家族核心成员完全控制内阁，内阁在国王的领导下行使最高行政权和部分立法权。同时沙特内政、外交、军队、情报等关键部门也由这一阶层掌控。在地方层面，沙特13 个地区的埃米尔也均由王室成员担任，通常直接听命于国王。此

---

① 韩小婷：《沙特王国社会转型中的精英集团研究》，博士学位论文，西北大学，2013，第22 页。

王室一般成员

宗教精英　　　　　　　　　　商界精英

王室重要成员
（大臣、助理大臣、官员）

国王
王室核心成员
（关键部门大臣）

宗教权威　　　　专家治国者

部落精英　　　　新伊斯兰主义者

新兴中产阶级

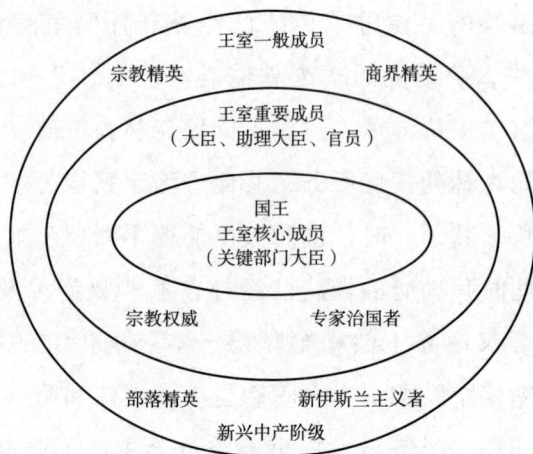

图 3 - 1　沙特精英阶层结构

图片来源：韩小婷：《沙特王国社会转型中的
精 英 集 团 研 究》，博 士 学 位 论 文，西 北 大 学，
2013，第 105 页。

外，其他次重要级别的职位则由沙特家族旁系支族的成员担任，也就
是根据派系归属在精英阶层的第二和第三圈层发挥作用①。同时为了
保证沙特家族在国家政治中的核心地位以及统治的长期稳定，沙特家
族还建立了王室长老委员会、王室家族委员会等最高政治权威机构，
决定沙特王国王位继承、重大决策等事宜，由此控制了立法、司法、
行政和军事等国家权力。

　　在经济上，沙特家族获取财富的渠道很多，其成员每年都会从政
府获得极为丰厚的政府津贴；他们还利用手中的权力，获取大量的商
业委托权，投资于大型企业工厂、股票、债券、房地产等领域，享受
巨额商业利益。同时，还积极寻找代理人为其打理大量的商业贸易和
金融经营活动，从而打造了核心圈子的经济帝国。

---

① 韩小婷：《沙特王国社会转型中的精英集团研究》，博士学位论文，西北大学，2013，第
55～56 页。

总体上看，沙特王国的政治精英就是以伊本·沙特的直系子嗣后代为核心，积极吸纳其他重要王室成员和精英所组成的。沙特王室通过各种政治机制和制度安排垄断了整个王国的政治、经济和军事大权，决定着王国社会和政治发展的方向。

## 二 共和制国家的政治精英[①]

二战以来，阿拉伯共和制国家通常是以军事政变和革命开始，如埃及、叙利亚、伊拉克等，彻底打破了传统社会关系，建立起军人统治，以成立全国唯一的政党组织的形式，牢牢掌控政治权力；然后逐步改变身份，成为政治精英，建立起威权统治。在高度集中的政治体制中，权力掌握在总统手中，而且通过符合有利于自身游戏规则的多种渠道吸纳各领域的精英人士，从而形成一个国家主义的政治精英集团。下面以埃及和叙利亚为例加以说明。

### （一）纳赛尔至穆巴拉克时代的埃及政治精英

埃及自 1952 年之后，历经纳赛尔、萨达特、穆巴拉克、穆尔西以及塞西等总统统治时期，除了穆尔西是首位民选总统且无军方背景外，其他总统均是军人出身，并在随后的国家治理中逐步转换为政治精英，事实上兼具政治精英和军事精英的双重身份。尽管埃及被视为威权政府和高度个人化的国家，总统的权力至高无上，但事实上，埃及国内外政策都会受到政治相关精英的影响。

纳赛尔时期，自由军官组织占据核心位置，把持内阁及其他重要职位，总统居于压倒性的主导地位；总理是总统的主要副手，直接向总统负责，并通过官僚机构执行总统的政策。纳赛尔时期的核心精英就有阿卜杜勒·哈基姆·阿米尔、安瓦尔·萨达特、卡迈勒·侯赛

---

① 本部分以埃及和叙利亚为例，伊拉克的情况可参阅韩志斌《伊拉克复兴党民族主义理论与实践研究》，中国社会科学出版社，2011。

因、阿卜杜勒·拉提夫·巴格达迪、扎卡里亚·穆希丁和阿里·萨布里等军事革命家。著名新闻大亨穆罕默德·哈桑纳·海卡尔和工业巨头阿齐兹·西奇也对总统有影响。但纳赛尔时期的军队明显支配了国家，大多数技术专家仅仅是政策的执行者。然而，在萨达特时期，自由军官在政府内阁中的人数不断下降。

萨达特时期，顶级精英不再受制于军方，而是一个更加多元化的群体。除了个别老一代的自由军官和高级将领外，都是新一代的精英，如副总统穆巴拉克，艾哈迈德·伊斯梅尔·阿里将军，阿卜杜勒·加尼·伽马西和卡迈勒·哈桑·阿里都扮演着重要角色，阿卜杜勒·阿齐兹·希贾齐、马姆杜·萨利姆和穆斯塔法·哈利勒等总理在任职期间享有真正的权力。此外，外交部长伊斯梅尔·法赫米是总统的亲密战友，内政部长如麦姆杜哈·塞利姆和纳巴维·伊斯梅尔也属于核心成员。除了上述政客官僚外，还包括某些对关键决策或部门具有影响力的技术官僚，如经济事务副总理阿卜杜·卡萨尼、石油部长艾哈迈德·希拉尔、电力部长艾哈迈德·苏尔坦。还有一位超级富商奥斯曼通过联姻让其子与萨达特的女儿结婚，从而建立了巨大的商业帝国。他本人担任重建部长期间几乎融入了总统的家庭。萨达特另一位有影响力的亲家是出身地主的技术专家赛义德·马里，曾主持纳赛尔的土地改革，并帮助萨达特走向政治和经济自由化，长期代表埃及官方和议会行事[1]。

至于穆巴拉克时代的埃及政治精英，沃克·佩尔茨的同心圆精英结构模式将其划分为三个圈六个精英群体[2]。如图 3-2 所示，第一

---

① 详见 Helen Chapin Metz (ed.), *Egypt: A Country Study*, *Washington*: GPO for the Library of Congress, 1990, pp. 237-241。

② 有关埃及政治相关精英三个圈子的论述及事例详见 Gamal Abdelnasser, "Egypt Succession Politics", in Volker Perthes (ed.), *Arab Elites: Negotiating the Politics of Change*, Lynne Rienner, 2004, pp. 119-123。

个圆由两部分构成，国家执政党（NDP，即民族民主党）政客与具有专业背景的高阶层技术官僚（军人、外交官以及行政管理人员），总统处于核心，同时也是政党政客与技术官僚的连接点；第二个圆由国家精英（议会两院议长议员、议会委员会主席）和市民社会精英（有名望的商人和工会领袖）组成；第三个圆由最高法院的法官和杰出的非政府组织（NGO）活动家以及新闻工作者构成。可以看到，每个群体中的人被划分为不同的等级，其中都会有一位在某个机构或社会团体中最具声望和功绩的人。

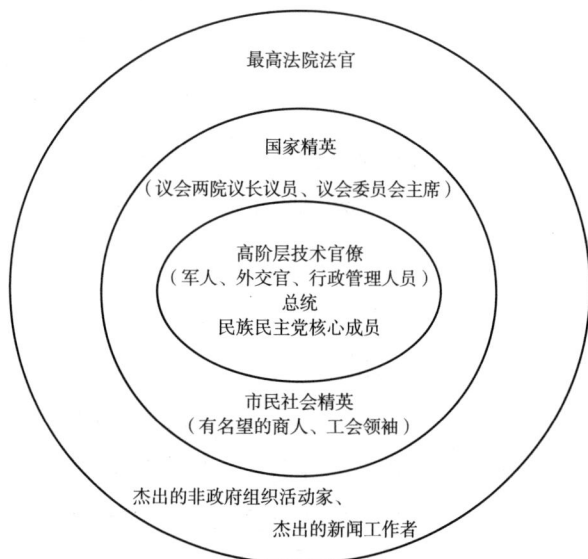

**图 3-2　埃及政治相关精英示意图（2002）**

图片来源：Gamal Abdelnasser, "Egypt Succession Politics", in Volker Perthes (ed.), *Arab Elites: Negotiating the Politics of Change*, Lynne Rienner, 2004, p. 120。

总统是第一个圈子也即核心圈子中两个主要群体的中心。一方面，他任命一批国家技术官僚、军人、外交官和政府官员；另一方面，他也是民族民主党（1978年建立，是穆巴拉克时期埃及的执政党，2011年穆巴拉克倒台后被解散）的主席，该党在人民议会占有85.5%的席位。总统显然是枢纽，是技术官僚和政客之间的连接点，而两大群体的官方代表则与总统关系极为密切。如技术官僚就有对外事务首席顾问奥萨马·巴兹、外交部长艾哈迈德·马哈尔、国防部长侯赛因·坦塔维、情报部长奥马尔·苏莱曼、内政部长哈比卜·阿德利以及总理阿提夫·埃贝德；核心成员包括民族民主党秘书长和信息部长萨夫沃特·谢里夫，以及民族民主党副秘书长卡迈勒·沙兹利。透过埃及现代政治发展，可以看到从纳赛尔以来，军人在核心圈层中的重要地位。尽管从萨达特开始，军方在埃及政治中的作用开始减弱，如纳赛尔时期军方占据了近一半的部长职位，萨达特1973年后的内阁中军方人数大为减少，军事和安全主管不参与正式的政治，但这种变化并不意味着高层军事精英被排除在第一圈层政治相关精英之外，这一点在2011年以来已经被埃及政局的变化所证明。另外，穆巴拉克时代的外交官也获得了重要地位，在阿穆尔·穆萨领导下，外交部发展成为一个能够做出决策和执行决策的国家机关。总体上，穆巴拉克时代处于核心地位的政治精英大多经历过1973年的十月战争和1978年的戴维营协议后的和平进程，岁数普遍偏大，但以穆巴拉克为中心的政治精英通过政党组织和其他机构掌握了埃及国家的所有军政大权，决定着国家的发展方向。

埃及次级政治精英即议会领袖和工商组织领袖组成了穆巴拉克时代的权力第二圈层。如2000年埃及议会选举产生了新一届的议会委员会和民族民主党秘书处，代表埃及公共部门、私营部门以及工会的最具影响力的商业游说团体发挥了重要作用。4名工会成员和4名商人进入议会、获得了各委员会主席职位，民族民主党总秘书处的21名成员中，也有4名工会成员和4名商人。另外，第二圈层中重要的政治精英是埃及工会联合会（ETUF）主席。这一组织成立于1957

年，是埃及国内 23 个工会的联合体，约有成员 450 万，各级组织定期举行选举。赛义德·拉希德 90 年代就任埃及工会联合会主席，同时也是人民议会议长①。

20 世纪 90 年代最高宪法法院法官、知名记者和著名的非政府组织活动家组成政治精英的第三圈层，并就事关国家的决策提出重要意见。其中最高宪法法院（SCC）法官是国家精英中收入最高的职位，有时可以做出与总统、民族民主党为主导的政府意见相左的的裁决。如最高宪法法院在 1984 年和 1987 年解散议会的裁决以及 2000 年具有里程碑意义的议会选举规则裁决，将议会选举置于充分的司法监督之下，反映出法官重要性的日益上升。记者也在一定程度上影响了埃及的政治决策。例如，关于伊斯兰道德在社会上的争论以及 2002 年夏天对美国和以色列产品的抵制等政治敏感问题，都是由一位知名杂志主编穆斯塔法·巴克里发起的，在埃及与以色列的关系问题上发出了不同的声音。此外，90 年代以来，一些非政府组织兴起，影响不断扩大，如女权主义非政府组织为改变家庭地位法而发起的运动，就成功地影响到了埃及妇女的参政议程。穆斯林兄弟会（Muslim Brotherhood）也是重要的非政府组织，对埃及的政治影响力相当大，这在穆巴拉克之后的穆尔西上台过程中有充分的体现，虽然多次被解散和取缔，但由于有十分广泛的社会基础，其在未来的埃及政治变革中依然会产生影响。

从纳赛尔到穆巴拉克核心精英组成的变化（包括内阁）表明了通往权力之路的转变。纳赛尔时期的自由军官组织和内阁是招募政治精英的主要渠道，但在萨达特和穆巴拉克时期，技术官僚精英的增长超过军人成为顶尖精英，具有技术和官僚双重职业生涯的身份

① 相关数据详见 Gamal Abdelnasser, "Egypt Succession Politics", in Volker Perthes (ed.), *Arab Elites: Negotiating the Politics of Change*, Lynne Rienner, 2004, p. 120。

背景是他们获取地位和权力的关键基础。但 2011 年以来埃及政治格局的变化说明，军队精英仍然在国家政治发展中扮演着重要角色。不过可以预见的是，无论军方占据哪些重要的关键性职位，未来埃及的政治发展中，技术官僚精英依然会成为埃及统治阶层的重要组成部分，并将继续发挥重要作用，与总统、内阁共同指引埃及发展的路径与方向。

### （二）叙利亚政治精英

一战后，叙利亚长期处于法国委任统治之下，直到二战后的 1946 年真正独立。1958~1961 年与埃及合并，成立阿拉伯联合共和国。1963 年，复兴社会党发动政变上台执政，1970 年哈菲兹·阿萨德改组复兴社会党，当选总统。2000 年，阿萨德去世后，其次子巴沙尔·阿萨德成为总统。

哈菲兹·阿萨德时代的叙利亚在政治发展上的突出特点是一党制的总统威权体制。1973 年经全民公决，叙利亚颁布了国家宪法，规定阿拉伯复兴社会党是叙利亚国家与社会的领导核心。叙利亚实行三权分立原则，人民议会拥有立法权，总统掌管最高行政权兼任武装力量最高统帅，任期 7 年，可连选连任；其余重要领导人为副总统、总理、内阁成员以及政府部长和副部长，军队将领等，均向总统负责。由此，宪法之下的政治结构中，总统集党、政、军大权于一身，拥有最高行政大权和部分立法权，处于国家权力的中心，这就完全突破了阿萨德之前叙利亚存在的革命指导委员会、复兴党地区委员会以及九人政治局的集体领导模式，总统的核心作用极为显著[①]。

因此，可以说叙利亚政治精英集团在 70 年代以来的阿萨德家族统治时期最具有代表性。叙利亚政治精英主要来源于如下几部分。

---

① 详见王新刚《现代叙利亚国家与政治》，人民出版社，2016，第 181~183 页。

首先，政治精英群体大部分属于阿萨德的阿拉维少数派（属伊斯兰什叶派），其中许多属于阿萨德自己的氏族和部落，因此带有强烈的教派和血缘家族政治特点。一方面，阿拉维、德鲁兹等教派的军官在1963年发动军事政变的复兴党军事委员会中占主体，在随后的军队政治化和意识形态化过程中，阿拉维派军官迅速崛起，在阿萨德时代的政治、军队以及党内的影响与日俱增。据统计，阿萨德时期叙利亚军官中阿拉维派军官数量超过一半，警察与情报机构高层也多来自阿拉维派，相反，占人口多数的逊尼派军官在叙利亚军官总数中的比例不超过25%[1]。此外，复兴党中央委员会的18名军人中，有12人是阿拉维派[2]。特别是阿萨德的胞弟拉法特·阿萨德曾经权倾一时，掌管禁卫军，地位仅次于总统；阿萨德的内弟阿德南·马赫鲁夫负责共和国卫队直到90年代。此外还有特种部队司令、情报局局长、军事情报局局长以及军队中的王牌师的师长都来自阿拉维派。另一方面，虽然阿萨德政权是阿拉维少数派掌权，但是占人口多数的逊尼派穆斯林在阿萨德时代的政治生活中也颇有影响力，这主要是因为60年代起，逊尼派下层复兴党军人与阿萨德是政治盟友关系。比如时任副总统的阿卜杜勒·哈达姆和祖哈尔·马沙利卡、总理阿卜杜勒·拉法尔·卡西姆、国防部长穆斯塔法·塔拉斯、武装部队总参谋长希克马·谢哈比、复兴党助理秘书长阿卜杜拉·艾哈迈尔等都是复兴党中的重要逊尼派政治精英。总体上，阿萨德时代前期复兴党领导层中的逊尼派占43.4%，内阁成员中逊尼派占68.2%[3]。另一个鲜为人知的政权支持支柱是阿萨德所建立的少数派的默契联盟，诸如基督教徒和德鲁兹教徒等非穆斯林群体、伊斯玛仪和雅兹迪

① Eyal Zisser, *Asad's Legacy: Syria in Transition*, New York University Press, 2001, p. 20.

② Raymond A. Hinnebussch, *Syria Revolution from Above*, Routledge, 2001, pp. 95 - 96.

③ Raymond A. Hinnebussch, *Syria Revolution from Above*, p. 71; Volker Perthes, *The Political Economy of Syria under Asad*, I. B. Tauris, 1995, p. 71.

等非正统穆斯林，以及库尔德人和切尔克斯人等非阿拉伯穆斯林，这些少数群体的个别成员在阿萨德政府中出任重要职位①。因此，阿萨德政权将逊尼派精英纳入自己的新的权力结构中，有助于政权合法化和社会稳定。

其次，复兴社会党是衡量政治精英的重要指标。由于宪法规定复兴社会党一党执政，70 年代阿萨德全面改造了复兴社会党，明确了总统在复兴社会党的领导地位，建立了严密的组织架构体系，其中复兴党中央委员会是党的最高领导机构，在由阿萨德任命的 90 名高层成员中，再选择其中的 21 人组成核心权力机构——指挥委员会，然后再设立下属分支机构。自此，阿萨德时期，复兴社会党规模不断扩大，1992 年达到 100 万人②，并从城市逐步向乡村延伸，建立起了庞大的组织网络和体系，这也为复兴党的政治动员和社会整合提供了强大的社会基础。

再次，政治精英的核心群体就是军人。军人是叙利亚现代民族国家构建中的重要力量，也是阿萨德政权的重要组成部分，连阿萨德本人也是军人出身。所以在阿萨德时代，叙利亚极为重视军队和国家安全部门建设。根据学者王新刚、王彤的研究，当时的叙利亚军事与安全部门的核心成员由三部分构成③：一是直接受阿萨德领导的阿拉维派高级军官，与阿萨德在地域、血缘和宗派关系方面联系十分紧密，他们处于权力中心；二是党内非阿拉维派军官广泛分布于复兴党的各类军事机构，成为阿萨德权力中心圈层中的重要成员；三是掌握军事资源的职业军官利益集团，虽然一般不介入政治，但部分骨干也能进

① Thomas Collelo（ed.），*Syria: A Country Study*，GPO for the Library of Congress，1987，pp. 207 – 208.

② Volker Perthes，*The Political Economy of Syria under Asad*，I. B. Tauris，1995，p. 155.

③ 王新刚：《现代叙利亚国家与政治》，人民出版社，2016，第 191 页；王彤主编《当代中东政治制度》，中国社会科学出版社，2005，第 336～337 页。

入总统的圈子。

最后，阿萨德政权还通过人民议会和民族进步阵线，吸纳大批的复兴党组织成员，培养骨干力量。比如 1971 年成立的人民议会的多数席位长期由复兴党成员占据，多数是政府和军队中的高层领导人；1973 年成立的具有统一战线性质的政治协商机构——民族进步阵线，完全承认和接受复兴党的领导，主席由总统和复兴党书记兼任，其18 人的领导机构中，10 人来自复兴党[①]。

哈菲兹·阿萨德的政治精英吸纳与运作模式一直延续到了巴沙尔·阿萨德时期。2000 年 7 月，巴沙尔·阿萨德成为叙利亚新总统，兼任武装部队总司令和复兴党总书记，被沃克·佩尔茨称为"叙利亚领导层准君主制的变革"[②]。新政权中，由于领导人的更替，政治精英的组成也有了一定程度的人员和代际变革。当然哈菲兹·阿萨德时期的一些重要人物继续在新政权中任职，如负责叙利亚国家安全事务的副总统穆罕默德·哈尔贝克、军事情报机构首脑阿卜杜拉·裴德斯亚、国家安全总局局长阿里·马穆鲁克等，而且巴沙尔·阿萨德的权力基础依然是复兴党、军队和安全部门以及官僚机构。但是巴沙尔·阿萨德在前两届任期内已经对政治精英进行了重组，形成了属于自己的政治权力核心精英圈。其中第一圈层包括总统、副总统、总理、外交部长、国防部长、复兴党副总书记以及总统的家人，其中包括叙利亚首富、经济界的头号人物、巴沙尔的表弟拉米·马赫鲁夫（据说掌握国家一半资产，其家族仅次于阿萨德家族），统帅军方精锐第四装甲部队、总统卫队和共和国卫队的弟弟马赫尔·阿萨德，担任军事情报部高官和军队副总参谋长的姐夫阿瑟夫·沙乌卡特、内政部长等。其他内阁成员、总统的其他顾问、被洗牌的军队和安全部门

① Volker Perthes, *The Political Economy of Syria under Asad*, I. B. Tauris, 1995, p. 140.
② Volker Perthes（ed.）, *Arab Elites: Negotiating the Politics of Change*, Lynne Rienner, 2004, p. 87.

的高官等构成第二圈层精英圈子，虽然没有战略决策权，但无疑具有影响力。第三圈层或外部圈层包括助理部长，各省省长，复兴党省级分支机构负责人，总统直接任命的其他一些高级官员。其中在第二、第三圈层中，巴沙尔·阿萨德吸收了不少技术官僚，组建所谓的"巴沙尔的技术专家"团队，以解决叙利亚存在的各种问题，如财政、工业、通信、教育、农业等各部长大多拥有欧洲或美国的大学博士学位，新经济和外贸部长曾长期在世界银行任职，财政部长曾担任世行阿拉伯常务理事，农业部长、教育部长和工业部长曾为联合国组织提供咨询服务。

但是自 2012 年以来，由于国内社会问题日益突出，爆发了大规模的反政府示威游行，并逐步升级，演变成严重的冲突，叙利亚政府军与反政府军之间爆发了血腥内战，据说在内战期间还发生了政府和军队高官叛变现象。可以说巴沙尔·阿萨德迎来了严重的执政危机。与此同时，以美国为首的西方国家和沙特等逊尼派国家也以此为契机，不断向叙利亚政府施压，要求巴沙尔·阿萨德下台。但在俄罗斯以及伊朗的强力支持下，巴沙尔·阿萨德目前已经收回此前被反政府军和极端势力攻占的领土，并在 2014 年再次当选叙利亚总统，开始第三个任期。

## 第二节　经济精英

城市大资产阶级是阿拉伯国家经济精英阶层中的核心力量，特指资产阶级中的上层，是阿拉伯国家统治阶级的重要组成部分，在政治与资本资源中始终处于主导地位，拥有财富、权力和社会声望上的绝对优势。当代叙利亚学者哈里姆·巴拉卡特认为，阿拉伯国家的大资产阶级既包括商人、在外地主、久居城市的部落酋长、上层乌莱玛等传统精英人士，也有石油经济体制下成长起来的大资本家、实力雄厚的承包商和大商人、拥有多重身份的政治和军队高官等①。大资产阶级的构成情况也揭示这一特权阶级与传统旧势力关系密切。

从区域国别角度而言，城市大资产阶级在阿拉伯君主制国家和共和制国家的崛起原因与发展路径有所不同。二战以来，大资产阶级在阿拉伯国家迅速崛起，虽然其数量与规模有限，还处于成长阶段，但已经主导了本国的现代化进程。

## 一 君主制国家的大资产阶级

二战以来，大资产阶级在海湾君主制国家属于新社会阶层，其之所以能迅速崛起，得益于二战后产油国石油经济的繁荣。西方历史发展进程中能称得上引发社会重大变迁的革命事件多为政治革命，而在阿拉伯君主制国家，石油繁荣引起的社会变迁同样是革命性的。众所周知，中东地区石油的储藏量、产量和出口量都居世界前列。据估计，整个西亚北非地区的石油储量占世界石油探明储量的 70.68%，其中沙特阿拉伯的石油储量居世界首位②（近年来委内瑞拉的石油储量已超越沙特，跃居世界首位）。海湾君主制国家正是依靠石油资源逐步走上了福利国家的道路。60 年代之后，海湾君主制国家以石油美元为后盾，制定了庞大的发展计划，经济投资、文教开支急剧增长，促进了工、农、商业的全面发展。据统计，在二战刚结束时，中东地区农业劳动力约占全部劳动力的 75%，但到 1990 年，这一数字下降到不足20%③。以沙特为例，沙特农业劳动力的比重从 1965

① Halim Barakat, *The Arab World: Society, Culture and State*, California University Press, 1993, p. 87.

② 赵国忠主编《简明西亚北非百科全书（中东）》，中国社会科学出版社，2000，第 260 页。

③ Roger Owen, Sevket Pamuk, *A History of Middle East Economies in the Twentieth Century*, I. B. Tauris Publishers, 1998, p. 102.

年的 46.2% 下降至 1990 年的 9.9%[①]，工业、服务业和农业等多种产业的经济结构已经全面取代了单一的以农牧业为主的经济结构。

可以说，在海湾国家，石油是最主要的经济支柱，推动了君主制国家从传统的、落后的农牧业自然经济向现代石油经济的转型，有力地促进了经济人口的重新布局，形成了新型的现代劳动力结构、就业结构与职业结构。值得注意的是，在这一转型过程中，私人资本得以迅速发展，造成了社会分层体系的重大改变。二战后阿拉伯君主制国家私人资本能够在短时间内迅速膨胀主要依靠两个路径：第一，一些有影响力的王室家族成员（如卡塔尔的曼尼家族、达维什家族）成为西方石油公司和本国王室的代理人，他们为其提供各种物资设备与大型承包合同[②]；第二，许多经济精英长期受益于政府制定和实施的有关政府采购、免税和低息贷款的系列政策，比如一些房地产商从政府手中廉价购买土地，然后在政府高价收回进行开发建设的过程中获利颇丰。据统计，海湾产油国科威特，60年代前半期，政府用于购买土地的费用要占总支出的24%[③]。此外，由于多数政府规定了相应的外资准入制度和规范，其中的必备条款中要求外资只有在本土合伙人参与的情况下，西方国家才能开办公司企业。这样一来，海湾国家的经济精英和政府高层可以很容易地获得入股权，从而担任西方国家公司的代理，比如卡塔尔，从50年代开始，长期充任大众公司、菲亚特公司等大型西方汽车制造公司的代理商就是颇有影响力的达维什家族[④]。在沙特，内志商人因

---

① 黄民兴：《沙特阿拉伯——一个产油国人力资源的发展》，西北大学出版社，1998，第151 页。

② Jill Crystal, *Oil and Politics in the Gulf: Rulers and Merchants in Kuwait and Qatar*, Cambridge University Press, 1990, p.133.

③ Y. S. F. 萨巴赫：《科威特的石油经济（续）》，陈悠久译，《亚非问题研究》（第11辑），北京大学出版社，1990，第281 页。

④ Jill Crystal, *Oil and Politics in the Gulf: Rulers and Merchants in Kuwait and Qatar*, Cambridge University Press, 1990, p.138.

为与王室有着十分紧密的人际关系，又地处沙特权力中心地带，迅速崛起，成为沙特王国最重要的经济精英和政治支柱①。此外，还有 20 世纪四五十年代起就投身于银行与建筑业的家族商人，与国王联系也较为密切；东部省的家族商人则广泛与阿美石油公司进行合作；专职服务于王室的私人医生、顾问、高阶层行政人员，也凭借与王室的良好关系得以在商业领域立足②。进入 90 年代，1995～2003 年，石油租金以及其他石油相关产业带来的收益依然占阿拉伯国家预算的 48%～59%③，所以石油就是城市大资产阶级手中的一张王牌，深刻影响了沙特等君主制国家的阶级权力结构。这一群体中最显赫的精英往往能够与时任国王、内阁大臣等会面，商讨经济事宜，并当面或者通过某些重要商会组织发表意见或建议，其核心目的就是加强与政府的合作，从而获取特权④。据估计，21 世纪初，沙特王国的城市大资产阶级人数已经达到 50000 人⑤。这些因石油繁荣而产生的城市精英已然成长为新一代的特权阶层，掌握了国家的经济命脉和主要的社会财富，重新构建了君主制国家的统治集团。

## 二　共和制国家的大资产阶级

在阿拉伯共和制国家，传统大资产阶级在二战后的国有化运动中

① Kiren Aziz Chaudhry, "Economic Liberalization and the Lineages of the Rentier State: Iraq and Saudi Arabia Compared", in Nicholas Hopkins and Saad Eddin Ibrahim (eds.), *Arab Society: Class, Gender, Power and Development*, Cairo, 1997, p. 374.

② Tim Niblock and Monica Malik, *The Political Economy of Saudi Arabia*, Routledge, 2007, p. 23.

③ Volker Perthes (ed.), *Arab Elites: Negotiating the Politics of Change*, Lynne Rienner, 2004, p. 301.

④ Tim Niblock and Monica Malik, *The Political Economy of Saudi Arabia*, Routledge, 2007, pp. 148 - 149.

⑤ Mishary Alnuaim, *The Composition of the Saudi Middle Class: A Preliminary Study*, Gulf Research Center Gulf Paper, 2013, p. 34.

普遍遭受沉重打击，直到 20 世纪 70 年代初的自由化经济政策实施后才重新壮大。如 1952 年埃及七月革命前的法鲁克王朝时期，传统的大资产阶级包括在城乡均有权势的地主阶级、旧时代的工业家和商人以及华夫脱党高层人员，大商人垄断了法鲁克王朝时期的工业经济命脉。但是 1952 年革命中，传统大资产阶级被剥夺了原有特权。经过纳赛尔政府推行的一系列改革，到 60 年代末，埃及国内首先出现了一个新的资产阶级群体，主要由政府官员、企业管理精英、批发商、承包商、企业主等组成①。这一新的精英群体在七八十年代受益于萨达特、穆巴拉克的经济私有化政策日渐强大，最终奠定了当代埃及大资产阶级的基础。伊拉克的大资产阶级多以家族为基础，以逊尼派为主。二战后他们将资金大量投资于土地并从中获利颇丰，还与政府官员建立起广泛的关系网络。在巨额的财富资本和经济优势之下，他们大多投身于政府部门，甚至有的还担任关键部门的大臣职务。伊拉克的大资产阶级类似于埃及，经历了 60 年代国有化运动的打击和 70 年代开放政策下的恢复与发展。据统计，1973 年，伊拉克政府注册的承包商达到 2788 人，百万富翁的人数在 1980 年超过 700 人②。

根据沃克·佩尔茨的研究，20 世纪 90 年代之前，叙利亚大资产阶级主要由旧资产阶级、新工业资产阶级、官僚阶级和新商业资产阶级四个部分构成③，这些群体中的部分上层精英是叙利亚大资产阶级的关键群体。

（1）叙利亚旧资产阶级的一个重要来源是奥斯曼帝国晚期的地主官僚阶级，当时他们拥有大量地产，在 19 世纪末期的帝国政府、宗教以及经济领域相当活跃。后来在法国委任统治和外国资本的影响

---

① Halim Barakat, *The Arab World: Society, Culture and State*, California University Press, p. 88.

② 黄民兴：《中东国家通史·伊拉克卷》，商务印书馆，2002，第 283 页。

③ 相关论述及数据详见 Volker Perthes, "A Look at Syria's Upper Class: The Bourgeoisie and the Ba'th", *Middle East Report*, No. 170, May-June 1991, pp. 31 - 37。

下，土地的资本化使得这一群体迅速转变为买办资产阶级、商业资产阶级和早期工业家。1946年叙利亚独立后，这一阶级取得国家统治权，但50年代末至60年代中期，阿拉伯联合共和国（埃及、叙利亚合并）的土地改革法限制了他们的财产和在乡村的影响，而复兴社会党的国有化清算不仅将其清除出政治权力集团，也严重损害了其经济实力。但在哈菲兹·阿萨德统治时期，随着经济开放政策的实施，此前受国有化影响不太大的小商人和实业家逐步成长起来。到90年代初，这一群体在阶级来源、政治观念和生活方式上形成了不同于其他新崛起的经济精英的特点。首先是经济开放时代以来的商人和工业家很多是白手起家，在60年代的企业主群体中并不居于主导地位，受教育程度较低，但是这一阶层具有开拓创新精神，善于了解新鲜事物，能积极从西方国家引入一些新的产业技术。与此同时他们较为重视子女的教育问题，所以他们的子女很多都接受过高等教育，并获得商业、管理与工程等学科的学历学位。其次，由于曾受到1963年的国有化清算，所以这一阶层在政治和社交层面较为保守。最后，这一阶级在日常生活中的最大特点是低调、谦逊、朴素，这恰恰也在一定程度上说明了他们对政权的不信任。

（2）新工业资产阶级则是哈菲兹·阿萨德执政以来私有化政策之下迅速成长起来的新群体，尤其是1973年石油危机后，随着西方国家的经济援助和石油美元的流入，国家和私人消费猛增，逐步形成了以新一代企业家为核心的工业资产阶级，其财富和影响力迅速增长。这一新阶层的特点在于，他们大多来自工匠或商人家庭，多数拥有双学位；青睐轻工业，其生产的产品主要针对的是叙利亚社会上层的消费品市场，并逐渐形成规模，最终造就了90年代叙利亚轻工业中饼干、轻纺产品和香水三大行业。

（3）复兴社会党时期叙利亚的官僚资产阶级也开始崛起，特别是出现了一个脱离政府雇员主体的上层官僚阶层，其中就有各部部长与省长、复兴社会党高层、军队与安全机构的上层以及国家大型经济组织的管理者等。这一阶层的特点是绝对忠诚于复兴社会党政权，他们多有机会与阿萨德总统会面，掌管着私营企业投资许可证以及政府承包合同的颁发权，还负责监管和控制国家进出口贸易以及劳务市场；从出身看，这一阶层多数来自城乡中小资产阶级，其父辈受教育程度低，而他们通常上过陆军军官学校或大学，其子女也多从事较为体面的职业，如工程师、企业家、医生等。此外，这一新阶层在国内外拥有大量存款和地产，其财富多投资于工业、贸易、服务业等领域。

（4）新商业资产阶级是叙利亚大资产阶级中最年轻也是最为活跃的一个私营群体，人数不多，基本上也是在1973年以后出现的。这一新群体大多数来自小资产阶级和政府、军队的职员家庭，主要包括商人、承包商、西方国家公司的代理、服务业和国际金融投资人。他们往往能够利用自身、家庭成员与政府之间的关系网络，从政府部门获取大宗贸易的代理权，在国家经济部门中形成垄断。由于这一新阶层的异军突起对叙利亚的政治体系和复兴社会党的领导地位造成潜在的威胁，1977年阿萨德总统曾经成立"非法盈利调查委员会"来调查其腐败问题，并逮捕了一批涉案商人和政府官员。但很快双方达成妥协，政府与新商业资产阶级合作成立了一批由政府控股的公司和企业，进一步加快了国有资源的私有化。

### 三　大资产阶级的特点

纵观大资产阶级的发展历程，阿拉伯君主制国家和共和制国家的城市大资产阶级具有如下一些特点。

第一，阶级来源和社会构成的复杂性。

阿拉伯国家的城市大资产阶级从来源看，存在一定的延续性和继承性。如前所述，不论是以沙特为代表的君主制国家，还是埃及、伊拉克、叙利亚等共和制国家，部分城市大资产阶级都是从传统经济精英演化而来的。共和制国家的传统经济精英虽然遭受国有化运动的深刻影响，但随着 70 年代以来经济开放政策的实施，都有不同程度的恢复和发展。当然，君主制国家大资产阶级的崛起得益于石油资源的开发和石油工业下私人资本的迅速发展，传统的内志商人迅速成长并成为沙特新的经济精英。从社会构成来看，阿拉伯国家的城市大资产阶级是一个极少数特权阶层组成的混合群体，核心群体包括民族主义政权之下的政府和军队中高层官僚，王室家族重要成员，私人资本迅速兴起下的大商人、工业资本家、承包商，以及大地主等。

第二，崛起与发展中强烈的依附性和垄断性。阿拉伯国家城市大资产阶级的崛起与发展具有如下鲜明特征。

（1）严重依赖本国政府高官和王室家族。在埃及、伊拉克、叙利亚，大资产阶级广泛依附于本国统治者和高层人员，尤其通过 70 年代的自由化经济政策迅速发展起来，并与政府"合作共赢"，分享了社会经济发展带来的巨额财富。在沙特、科威特等君主制国家，大资产阶级同样依附于统治家族，与王室关系十分密切，成为王室在商业贸易中的重要代理人。如沙特亿万富翁、大资本家哈绍吉就得到了王室政府的鼎力支持，建立的各类控股公司和企业遍布沙特国内外，在 20 世纪 80 年代其资产已经超过 10 亿美元[①]。另外值得注意的是，部分大资产阶级本身就来自政府部门或者王室家族成员，如沙特部分王室成员涉足企业经营和大宗贸易活动，其身份也由过去的贵族向大资产阶级转化，由此王室家族牢牢控制着社会财富的分配；在埃及，从纳赛尔到穆巴拉克，许多政府和军队高官在退休后往往担任国有企业或者私营公司的主管。

---

① 姚嘉编译《沙特阿拉伯的大资产阶级》，《中东研究》1992 年刊；转引自王铁铮《试探沙特王国社会结构的演变及其特点》，《世界历史》1998 年第 4 期。

（2）大资产阶级经营行业与领域的垄断性与国际化。由于大资产阶级和各国统治者、政府机构、王室以及西方国家外资公司之间存在复杂的裙带网络关系、利益互惠关系，大资产阶级将资本尽可能投放于能够迅速带来最大利润的领域，在石油、基础工业、商业、进出口、建筑和金融、服务业等领域，以家族或者利益集团为核心，建立起各类排外性的垄断组织和集团。如埃及、叙利亚等国大资产阶级在部分重工业和轻工业领域的垄断性极强，主要服务于统治者与政府高官的奢华生活。如穆巴拉克时期，有地位和名望的商人说服政府通过国家调节，在媒体、钢铁、汽车、酒水饮料和水泥等诸多领域设定极高的准入壁垒，以保护与政府有密切关系的商人与企业，导致出现了一些经济巨头和家族。如艾哈迈德·埃兹，不仅是 DNP 的高级成员，也是埃及人民大会预算与计划委员会的主席，还是穆巴拉克之子贾迈勒·穆巴拉克的密友。他控制了埃及最大的钢铁公司（占埃及钢铁生产的 70%）。此外，控制埃及多媒体、电信和饮料行业的萨维里家族和穆罕默德·纳赛尔长期受到政府的保护，能够轻松获取政府合同与无须担保抵押的巨额银行贷款①。沙特等君主制国家的垄断性行业主要是金融业等新型部门，所从事的经营活动也大多同西方大公司或垄断资本有关。如加法利兄弟控制的沙特最大的工商业联合体代表着近 50 家美国、英国和德国的大型公司②，其他一些私人大公司从 80 年代起也从事对外投资，一定程度上呈现出专业化和国际化趋势。

总体而言，二战以来，阿拉伯国家大资产阶级的迅速发展决定了这一经济权力精英群体已经成为各国社会结构中不可或缺的重要组成部分，其崛起和发展中的依附性和垄断性特点强化了各国社会上层的统治基础，参与甚至主导了各国的现代化进程，深刻影响了 60 年代

---

① 〔美〕德隆·阿西莫格鲁、詹姆斯·A. 罗宾逊：《国家为什么会失败》，李增刚译，湖南科学技术出版社，2018，第 294 页。

② 王铁铮：《试探沙特王国社会结构的演变及其特点》，《世界历史》1998 年第 4 期。

以来阿拉伯国家的政治发展和社会经济政策。进入90年代以来，随着全球化影响的逐步深入，阿拉伯各国经济精英在政治参与、经济运行、技术交流、公共服务等方面的角色越来越重要，尤其在加入世贸组织、与欧盟达成协议从而解决国内经济发展导向和解决就业等重大民生问题上的作用日益突出，其独立性日趋增强。

## 四　地主阶级

### （一）地主阶级的发展历程

从世界范围来说，欧洲和中国的地主阶级产生都较早，特别是中小地主分布广泛，是维护地方乡村社会稳定的重要力量。如前所述，阿拉伯国家的地主阶级从形成时间上看，相对较晚，而且这一阶级在规模上也不太大。从其发展历程看，地主阶级大致起源于19世纪奥斯曼帝国后期的土地改革时期，在两次世界大战期间委任统治时期有了较大发展，但50～70年代共和制国家发生政变和革命，建立了中小资产阶级和军人民族主义政权，随后实施的激进土地改革政策，摧毁了地主阶级的经济基础和社会基础，导致这一阶级大大萎缩和衰败，其社会角色和地位发生了重大变化，走上了新的转型之路。

阿拉伯国家地主阶级的形成与发展受自然资源环境和土地制度的影响较大。与世界其他国家和地区相比，阿拉伯国家土地资源总体较为匮乏，其中，埃及、叙利亚、伊拉克的土地资源优于海湾君主制国家，耕地在其国土总面积中的比重分别为4.3%、21%、6.8%；而阿拉伯半岛可耕地资源稀缺，仅占国土总面积的1%以下[①]。因此，土地资源的匮乏是抑制阿拉伯国家地主阶级成长的重要原因。

---

① 此比例为1980年统计数据，参见《粮农组织1980年生产年鉴》，转引自彭树智主编《二十世纪中东史》，高等教育出版社，2001，第211、219页。

近代以来，奥斯曼帝国的土地所有制度是造成地主阶级发展较为缓慢的另一个重要原因。中东经济史学家查尔斯·伊萨维（Charles Issawi）认为土地始终是中东地区（除了阿拉伯半岛）人们财富的象征，经济状况、政治权力以及社会声望等因素决定了土地所有者的土地拥有量[①]。19 世纪之前阿拉伯世界的土地属于奥斯曼帝国，理论上，统治者素丹拥有帝国的全部土地，但实际上，素丹将帝国境内的土地基于提供兵役的原则赐封给地方臣属贵族，这种土地制度名为"蒂玛尔"（Timar）制度。但是蒂玛尔制度不同于欧洲中古时代的采邑制，帝国中央政府掌握着土地的绝对控制权，土地持有者既不能继承土地也不能租售土地[②]。所以像新月地带和埃及显赫家族的地产直接受蒂玛尔制度制约，其财富主要来源于帝国实行的包税制（Iltizam）。总体上，奥斯曼帝国的土地分为三大类：一是国有土地"米里"（Miri），作为采邑之地封授于王室成员、大臣、高级官员以及军事领主；二是宗教地产"瓦克夫"（Wakf），占帝国土地面积的 1/5，财富收入主要用于宗教机构的日常开支以及建造清真寺、图书馆、学校、医院、公共浴室等公共机构；三是私有土地"穆尔克"（Mulk，虽然定义为财产，但其用途受到伊斯兰教法规、家族、习俗的严格限制，土地持有者更像是托管人而非产权人）。英国学者佩里·安德森认为，"19 世纪中叶以前，除了瓦克夫和少量位于城市郊区的穆尔克以外，国家至少在名义上控制了绝大部分土地和相当比例的农业剩余价值"[③]。

19 世纪 30 ~ 50 年代，奥斯曼帝国的地权制度发生了很大改变，

---

① Halim Barakat, *The Arab World*: *Society*, *Culture and State*, California University Press, p. 81.

② 〔英〕安德罗·林克雷特：《世界土地所有制变迁史》，启蒙编译所译，上海社会科学院出版社，2016，第 214 页。

③ 〔英〕佩里·安德森：《绝对主义国家的系谱》，刘北成、龚晓庄译，上海人民出版社，2001，第 524 ~ 526 页。

相关的土地改革逐步瓦解了国家土地所有制的基础，突破了以往在土地所有制形式、土地占有权以及地权交易手段上的诸多限制。19世纪30年代，帝国以全面实行包税制取代了蒂玛尔制，国家的土地控制权逐步衰弱，国有土地逐步向私有土地转化①。1858年帝国政府发布《农业法》，规定如果土地持有者连续占有和耕作土地时间达到10年，即可获得政府颁发的土地拥有权合法文件，并享有继承权。由此，土地私有化加剧了私人地产的迅速扩大，如伊拉克的一些部落酋长、商人驱逐农民，大肆掠夺部落公有土地。不过整体上私人地产规模一般，仅占耕地总量的20%左右②，而阿拉伯半岛本身因为受到地理环境的影响，土地资源十分匮乏，地主阶级始终不发达。

19世纪后期到20世纪前期，土地占有形式发生了结构性的变化，私人大地产制迎来大发展时期，王室、商人、部落酋长等社会上层人员大量占有和购买公有地，从而引发了乡村社会的阶级分化，由此，地主阶级正式兴起。如20世纪初的叙利亚地主阶级是最显赫富有的社会阶层，首都大马士革的社会上层中的大多数精英来自50个家族，此外还有拥有土地的部分宗教高层人员和政府官员③。在埃及，早在19世纪初期穆罕默德·阿里就通过土地改革法案，用私有制取代了包税制，获得土地的农民在付税的前提下，其子嗣就可以继承土地。到19世纪中期，阿里家族占有埃及全国18.8%的土地，成为最大的大地主④。埃及大地产制直到纳赛尔革命后才被彻底消除。

委任统治时期是阿拉伯国家地主阶级加速形成和发展的重要阶

①　哈全安：《中东国家的现代化历程》，人民出版社，2006，第448页。
②　黄民兴：《中东国家通史·伊拉克卷》，商务印书馆，2002，第158页。
③　Halim Barakat, *The Arab World：Society, Culture and State*, California University Press, 1993, p. 82.
④　Halim Barakat, *The Arab World：Society, Culture and State*, California University Press, 1993, p. 82.

段，各国地主阶级的土地权益得到了国家土地法律的保障。如伊拉克在1932~1933年颁布的土地所有权法与禁止农民负债离开土地法令，就要求农户必须在证实已经耕种国有土地满15年的情况之下才能享有土地持有权①。因此，土地法令带来了迅速的私有化现象，当地的部落酋长利用政策漏洞大肆吞并国家土地和部落公有地，成为当时伊拉克地主阶层的重要来源；而那些传统贵族、商人、哈希姆王室成员、谢里夫派军人均成为大地主②，从而构建了伊拉克的大地主阶级集团。而在埃及，1939年，1.3%的土地所有者拥有埃及可耕地的50%；1942年，大约7%的土地所有者占有全国69%的可耕地③。因此，在两次世界大战之间，阿拉伯国家本土的地主阶级凭借着所占有的土地资源，财富实力和社会影响力急剧上升，是各国政治权力体系的重要组成部分和主导性力量。同时，委任统治时代的西方国家也依靠地主阶级来推动经济发展、维持地方治安和牵制王室和民族主义者。

值得注意的是，与19世纪末20世纪早期拉美国家的大地产制和地主阶级类似，阿拉伯国家地主阶级的城市属性也相当突出，尽管其财富主要来源于农业和土地，但通常都会效仿西方贵族或上流社会，居住在大城市，被称为"在外地主"，如埃及的大地主一般居住在开罗或亚历山大等大城市。阿拉伯地主阶级之所以具有强烈的城市属性，关键原因在于这一阶级与城市有着千丝万缕的联系。奥斯曼帝国中后期的土地改革对城乡社会关系的影响是双向的，城市中的富裕商人、官僚、贵族以及其他社会名流购买了大量土地，乡村中的不少部落酋长也源源不断地进入城市。这些人纷纷成为国家政治支柱的组成

---

① 黄民兴：《中东国家通史·伊拉克卷》，商务印书馆，2002，第191页。
② 黄民兴：《1900至1941年伊拉克民族主义的发展》，《西北大学学报》1996年第4期。
③ Halim Barakat, *The Arab World: Society, Culture and State*, California University Press, 1993, p. 82.

部分，如 1932～1941 年伊拉克王国的 16 位首相和 122 位大臣中，谢里夫派分别占 50% 和 17.2%，旧贵族占 37.5% 和 18.9%，旧官僚占 12.5% 和 23.8%[①]。在叙利亚，30 年代末来自地主阶级的议员占到 24%[②]。而在阿拉伯半岛，地主阶层的一个重要来源是商人，他们为各自的王室提供资金和充当政治顾问，同时也享受王室给予他们的种种特权和优惠。

　　二战后，阿拉伯国家地主阶级势力庞大，尤其是通过与一些显赫家族联姻的形式不断提高自身的政治社会影响力，广泛任职于政府、政党、议会及重要社会团体。如埃及，1950 年，319 名国会议员中，115 人的土地占有数超过 100 费丹（1 费丹 = 1.038 英亩），45 人拥有至少 500 费丹[③]。另一项统计显示，1952 年革命前，埃及王室地产占全部私人地产的 2.4%，面积超过 200 费丹、500 费丹、2000 费丹的私人地产分别占全部私人地产的 21%、12% 和 4%[④]。在叙利亚，中等地主和大地主占有全国 87% 的可耕地[⑤]。根据汉纳·巴塔图的研究，二战后伊拉克大多数地主（马拉克，Mallaks）是小地主，72.9% 的人占地少于 50 杜诺姆（1 杜诺姆 = 0.618 英亩），占土地总量的 6.2%；而 1% 的大地主占有全国土地的 55.1%，土地优质肥沃，且集中在水坝和水泵区。此外，在 1958 年，伊拉克 49 个家族占有的私有地产比重达到 16.8%，总计 5500 万杜诺姆。更重要的是，这些家族向国家输送了大量的政府高官和议员，其中 27 个家族出过议员，

---

① 黄民兴：《1900 至 1941 年伊拉克民族主义的发展》，《西北大学学报》1996 年第 4 期。

② Gabriel Baer, translated from the Hebrew by Hanna Szoke, *Population and society in the Arab East*, Routledge and Kegan Paul, 1964, p. 208.

③ Gabriel Baer, translated from the Hebrew by Hanna Szoke, *Population and society in the Arab East*, p. 208.

④ Magda Baraka, *The Egyptian upper class between revolutions*, *1919 – 1952*, St. Antony's College (University of Oxford), 1998, p. 31.

⑤ Syed Aziz-al Ahsan, "Economic Policy and Class Structure in Syria 1958 – 1980", *International Journal of Middle East Studies*, Vol. 16, No. 3, Aug. 1984, p. 303.

4个家族产生过首相，6个家族有成员出任过大臣，1个家族与王室通婚，1个家族与首相联姻，12个是圣裔家族，11个是商人家族，22个是非圣裔部落①。

纵观阿拉伯国家地主阶级的发展历程，可以发现，19世纪中后期奥斯曼帝国的土地改革奠定了阿拉伯国家地主阶级的基础，而在委任统治时期，凭借优质的土地资源和财富，地主阶级跻身社会上层，成为精英集团的重要组成部分和国家政治经济的主导性力量。在二战后初期，其规模和实力达到了一个顶峰。这一特权阶级的来源相当复杂，既有政府人员，也有经济领域的企业家和工业家，还有宗教人员，所以是一个各种利益群体交织的集合体。然而，在50年代，随着阿拉伯国家政治剧变，激进的农业改革立法重创地主阶级，被政府征购的大量土地被用于再分配，乡村社会结构改变了，自耕农成为农村的主体。但是地主阶级在乡村社会地位的丧失并不代表这一特权阶层的消失，事实上，他们中的很多人利用土地改革中政府的赔偿，投身于城市工商业领域，从而转变身份成为资本家；而留在乡村的也利用政府赔偿引入机械化耕作技术，并大量雇佣农业工人，发展成为农场主。

### （二）共和制国家的土地改革与乡村社会关系变动

土地改革是战后阿拉伯国家社会变迁的重要表现之一，也是改变农村社会结构的主要因素，突出反映了通过革命上台的军人政府与下层民众之间的互动关系，它直接关系新生政权的稳固，是维护权力的一种方式。下面就埃及、叙利亚、伊拉克的土地改革与农村社会关系的变动问题进行分析和探讨。

1952年埃及的自由军官取得政权后很快就意识到了他们需要市

---

① Hanna Batatu, *The Old Social Classes and the Revolutionary Movements of Iraq*, Princeton University Press, 1978, pp. 55 – 57.

民、农民等社会民众的支持与合作，所以新政府出台了土地所有权改革法令，1952～1969 年连续颁布了三个土地法令。埃及土地改革法的核心目标就是通过规定私有土地的最高限额（1952 和 1961 年规定每个土地所有者的土地不得超过 100 费丹，1969 年限定为每户 100费丹）、分配给农民征收土地（2～3 费丹）、建立农业合作社等方式来管制土地买卖和废除大土地所有制，以削弱"在外地主"的特权基础[①]。上述土地改革共计没收王室土地 17.8 万费丹，涉及地主分别为 1789 人、3000 人、1.6 万人[②]。1966 年政府分配了 96 万费丹土地，占耕地总数的 17%[③]；1970 年，政府新征收的 80 万费丹土地以及 20 万费丹的国家公有土地使大约 40 万户农业家庭受益[④]。

1952 年以来的埃及土地改革法令在阿拉伯共和制国家的影响十分广泛，叙利亚和伊拉克几乎照搬了埃及的土地改革法令。据统计，叙利亚在 1958 年革命前大约 82% 的农村人口属于无地农民，所占土地数量极其有限[⑤]。另有一说，叙利亚 70% 的无地农民仅仅通过给地主当雇工或者雇农来养活家庭[⑥]，土地分配体系的严重不公养肥了大量的"在外地主"。如表 3-1 所示，1952 年大地主、中等地主和小土地所有者拥有的土地，占土地总量的比重分别为 49%、38% 和 13%。这些土地贵族势强力大，深刻影响了国家政治格局和乡村社会关系。

---

① 〔美〕艾丽斯·泰勒：《中东》，北京大学地质地理系经济地理专业译，人民出版社，1976，第 35 页。

② Saad M. Gadalla, *Land Reform in Relation to Social Development*：*Egypt*, Columbia, University of Missouri Press, 1962, pp. 42, 44；杨灏城、江淳：《纳赛尔和萨达特时代的埃及》，商务印书馆，1997，第 118 页。

③ James A. Bill, "The Military and Modernization in the Middle East", *Comparative Politics*, Vol. 2, No. 1, Oct. 1969, p. 35.

④ 哈全安：《纳赛尔主义与埃及的现代化》，《世界历史》2002 年第 2 期。

⑤ Z. Keilany, "Socialism and Economic Change in Syria", *Middle Eastern Studies*, January 1973, p. 63.

⑥ E. Garzouzi, "Land Reform in Syria", *Middle Eastern Studies*, Winter-Spring 1963, p. 83.

表 3 – 1　1952 年叙利亚土地占有状况

| 土地所有者分类（公顷） | 占土地总量比重（%） |
| --- | --- |
| 小型土地所有者 | |
| ≤1 | 1 |
| 2～5 | 5 |
| 5～19 | 7 |
| 小计 | 13 |
| 中型土地所有者 | |
| 10～25 | 17 |
| 25～50 | 11 |
| 50～100 | 10 |
| 小计 | 38 |
| 大型土地所有者 | |
| 100～500 | 24 |
| 500～1000 | 9 |
| 1000 以上 | 16 |
| 小计 | 49 |
| 总计 | 100 |

资料来源：Z. Keilany, "Land Reform in Syria", *Middle Eastern Studies*, Vol. 16, October 1980, p. 210。

　　1958 年埃及与叙利亚合并的政治事件对叙利亚的影响是多方面的，土地改革就是其中一个重要方面。叙利亚制定和实施了类似于埃及的农业改革法。政府规定个人拥有土地最高上限为 80 公顷水浇地、旱地不超过 300 公顷，政府在 5 年之内通过支付补偿款来征收多余土地；农民可以从征收的土地中每人获得 8 公顷水浇地或旱地 30 公顷。1961 年底，政府征收土地总数约 67 万公顷，其中 27 万公顷土地列为国有，14.8 万公顷土地用于重新分配，将近 15000 个家庭拥有了土地。与此同时，政府通过建立合作社和出台相关法律文件加强对农民的管理和规范租佃体系[1]。不过也有学者认为叙利亚多数农民并没有在农业改革立法中受益，地主占有的土地五倍于农民的土地，超过1/3 的农民依然属于无地农民[2]。

1963 年复兴社会党上台后重新修订了土地法令，进一步限制私人地产，加快了政府征收与分配土地的速度，并根据土地肥沃程度规定每人拥有的水浇地和旱地的数量分别为 15～55 公顷、80～200 公顷；1964 年底，政府征收 99.4 万公顷土地，分配 23.7 万公顷土地[3]；1966～1970 年，继续维持土地占有上限，并通过农场和农业合作社管理征收土地，农民可耕种土地但不能出租或者出售。哈菲兹·阿萨德时代也没有改变土地占有的最高限额，到 1972 年，人均拥有的土地数量接近 9.7 公顷[4]。

伊拉克的土地改革开始于 1958 年革命后的卡塞姆政府，当年的土地改革法规定土地持有者占有的土地中水浇地不得超过 1000杜诺姆，旱地的上限为 2000 杜诺姆[5]。其余的土地则由政府和农民购买。土地所有权改革带来了如下一些结果：1958 年秋，1147名地主拥有的 75.8 万杜诺姆土地被宣布违反了所有权改革的法律，临时所有权改革机构所掌握的 46.5 万杜诺姆土地全部租给了13.7 万名农民；1959 年 7 月，2207 个农户获得了总计约 44.4 万

---

① Syed Aziz-al Ahsan, "Economic Policy and Class Structure in Syria 1958 – 1980", *International Journal of Middle East Studies*, Vol. 16, No. 3, Aug. 1984, p. 304.

② Raymond A. Hinnebusch, "Rural Politics in Ba'thist Syria: A Case Study in the Role of the Countryside in the Political Development of Arab Societies", *The Review of Politics*, Vol. 44, No. 1, Jan. 1982, p. 126.

③ Syed Aziz-al Ahsan, "Economic Policy and Class Structure in Syria 1958 – 1980", *International Journal of Middle East Studies*, Vol. 16, No. 3, Aug. 1984, p. 306.

④ Syed Aziz-al Ahsan, "Economic Policy and Class Structure in Syria 1958 – 1980", *International Journal of Middle East Studies*, Vol. 16, No. 3, Aug. 1984, p. 308.

⑤ Joel Beinin, *Workers and peasants in the Modern Middle East*, Cambridge University Press, 2001, p. 133.

杜诺姆的可耕地和果园；1960 年 4 月，政府为 3077 个农户分配 23.5 万杜诺姆的土地，并建立了 35 个示范村；1960 年 9 月底，伊拉克 7 个省共分配土地 78.5 万杜诺姆[①]。此外，1958～1959 年伊拉克共产党势力不断壮大，控制了伊拉克农村 3577 个农会中的 2267 个[②]。

复兴社会党统治时期的土地改革措施较为激进。1969 年的土地改革条例取消了对地主失去土地的补偿措施，下调土地占有量的上限，政府为农民免费分配了一定数量的旱地和水浇地。近十年的农业改革影响是重大的，政府打击了大地产制和地主阶级的特权，管控了国家土地，农民的人身依附关系有所松弛。

伊拉克地主阶级这一旧的精英阶层权力在 1958 年革命之后的萎缩可以通过图 3 – 3 反映出来：就地主而言，1958 前，人口数占 1%

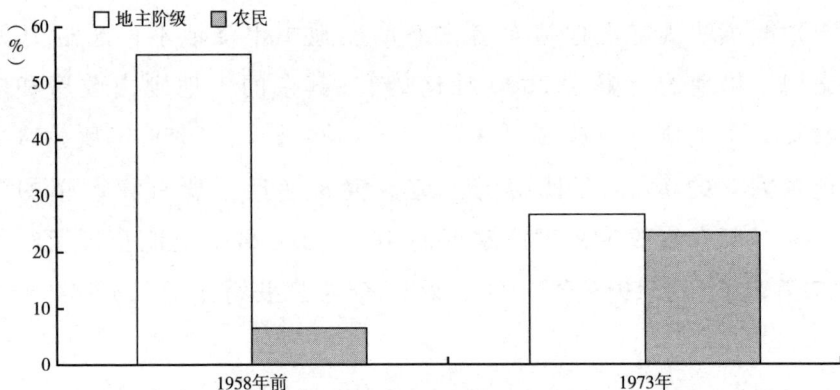

**图 3 – 3　1958 年前和 1973 年伊拉克地主阶级
和农民占有土地份额**

---

① Rasool M. H. Hashirni, Alfred L. Edwards, "Land Reform in Iraq: Economic and Social Implications", *Land Economics*, Vol. 37, No. 1, Feb. 1961, pp. 78 – 79.

② Joel Beinin, *Workers and Peasants in the Modern Middle East*, Cambridge University Press, 2001, p. 133.

的地主阶级拥有全国土地总数的 55.1%[1]，但经过土地改革后，1973 年地主拥有的土地比重下降到 26.4%。就农民来说，人口数占 72.9% 的农民在 1958 年前占有土地的比重仅为 6.2%，但到 1973 年上升至 23%，并且无地农民可以租种政府主管的农场与农业合作社的土地[2]。

70 年代之后，与埃及、叙利亚的情况类似，伊拉克失去传统特权的地主在政府的诸多补偿和优惠措施下，有的变身为新的农场主，而大多数则利用土地补偿款投身城市商海。同时，到 70 年代中期，土地改革带来了农村社会结构的新变化，根据艾伦·理查兹等人的统计，此期伊拉克农村中地主、富农、中农、小农的占比依次为 8.0%、20.7%、41.5%、15.6%[3]，说明此时的农村以中农和富农为主。80 年代以来，政府放松了对农村的控制，逐步放宽土地限额，并撤销了不少农场与合作社，给予农民更快捷便利的信贷服务，由此，乡村发展速度逐步加快[4]。

50～70 年代，埃及、叙利亚和伊拉克都实行了相似的土地所有权和分配改革，大规模的土地改革不仅是对旧有土地制度进行重构的一种尝试，而且改革的短期目标是运用国家和政府的力量限制土地拥有的规模，推动土地、水源、牧场、森林等资源的分配和收入的再分配，继而对城乡社会各阶级和阶层重新进行整合，平衡各方利益，让劳动者、农民相对而言能获得更高的经济和社会地位，还能更好地分享国民收入。从长期来看，土地改革是一

[1] Hanna Batatu, *The Old Social Classes and the Revolutionary Movements of Iraq*, p. 55.

[2] Hanna Batatu, *The Old Social Classes and the Revolutionary Movements of Iraq*, p. 1117.

[3] 黄民兴：《当代中东产油国的社会变迁》，《阿拉伯世界研究》2007 年第 4 期。原文见 Alan Richards and John Waterbury, *A Political Economy of the Middle East: State, Class and Economic Development*, Westview Press, 1990, p. 405。

[4] 黄民兴：《当代中东产油国的社会变迁》，《阿拉伯世界研究》2007 年第 4 期。原文见 Adeed Dawisha and I. William Zartman (eds.), *Beyond Coercion: The Durability of the Arab State*, Croom Helm, 1988, p. 195.

种潜在的效率和农业生产率的增长，结果当然是民众生活水平提高。

阿拉伯国家土地改革所引发的社会政治变迁对经济发展的影响是长远的，同时也加剧了农村社会结构的转变，由此，阿拉伯国家乡村社会关系发生了深刻变革。总体上看，土地改革导致阿拉伯国家乡村地权分布状况明显变化，打破了传统的大地产制，从客观上剥夺了君主制时期身居政党团体和内阁要职的土地贵族阶级的权力，他们在乡村和农业的统治地位几乎丧失殆尽。在社会结构上，土地改革的重要后果是自耕农阶层的壮大，他们成为农村拥有土地数量可能是最多的阶层，中等农户逐步成长为主导本国乡村社会的新力量和政府的社会基础。同时，地权的分散也使得相当数量的农民获得了必要的生产资料，小农经济得到了广泛发展。合作化运动、土地关系法也抑制了地主和商人对农民的控制力。土地资源的重新再分配和农民参与政治和其他事务机会的增加，其实在当时已经造就了一个更为开放的社会结构，也部分打破了以前的城乡界限。此时，租佃、雇佣、投资、交换的资本主义关系开始普遍深入乡村，所呈现出的是一种混合型的乡村结构，是一种国家、合作社、私营小生产和中型农业资本主义部门的融合。

## 第三节　军事精英

军人是阿拉伯国家社会分层体系中的重要组成部分，从 19 世纪早期作为奥斯曼帝国行省的埃及穆罕默德·阿里的近代化改革，到 20 世纪 50～70 年代西亚北非的军事政变，再到 21 世纪的"阿拉伯之春"，都彰显了军人在阿拉伯国家社会转型中的地位。可以说，军人干政与军人政治是当代阿拉伯国家政治发展的一大特点，军人在阿拉伯民族国家构建和政治体制演进过程中扮演的角色举足轻重。与拉美国家 20 世纪 60 ~ 70 年代相似，阿拉伯国家作为全球军事政变的多发地区（尤其是叙利亚和伊拉克），似乎军人干政明显是政治现代化不可分离的一部分[①]。也正因为如此，军人是阿拉伯国家社会变迁和政治现代化进程中不可忽视的一股独特的社会力量。不过，我们可以看到，军人干政后政府结构和内外政策的变化，往往会引起本国政治民主化进程的极大波动，甚至是区域性和全球性的变动。因此，研究军事精英在阿拉伯国家政治现代化进程中的角色与影响，在整个中东地区都具有代表性意义。

笔者尝试从历史角度出发，考察阿拉伯国家现代化进程中军人干政的背景缘由；然后引入经济学的理论，以埃及为个案，具体分析军人干政的路径模式；最后，依然以埃及为例，具体探讨纳赛尔至穆巴拉克时期埃及的文武关系，以窥探干政后军人在阿拉伯国家社会结构中的地位与作用。

## 一 军人干政的历史背景

如果从历史维度探究，二战后部分阿拉伯国家频发的军人干政深深植根于当时的国际环境和本国政治与历史的特异性，由此也决定了该地区国家政治变迁的轨迹和结果。国内外学者就此曾展开过多维度的分析。如美国学者塞缪尔·亨廷顿认为军人干政源自普力夺国家的政治环境、制度发展以及军人本身的特性[②]；迈赫兰·卡姆拉瓦的论文《中东军队的职业化与军政关系》基于委托代理理论，指出军队是中东政治体系的重要组成部分，是维持中东政治稳定的最大代理

---

① 〔美〕塞缪尔·P. 亨廷顿：《变化社会中的政治秩序》，王冠华等译，生活·读书·新知三联书店，1989，第 175 页。
② 〔美〕塞缪尔·P. 亨廷顿：《变化社会中的政治秩序》，王冠华等译，生活·读书·新知三联书店，1989，第 175 ~ 240 页。

人，在特殊时刻仍然会干预政治①；詹姆斯·比尔在《中东的军事和现代化》一文中，细致考察了中东的军事精英、军事政变以及军政力量的互动关系②。国内学者陈明明系统分析了二战后发展中国家军人政治产生的条件、发展模式与特点③；王彤则从中东国家政治制度的视角出发，指出军人干政现象的出现，与二战后初期中东国家政治结构的不稳定有极大关系④；王京烈则从生产力与生产方式的角度入手，认为中东地区整体的社会经济比较落后，这就为处于转型阶段的中东国家军人干政创造了适宜条件⑤；黄民兴、陈德成等关注民族主义和军人特性在军人干政中发挥的重要作用⑥。笔者结合上述学者的研究成果，主要从如下四个层面进行综合分析。

第一，二战以来频仍的军人干政与当时的国际安全环境有着紧密联系。二战后，整个世界政治格局进入分化与重新组合的新时期，一方面，战后形成东西方冷战对峙的局面；另一方面，长期遭受殖民侵略和殖民统治的广大亚非拉地区形成一股强大的民族解放运动潮流。因此，阿拉伯国家的军人干政恰好处于这样一个特殊时期，即二战后原有的西方国家殖民体系逐步瓦解的时期。因此，包括阿拉伯国家在内的发展中国家出现了民族解放运动的浪潮，逐渐摆脱殖民统治，建立了具有独立主权的民族国家。可以说，世界范围内的民族解放运动为阿拉伯国家的社会变动提供了宏大的时代大背景。阿拉伯国家发生

---

① Mehran Kamrava, "Military Professionalization and Civil-Military Relations in the Middle East", *Political Science Quarterly*, Vol. 115, No. 1, 2000.

② James A. Bill, "The Military and Modernization in the Middle East", *Comparative Politics*, Vol. 2, No. 1, 1969.

③ 陈明明：《所有的子弹都有归宿——发展中国家军人政治研究》，天津人民出版社，2003。

④ 王彤主编《当代中东政治制度》，中国社会科学出版社，2005，第525页。

⑤ 王京烈主编《面向二十一世纪的中东》，社会科学文献出版社，1999，第46~58页。

⑥ 黄民兴：《中东民族主义的源流和类型探析》，载肖宪主编《世纪之交看中东》，时事出版社，1998；陈德成主编《中东政治现代化——理论与历史经验的探索》，社会科学文献出版社，2000，第50~52页。

军人干政的现象也与其所处的特殊的地缘环境有关。由于二战以来传统西方大国如英国、法国实力下降，逐步退出了中东原有的势力范围，阿拉伯世界出现权力真空。此时的美国已经通过二战稳步确立了自身在国际体系中的核心地位，频频通过政治干预、经济援助、军事组织等手段加强对中东的干预，并与苏联抗衡，特别是通过扶植区域国别代理人的方式逐步达到渗透、干预和控制的短期与长期目标，从而真正确立起在阿拉伯世界的战略地位。这其中就包括策划军事政变的方式，比如叙利亚1949～1954年的三次政变，就是由英美等国策划与支持的，而结果是彻底改变了地区安全形势和叙利亚的政治局势[1]。因此，二战后的国际环境与阿拉伯国家的地缘政治环境在一定程度上为军人干政提供了基本前提。

第二，军人干政和战后初期阿拉伯国家内部不稳定的政治权力结构体系有很大关系。从政治体制上看，二战后初期国际上正是反帝反封争取民族独立的高潮时期，而脱胎于委任统治的阿拉伯国家，正处于构建独立的民族国家的关键时期，其政治结构显得异常不稳定，受外力因素影响的可能性较高。王朝国家一旦出现对社会控制的松动迹象，极易引起某些社会力量的反弹[2]。因此，阿拉伯国家政治架构的不稳定在很大程度上导致了军人干政事件的发生。从战后初期阿拉伯国家自身社会条件和发展状况来看，所有阿拉伯国家的经济结构，依然以农业为主，民族工业欠发展，整体上这种较为落后的经济发展状况也为阿拉伯国家军人力量的兴起及干预政治提供了适宜的土壤。除此之外，二战后的社会转型时期，阿拉伯国家内部各种派系之间的斗争与冲突较为严重，政治权力之争也为军人干政提供了现实条件[3]，如伊拉克1968年军事政变就属于此种类型。

---

[1]　王京烈主编《面向二十一世纪的中东》，社会科学文献出版社，1999，第47页。

[2]　王彤主编《当代中东政治制度》，中国社会科学出版社，2005，第557页。

[3]　王京烈主编《面向二十一世纪的中东》，社会科学文献出版社，1999，第47～48页。

第三，二战后频繁出现军人干政与军人所特有的能力及民族主义情怀有关。从其所具备的能力看，20 世纪的两次世界大战，使军人能在第一时间接触到现代化的军事装备、学习到现代化的军事技术，有力地提升了军人的知识水平和在落后社会中的特殊地位；军人在组织上有着严格的纪律性，服从意识强，有一定战斗力，这些能力和优势都为军人在未来利用社会历史条件干预政治奠定了基础①。从军人具备民族主义情怀视角分析，出身于社会中下层的阿拉伯国家的军人长期以来都是民族独立运动的主导者，在数十年的发展历程中逐渐培养出了强烈的民族主义情感。军人初次作为民族解放运动的领导力量出现在政治舞台是在 20 世纪初亚洲的觉醒时代，时值奥斯曼帝国解体，其促进了阿拉伯民族主义的发展。军人作为阿拉伯国家一支活跃的社会力量开始于 19 世纪奥斯曼帝国以及埃及穆罕默德·阿里的军事改革，当时帝国军事院校和埃及大量聘请西方国家的军事顾问，创建新式军队，特别是普鲁士军官，在军事培训中，普鲁士军人的那种职业自豪感、集体荣誉感以及对国家的忠诚感在很大程度上感染了阿拉伯军人。由此，德国的文化民族主义影响到中东的民族主义力量②。与此同时，帝国政府还不断派送军人前往西方国家学习先进的军事技术与管理经验。经过几十年的建设，军人逐渐成长为一个重要的社会阶层。在委任统治时代，他们深切感受到了西方国家的殖民侵害、本国王朝政府的腐败与社会的失序；埃及、伊拉克、利比亚等国的政治权力掌握在日趋保守的温和的民族主义者和王室手中③，而且君主也未能及时有效地推动本国社会发展和摆脱殖民主义，在巴勒斯

---

① 陈德成主编《中东政治现代化——理论与历史经验的探索》，第 51 页。
② 黄民兴：《中东民族主义的源流和类型探析》，载肖宪主编《世纪之交看中东》，时事出版社，1998，第 144 页。
③ 黄民兴：《中东民族主义的源流和类型探析》，载肖宪主编《世纪之交看中东》，时事出版社，1998，第 154 页。

坦问题上表现得软弱无能。当然，最重要的在于阿拉伯国家的军人多来自社会中下层，这为他们争取到了最为广泛的社会群众基础。这样一来，军人在强烈的民族主义情愫之下，往往将自己视为民族的化身，认为肩负着民族利益的重大责任。因此，20世纪初至50年代中期，军人在阿拉伯民族国家构建进程中表现出强烈的政治敏感性，他们积极参与政治生活，逐渐成为阿拉伯国家民族独立运动的领导力量。如纳赛尔的自由军官组织产生于40年代末期的宪政时代，具有强烈的民族性特征，成为民族凝聚力的新象征，最终发动政变推翻了法鲁克王朝，建立了独立的共和制国家。

第四，二战后阿拉伯国家的军事政变有时也取决于各国派系之间的矛盾与冲突。二战后新建立的阿拉伯国家政局极不稳定，特别是新政权建设初期，社会内部冲突相当尖锐，导致政权不断更迭。比如1958年卡塞姆政变解决的是摆脱西方国家和哈希姆王朝双重统治的问题，致力于民族独立国家的构建；而1963年阿里夫的军事政变完全是伊拉克国家内部民族主义派别之争。阿里夫与卡塞姆有着不同的意识形态，卡塞姆对阿拉伯世界的统一毫无兴趣，主张的是伊拉克主义，代表的是什叶派、伊共和库尔德人的利益。之所以这样考虑，是因为一旦逊尼派主导了阿拉伯世界的统一，将会对什叶派等少数群体构成极大威胁。而阿里夫则采纳纳赛尔的意识形态，即主张泛阿拉伯主义。因此双方意识形态的分歧日趋激烈，最终导致共和国初期社会日益分裂，教派与民族矛盾不断激化。最终，1963年复兴社会党发动政变推翻了卡塞姆政权，由此伊拉克进入复兴党一党统治时期，直到2003年。

综上所述，二战以来阿拉伯国家军人干政是多种因素交互作用的结果，既有国际环境因素，也有阿拉伯国家自身的历史与现实条件因素。但上文主要是从历史的角度进行阐述和解读，下面，笔者试从经济学视角出发，以埃及为个案，探讨引发军人干政的机制因素。

## 二 军人干政的经济学释因：以埃及为例

1952 年 7 月 23 日，纳赛尔领导的"自由军官组织"通过军事政变推翻了法鲁克王朝，开启了埃及现代民族国家构建之路和军人统治模式。60 年之后，在被西方媒体称为"阿拉伯之春"的社会动荡影响之下，埃及再次经历了一场政治强震。从 2011 年 2 月至 2014 年 6 月的 3 年间，埃及社会上演了一场跌宕起伏的政治权力转换大戏：先是在位 30 年的总统穆巴拉克倒台；紧接着穆斯林兄弟会组建的自由与正义党迅速崛起，穆尔西成为埃及共和国历史上首位非军人总统；而后由于穆尔西一系列干涉立法和司法机关的违宪行为，招致军方干政，穆尔西被解除所有职务，穆兄会及其伊斯兰政党也被取缔；最终，国防部长塞西参加选举，以高票当选埃及新总统。

军方干政深刻影响了埃及的政治民主化进程。对埃及人而言，破旧立新也即威权主义向民主自由的转换何其艰难！可以说，"破旧"的解构过程呈现出摧枯拉朽之势，开罗解放广场的街头运动推翻了传统威权政权；但"立新"的建构过程困难重重，60 年威权统治之后世俗派与伊斯兰主义者之间的政治博弈导致政治格局一再被颠覆，政治整合举步维艰，选举的结果是埃及再次回到军人统治模式。从深层次看，军人是衡量埃及总统政治权力稳固与否的一把重要标尺，埃及政坛的戏剧性变化与波动（军人政治—民选政治—军人政治）反映出该国政治转型始终未能脱离军人干政和强人政治路径依赖的结构性困境。可以说，埃及的军人干政事件是近代以来阿拉伯国家军人干政历史的一个缩影。当然，1952 年和 2011 年两次事关埃及国家和民族前途命运的军人干政事件缘起与目标各异。1952 年军人干政主要解决的核心问题是埃及的国家主权和民族独立；而 2011 年军人干政主要源自贫富分化日趋严重、失业率居高不下、物价持续高涨以及政府腐败加剧等积重难返的社会问题，干政的终极目标是维护埃及国家与社会的稳定，并确保军人的利益与特权地位不受侵犯。

从经济学视角来看，时隔 60 年，埃及之所以再次出现军人干政事件，源于埃及国家制度变迁中的"路径依赖"[①]。制度变迁中的路径依赖理论的代表人物——美国经济学家道格拉斯·C. 诺斯认为"人们过去作出的选择决定了他们现在的选择"[②]。中国经济学家吴敬琏将诺斯路径依赖理论的核心观点概括为：制度变迁过程如同历史上的技术变迁一样，也存在报酬递增和自我强化的机制[③]，如果跨入某一既定路径，就会存在良性循环和恶性循环两种方向，如果不幸进入锁定状态，只能依靠政权变化等外生变量，才会扭转原有的方向轨迹。因此，制度变迁中的路径依赖理论极为重视历史与时间，尤其是偶然性重大历史事件的重要性，同时强调初始制度选择在制度长期发展中的自我强化作用。

作为埃及政治现代化进程的转折点，1952 年七月革命是"军人作为现代化社会力量以推翻现存政体为目标并继而出现重大转型的军

---

① 路径依赖（Path Dependence）的概念最初源于生物学领域，本意是指在物种进化过程中，基因的等级序列和偶然性的随机演变，使得物种进化的多种路径互不重合、互不干扰，强调的是自动跟随路径。20 世纪 80 年代美国经济学家大卫（Paul A. David）、阿瑟（W. Brian Arthur）开始将路径依赖概念引入经济学领域，以此来解释初始选择路径对于人类社会发展进程中技术变迁和经济发展结果的影响。而制度变迁中的路径依赖理论则是由新经济制度学派的代表、美国经济学家道格拉斯·C. 诺斯（Douglass Cecil North）在 20 世纪 90 年代提出的。他在《经济史中的结构与变迁》一书中，通过梳理世界各地区制度选择和路径变迁的形成过程（特别是英国与西班牙、北美与南美），指出历史偶然性因素、经济发展绩效差距、制度收益递增等自我强化机制，导致世界各地区社会经济的演进产生出多样化模式。有关路径依赖理论的源起与发展，参见尹贻梅等《路径依赖理论研究进展评析》，《外国经济与管理》2011 年第 8 期。

② 〔美〕道格拉斯·C. 诺斯：《经济史中的结构与变迁》，陈郁、罗华平等译，上海人民出版社，1994，第 1 页。

③ 吴敬琏：《路径依赖与中国改革——对诺斯教授演讲的评论》，《改革》1995 年第 3 期。

事政变"①。纳赛尔通过军事政变的暴力方式建立起高度集权的军人政治体制，即塞缪尔·亨廷顿所称的"普力夺国家"（Praetorian State）②。由于当时的国际环境和军人在政治结构中的特殊地位，军人做出了对埃及国家发展至关重要的一次抉择，走上了军人政权的制度变迁路径。军人在国家权力这一最重要的政治资源的原初性分配中成为首要受益者，他们不仅在身份上转型成为军事和政治精英，而且在行动和思想上成为军人政权的支持者和辩护者③。更为重要的是，在数十年的现代化进程中，军人充分利用各种社会资源在政治与经济领域从事收益较大的活动，在收益递增的驱动下，军人政权的既定路径方向不断地自我强化和快速推进，这种"报酬递增与自我强化"的机制在军人政权统治前期促进了埃及的民族独立和经济增长。纳赛尔时期的国有化运动以及独立自主的外交战略体现了当时埃及军人政权的进步性与优越性，军人被视为埃及现代民族国家的缔造者和推动国家现代化的中坚力量。

同时，军人政权路径最初还能带给人们普遍的收益递增，但60 年代中期之后这一路径则更加有利于军人等少数特权阶层，从而在一定程度上加剧了社会的不公平竞争，影响了社会流动的有序性；萨达特与穆巴拉克时期，军人对政治的影响虽有所减弱，不过始终没有真正离开过政治舞台，一旦出现社会危机，军人就会出现在公众视野中。因此，制度变迁进入了难以扭转的"锁定

---

① James A. Bill, "The military and modernization in the Middle East", *Comparative Politics*, Vol. 2 No. 1, 1969.

② 根据亨廷顿的理论，普力夺国家中的军队一般都有干政倾向，有控制政权的潜力。其政治领袖通常来自军队，或者是与军队有密切关系的群体，而且军队在所有政治组织中占据绝对地位。因此，如果没有军队支持，埃及政体也就无法存续。虽然 90 年代以来，埃及政治竞技场上出现了一些有竞争力的社会力量、群体乃至伊斯兰政党，如穆斯林兄弟会及其自由与正义党，但是军队仍然扮演着政体支柱的角色。

③ 本部分有关表述受到李月军的《以行动者为中心的制度主义——基于转型政治体系的思考》（《浙江社会科学》2007 年第 4 期）一文的启发。

状态"。之所以如此，关键在于以军人干政为起点的、基于原初性选择的制度结构仍然发挥着独特而又强大的路径依赖功能，这就意味着在可能出现的制度转型与政治资源的重新分配过程中，军人可以利用不断存积下来的各种政治和社会优势，顺利渡过或解决面临的种种危机，并继续保持其在埃及的特权地位。这在后穆巴拉克时代的埃及已经得到了印证。2012 年，军人干政下的埃及社会进入了一个强制性的制度变迁进程，原有既定路径经历了一次短暂的扭转，它借助于迅速崛起的穆兄会和自由与正义党这个外生变量，依靠的是穆兄会背景的穆尔西所组建的伊斯兰政权，欲借此突破原有的路径依赖，挑战传统的文武关系，最终达到政治制度替换的目标。但非常遗憾的是，穆尔西上台后的政治实践与制度规范却违背了埃及中产阶级等世俗化力量的政治利益，将伊斯兰作为唯一解决方式的理念，也体现出穆尔西政府在国家发展道路方向选择上的强烈排他性。其实，如果清楚了解 1952 年以来埃及的政治发展路径，为了保证后穆巴拉克时代埃及新建立的政治体制的稳定，穆尔西政府对军方应该采取更加谨慎的态度。作为埃及共和国历史上的首位民选总统，穆尔西原本或许可以主导新一轮的埃及民主化进程，但他本身缺少强有力的军方支持，并不具备挑战军队体制的能力，再加上实践中他操之过急，结果直接引发了军人的再度干政，被取缔的穆兄会伊斯兰政党完全被排除在政治转型进程之外，失去了扭转原有路径的机会。

埃及的例子说明，军人干政背后必定存在对自身利益和付出成本的现实考量。对军人集团而言，1952 年干政后的制度选择为强化军人政治体制提供了一种惯性。换言之，一旦进入军人政治体制的构建路径，整个系统就有可能对这种路径产生依赖，且对其他潜在的甚至更好的制度安排具有排他性。60 年来，埃及社会早已形成一个军人既得利益集团，在与各种社会群体（如穆兄会）的博弈中始终处于主导地位，其规模不断拓展，而且这一集团与现有制度相辅相成、共存共荣。军人作为保持埃及制度变迁能够以原有惯性持续下去的重要推动力，只有力求巩固和强化现有制度才能保障其利益的不断递增，即便以后发现自身选择的道路不合适或出现危机，也不会轻易进行修正。因为如果强行改变原有的政治发展轨迹，其代价将十分高昂，甚而导致自身血本无归。如 2012 年，军方虽然经过权衡接受了总统选举的结果，即同意有着广泛社会基础的穆兄会领导人穆尔西出任总统，但这并不意味着军方就一定会完全认可对原有路径的修正甚至颠覆。由于穆尔西未能处理好当时埃及的国内危机，同时其推行的埃及伊斯兰化引起了军方及世俗派力量的极度担忧。在这种情况下，当军方无法巩固和扩大他们的既得利益与特权地位时，势必会再次通过暴力手段走出困境。所以，2011 年以来埃及政治局势的风云变幻表明，历史上的政治传统将会制约埃及今后的民主发展程度；不合理的原初性制度选择带来的恶性路径依赖致使埃及的制度变迁进入了路径循环的"锁定状态"而难以自拔，从而也揭示出原初性的制度选择对行动者后来的制度选择偏好所产生的深刻影响。

## 三 军人干政后的文武关系：以埃及为例

文武关系（civil-military relations）广义上涉及社会一般公众和武装力量成员相互间所持有的态度和行为，但狭义上则意味着武装力量与合法建立的国家公共权威机构之间的主从关系或上下级关系[1]。从区域范围来看，20 世纪 50 年代以来阿拉伯国家的文武关系经历了两个阶段，其一是 50~60 年代，军人是非民主政府的首要挑战者；其二是 70 年代以来，军人角色发生转变，逐渐成为威权政体最重要的

---

① 〔英〕戴维·米勒、韦农·波格丹诺：《布莱克维尔政治学百科全书》，邓正来等译，中国政法大学出版社，1992，第 122 页。

保护者[①]。埃及也是如此，纳赛尔时期（1954～1970）政府完全被军人控制；萨达特到穆巴拉克时期（1970～2011），军人对文人政府行使"监护权"，是国家安全机制和政治体制的最终保障者。

作为社会结构中一个独特的社会集团与利益阶层，军人是当代埃及政体的支柱和国家最重要的支持者。他们享有很高的荣誉，备受民众尊敬，始终扮演着极为重要的政治角色。1952 年革命后的过渡时期（1953～1956），"自由军官组织"改组为革命指导委员会，14 名委员中除了纳吉布外均为自由军官，革命指导委员会的权力高于内阁，掌握国家的行政大权与立法大权，并制定经济发展规划、指导社会改革以及政治体制建设。政治角色的转换与政治地位的确立为军人合法控制政府提供了制度化渠道，也为日后埃及军人在政治活动上能够获取最大化的收益且确保收益递增奠定了重要基础。

纳赛尔时期一党专政的军人政权。纳赛尔时期的埃及是一党专政的军人政权，军人全面掌控埃及国家机器，包括控制决策机构、武装部队、情报机构、执政党、经济国有化以及舆论工具等[②]。在中央政府层面，军人垄断要职、总揽大权。执政核心多为军人出身，如1954～1970 年，纳赛尔一直占据总统职位并兼任 12 届总理，7 个副总统均为自由军官，担任副总理职位的 17 人中 10 人为自由军官。1952～1970 年的 16 届内阁成员中，军人部长 44 人，占 131 名内阁成员的 33.6%[③]。尤其在 1967 年 6 月的内阁中，军人部长比例高达65.5%[④]。美国学者雷蒙德·威廉姆斯·贝克曾用一系列统计数据揭

①　Birthe Hansen and Carsten Jensen, "Challenges to the Role of Arab Militaries", Edited by Carsten Jensen, *Developments in Civil-Military relations in the Middle East*, Royal Danish Defence College, Copenhagen September, 2008, pp. 30 – 31.

②　详见杨灏城、江淳《纳赛尔和萨达特时代的埃及》，商务印书馆，1997，第 166～173 页。

③　Roberto Aliboni, *Egypt's Economic Potential*, Routledge Library Editions：Egypt Series, 2013, p. 204.

④　John Waterbury, *The Egypt of Nasser and Sadat：The Political Economy of Two Regimes*, Princeton University Press, 1983, p. 145.

示了纳赛尔在获取国家控制权的过程中对军人的高度依赖。"1952 年政变以及首次军队清洗运动之后，国家保留了 3500 人的军官队伍。随后几年中，约 60% 的人继续任职于军队，而在其他国家机构任职的约 1000 人。"地方政府层面也是如此，如埃及各省省长也主要来自军队和警察，"1964 年，26 名省长中至少 22 人是军官或前军官"①，比例高达近 84.6%。此外，纳赛尔时期的埃及还培养了一批在军事医学、军事工程等领域持有大学文凭的专业技术军官，以替换传统军人或文职人员。这些技术军官在 60 年代埃及内阁部长中占 13%，1962 年副部级以下的 5766 名官员中军人警察比例达到 64%②。纳赛尔强化军人地位的举措深刻改变了埃及的社会结构，"产生了一个由行政与军队特权分子及高级官员组成的新阶级"③。

不难发现，军人启动并控制了埃及从君主制向民主制的过渡，军人享有完整的政治参与权与决策权。虽然一些富有才干的文职人员能入职于技术性比较强的部门（财政部、商业部等），但文职人员受到军人控制。因此，纳赛尔时期军人处于绝对主导地位。但是在 1967 年第三次中东战争中，埃及遭到惨败，给纳赛尔提供了清除军官集团特别是武装部队总参谋长阿卜杜勒·哈基姆·阿米尔的影响力的机会，这是埃及自 1952 年以来文武关系构建中削弱军人政治影响力的一个转折点。

萨达特至穆巴拉克时期的文武关系格局为总统制下军人与技术官僚共享政治权力。萨达特时期（1970~1981），为了约束和限制军人的政治影响，萨达特彻底扭转了纳赛尔的核心政策，包括开放

---

① Raymond William Baker, *Egypt's Uncertain Revolution under Nasser and Sadat*, Harvard University Press, 1978, p. 55.
② 详见毕健康《埃及现代化与政治稳定》，社会科学文献出版社，2005，第 87、90 页。
③ Halim Barakat, *The Arab World*: *Society*, *Culture and State*, California University Press, 1993, p. 168.

埃及经济，推行多党制议会以及实现埃以和谈。他撤换了政府和内阁中大多数挑战其政策的高级军官，由其他文官取而代之。比如1970 年，他任命经验丰富的外交官穆罕默德·法齐博士担任内阁首相，1972 年 1 月又授权曾经在哈佛接受培训的工程师阿齐兹·西德基博士改组内阁，1974 年 5 月具有英国教育背景的经济学家阿卜杜勒·阿齐兹·赫贾齐博士再次主导了内阁改组[①]。由此，军人部长比例开始下降，约占内阁总人数的 20%；但在 1971 年 9 月的内阁中，军人部长比例也达到了 41.7%[②]（萨达特与萨布里集团政治斗争的结果）。不仅如此，萨达特还会经常调动高级军官的职位，防止其集结威胁中心权力，消除他们与军队及其属下军官建立起忠诚纽带关系的可能性，如 1971～1980 年，萨达特政府中有过七任国防部长。他还坚持军队的职业化道路（1973 年战争使军队重获威望，军队以此证明了在国家中的重要地位），并在 1977～1981 年间积极削减军事预算[③]。

穆巴拉克时期（1981～2011），政府最初将军人视为政治伙伴，这也是权宜之计，目的是集中力量打击伊斯兰主义者的军事渗透及其社会影响；但当军人势力开始膨胀之时，穆巴拉克小心谨慎，加紧限制和约束军官集团对政治决策的影响。他通过解雇国防部长艾布·加扎拉试图使军队非政治化，竭力让军队回归军队事务本身；与此同时又通过给予军队大量的经济特权来换取政治控制。军队也似乎接受了自身政治地位衰落的现实，并开始将注意力转向军事现代化和经济活

① Mahmud A. Faksh, "Education and Elite Recruitment: An Analysis of Egypt's Post – 1952 Political Elite", *Comparative Education Review*, Vol. 20, No. 2, Jun. 1976.

② John Waterbury, *The Egypt of Nasser and Sadat: The Political Economy of Two Regimes*, Princeton University Press, 1983, p. 145.

③ Stephen H. Gotowicki, "The Military Egyptian Society", Edited by Phebe Marr, *Egypt at the Crossroads: Domestic Stability and Regional Role*, National Defense University Press, 1999, p. 116.

动。事实上，这也相应抵消了其政治地位的衰减。高级军官被调离内阁或政府部门后，通常能在国防及军工生产部等部门找到相匹配的重要职位；同样地，许多高级军官退休后，也往往会去那些与军队有密切关联的商业部门如交通部、通信部、海运部门、民航部门以及内政部等寻求重要职位。如1995年，埃及武装部队参谋长萨利赫·哈利比中将退休后就被任命为"阿拉伯工业化组织"（Arab Organization for Industrialization，AOI）的主管①。正如美国学者乔尔·S. 米格代尔所言，"在国家的最上层，政治模式和令人眼花缭乱的抢椅子游戏很像。有时，同样的人会不断出现在不同的关键位置上。昨天他可能是武装部队的首席指挥官，今天他就变成了内政部长，明天他可能又变成了驻美大使或者某个国家主要企业的首席执行官"②。类似的例子自50年代以来比比皆是，如马吉迪·哈萨尼，纳赛尔的至交，曾经的革命指挥委员会成员。在担任"村镇安置与开发项目"主管时，好大喜功。尽管他根本不懂技术，还煞有介事地专程去欧洲购买了大量的机器设备。可是后来他的浮夸计划最终以失败告终，同时他挥霍浪费的处事方式（包括给自己建了一所豪华住房）遭到了公众的谴责。1957年秋天，纳赛尔被迫将其解雇。但仅隔一年，1958年夏天，他摇身一变成了国家水泥公司的经理，甚至在1966年还被任命为埃及驻捷克斯洛伐克大使③。

进入90年代以来，埃及军队的政治影响力在逐步下降，其中一个原因是出现了其他重要利益群体，如大规模的公共部门、工会、城

---

① 阿拉伯工业化组织由埃及、沙特阿拉伯、阿拉伯联合酋长国以及卡塔尔于1975年创立，是一个武器生产联盟。海湾国家提供10亿美元资金，埃及提供人力和基础设施。Stephen H. Gotowicki, "The Military Egyptian Society", Phebe Marr（ed.）, *Egypt at the Crossroads: Domestic Stability and Regional Role*, National Defense University Press, 1999, p. 118.

② 〔美〕乔尔·S. 米格代尔：《社会中的国家——国家与社会如何相互改变与相互构成》，李杨、郭一聪译，江苏人民出版社，2013，第75页。

③ Eliezer Be'eri, *Army Officers in Arab Politics and Society*, Fredrick A. Praegar, 1970, pp. 324 – 325.

市商业企业、富有的工业家以及专业协会等；另一个重要原因是一批训练有素、经验丰富和专业化的文官进入政府关键部门，如穆巴拉克的政治顾问奥萨马·巴兹、外交部长阿慕尔·穆萨，而且他们与总统关系十分密切①。

萨达特至穆巴拉克时期，不管是萨达特推行的内阁非军事化和军队职业化策略，还是穆巴拉克主张的军队非政治化理念，其目标殊途同归，均旨在削弱军人的政治影响力，提升专业化文官队伍的水平与地位，对原有文武关系架构进行适度调整。基于此，70 年代以来，埃及逐渐形成了由军人和技术官僚共同分享权力的政治格局。但专业化文官队伍的出现与发展虽然在一定程度上重新解构了政治权力谱系，依然无法动摇军人的权力根基。特别是在地方，军人的影响力仍旧很强大，如 2011 年穆巴拉克倒台前夕，埃及 27 个省长中有 18 个是退休的将军②。

纳赛尔至穆巴拉克时期的军人经济帝国。纳赛尔时期集中解决了军人在国家社会中的政治地位问题，军人的特权以及军人对政治的强烈影响无人能撼动，同时也没有（当时也不可能）出现替代性的制度体系。70 年代末期，特别是 1979 年埃以和谈以及签订戴维营协议之后，埃及军人开始积极参与社会经济生活事务，从电子工业、消费品生产、基础设施建设，再到旅游业，广泛涉足工业、商业等经济领域。军人在埃及经济中的影响力呈现出井喷式的增长，逐步形成了一个独立的经济帝国。不过其规模没有官方数据来佐证，但据估计，要占到 GDP 的 10% ~ 40% 。另外，埃及军队平均每年从美国还可以获

---

① Stephen H. Gotowicki, "The Military Egyptian Society", Edited by Phebe Marr, *Egypt at the Crossroads: Domestic Stability and Regional Role*, National Defense University Press, 1999, p. 121.

② Zeinab Abul-Magd, "The Egyptian Military in Politics and the Economy: Recent History and Current Transition Status", *CMI Insight*, No. 2, October 2013.

取 13 亿美元的军事援助[①]。这一切使得军队成为极为重要的经济角色。作为埃及经济发展的一支重要推动力量，大体上，军队对埃及经济的参与集中体现在军工产业、民用产业、农业和国家基础设施建设四个基础部门上[②]，这是埃及军人获取收益递增的另一个重要领域。军工产业方面，埃及国防军工生产涉及大约 30 个工厂和公司，雇用人员达到 10 万人。80 年代，年均产值达到 4 亿美元，军工产业年均出口达到 1. 91 亿美元。出口收入从 1981 年的 3000 万美元增长到 1988 年的 5. 5 亿美元。民用产业方面，70 年代末期，由于生产过剩、石油价格下跌、不断增长的政府赤字、人均收入的下降以及出于抵消埃以和谈带来的埃及军队地位减弱的考虑，埃及军队将大部分的军事生产能力转向民用产品的制造。由隶属于国防部的国家服务项目组织（National Service Project Organization, NSPO, 主要支持公共基础设施项目、制造中低端的民用产品）来运作和管理，控制那些特定的民用部门。它的任务是将军队并入国民经济中。军事设施可以制造更为广泛的产品，如洗衣机、热水器、衣服、文具、药品和显微镜等。其中大多数通过军需品折扣店销售给军人，也有很大一部分通过市场销售出去。军队与农业方面，军队通过隶属于 NSPO 的食品安全部（Food Security Division）实现了食品的完全自给自足。80 年代早期，开始大力发展乳牛场、牛奶加工设备、家禽饲养场和养鱼场。1985 年军队生产的食品占到全国食品生产总量的 18%，可满足军队食品、制服和鞋袜等60% 的消费需求。军队与基础设施建设方面，军队也经常介入重大的基础

---

① Derek Lutterbeck, "Arab Uprisings, Armed Forces, and Civil-Military Relations", *Armed Forces & Society*, Vol. 39, No. 1, January 2013, p. 36.

② 相关情况和数据详见 Stephen H. Gotowicki, "The Military Egyptian Society", Phebe Marr (ed. ), *Egypt at the Crossroads*: *Domestic Stability and Regional Role*, National Defense University Press, 1999, pp. 110 - 116; Robert Springborg, "The President and the Field Marshal: Civil-Military Relations in Egypt Today", *MERIP Middle East Report*, No. 147, *Egypt's Critical Moment*, Jul. - Aug. 1987.

设施项目，如电力线路施工、污水管道、桥梁、高架路、道路、学校以及电话交换机的安装与维护等。

90年代，穆巴拉克顺应国际货币基金组织和世界银行的要求，推行了经济自由化政策，军人拓展了其民用产品的生产与服务，成立新公司、建新工厂、垦殖大量免税和未审计的农场。军队经济规模持续扩大，通过建立军工企业大规模地渗入经济，获得了更多的国家资源。纵观穆巴拉克时期，有三个军事实体参与有利可图的非军事制造与服务行业，除了NSPO，还有军工生产部和阿拉伯工业化组织。其中NSPO主要经营民用品制造、农业和服务行业；军工生产部拥有8家制造厂，目标是产品占到民用市场40％的份额；阿拉伯工业化组织拥有11家工厂和公司，目标是民用市场70％的份额。三家实体的生产领域与产品十分广泛，包括钢铁、水泥、化学制品、豪华吉普车、丁烷气瓶、厨灶、家用器具、燃气管道、婴儿恒温箱、矿泉水、意大利面、橄榄油以及其他食品等。此外，军队还拥有数量庞大的、遍布全国的加油站、旅店、会馆、超市、停车场、家政服务公司、运输和航运公司等①。

此外，军人还享有其他的福利特权。如80年代，国防部长艾布·加扎拉在任时，积极鼓励和推行名为"额外津贴"的项目计划，用来维持军官集团的利益。其中之一就是兴建兵团城市（如开罗的纳斯尔城），其实就是政府提供给军官个人豪华公寓，并给予很高的补贴。这些高级军官驾豪车、住洋房，俨如奥斯曼帝国时期的帕夏一样生活。兵团城市各种设施齐备，包括学校、幼儿园，"军队消费合作社"打折出售琳琅满目的国内外产品。所以，这些兵团城市维持了军官的特权和自尊感，其薪水丝毫不受通货膨胀的

①　Zeinab Abul-Magd, "The Egyptian Military in Politics and the Economy: Recent History and Current Transition Status", *CMI Insight*, No 2, October 2013.

影响①。这种情况在其他阿拉伯国家也较为普遍。曼弗雷德·哈尔彭曾指出，"大多数高级军官组成了'军事飞地'，代表着一种精英势力范围，除了一些基础设施，军队在许多方面都独立于社会之外"②。

总体上，纳赛尔至穆巴拉克时期，埃及军人和政府之间是一种共生关系，政府需要军人这个支柱，而军人在政府中有自身的既定利益③。自君主制被废除、实施共和制以来，除去穆尔西，每一任埃及总统包括纳赛尔、萨达特、穆巴拉克以及塞西，都是军人出身。历届政府总是想方设法保持军人在国家资源分配中的特权地位，以此来换取其忠诚。如给予军官中央及地方政府中的各种关键职位，保持其政治参与的不断拓展；为军人及其家庭提供更好的物质生活条件；国家预算中相当大的比例用来购买西方国家的军事装备和高精尖武器；国家领袖也经常在各种场合不遗余力地赞扬军队，认为军队保护了国家的安全和稳定，以此来表明国家的态度。作为政治交换，军队会做出支持政府的承诺，为政府提供稳定、权力和控制，从而形成政府依赖军队而军队也忠诚于政府的局面。有两个例子可以说明军人与政府的共生关系。其一，1977 年萨达特政府提议取消各类补贴，这一举措引起了普通食品的涨价，结果爆发了食品骚乱。军队提出除非重新恢复补贴，否则拒绝干涉骚乱，萨达特最终被迫恢复补贴。其二，1986 年中央安全部队应征士兵骚乱。当时有谣传说强制服兵役年限从三年延长至四年，鉴于中央安全部队应征士兵的薪酬要比军队士兵的薪酬少很多，延长服

---

① Stephen H. Gotowicki, "The Military Egyptian Society", Phebe Marr (ed.), *Egypt at the Crossroads: Domestic Stability and Regional Role*, National Defense University Press, 1999, p. 120.

② Manfred Halpern, *The Politics of Social Change in the Middle East and North Africa*, Princeton University Press, 1963, p. 261.

③ Ami Ayalon, "Egypt's Political Order: Continuity and Challenges", Robert B. Satloff (ed.), *The Politics of Change in the Middle East*, Westview Press, 1993, p. 202.

役期更会让他们在心理上失衡，结果应征士兵纵火焚烧旅店、夜总会。军队后来镇压骚乱，恢复秩序[1]。这两起危机事件中，军队的回应与做法是此期文武之间关系的真实写照，同时也使公众认为军队是政府的安全卫士。

不过，2011 年穆巴拉克的倒台让我们看到了文武关系的一个悖论，即军人既能保护政府，也能威胁到政府[2]。一般来说，军人在建立新政权之后，"首要的是与文职联盟，创建能够让他们的利益最大化的政治制度和体系，监督政治组织的发展，允许多元化，保证政治秩序的维持和稳定。随着时间的推移，军人会将自己隐藏在所谓的民主制度背后，赋予行政与立法机构各自的政治功能和体系。然而一旦社会处于危机状态，军事精英就会撕去这层外衣，登上政治权力的舞台，加强政治秩序的威权主义核心"[3]。换言之，军人既可以是维护政府的稳定器，也能够成为威胁政府的颠覆器。只要政府能保护军队的利益，军队就会对政府保持忠诚；一旦政府出现无法再向军队提供保护利益的困境局面，军队将变成政府的威胁。

## 第四节　宗教精英

伊斯兰教自公元 7 世纪初诞生以来，伴随着阿拉伯帝国、奥斯曼帝国的对外扩张，逐渐由阿拉伯半岛向西亚北非强力扩散，甚至影响到了欧洲国家的历史发展进程。可以说，伊斯兰教在 1300 多年的发展中深刻影响了阿拉伯世界的政治、军事、经济、文化和社会生活。

---

[1]　Stephen H. Gotowicki, "The Military Egyptian Society", Edited by Phebe Marr, *Egypt at the Crossroads: Domestic Stability and Regional Role*, National Defense University Press, 1999, pp. 121 – 122.

[2]　Peter D. Feaver, "Civil-Military Relations", *Annual Review of Political Science*, No. 2, 1999.

[3]　Steven A. Cook, *Ruling but not Governing: The Military and Political Development in Egypt, Algeria, and Turkey*, John Hopkins University Press, 2007, p. 15.

一方面，目前伊斯兰教为阿拉伯国家的国教，特别是沙特等海湾君主制国家的政治制度、法律典章都是以伊斯兰教法为基本准则的。即便是世俗化程度较高的共和制国家，伊斯兰教仍然在某些领域拥有特定的话语权。另一方面，作为伊斯兰教发展历程中的重要产物，宗教神职人员特别是乌莱玛阶层始终在阿拉伯帝国、奥斯曼帝国以及阿拉伯现代民族国家构建和政治权力结构中占据重要地位。

## 一 乌莱玛阶层的构成与发展概述

"乌莱玛"（Ulama，又译"乌里玛"），在阿拉伯语中原意为"学者"，主要指的是那些伊斯兰国家中得到政府认可和承认、具有较高社会声望的权威神学家和教法学家，属于宗教上层人员，也即宗教精英阶层。

从长时段的视野来看，乌莱玛阶层历经伊斯兰各帝国王朝以及阿拉伯现代民族国家构建等发展阶段，历时千年之久。中古时期乌莱玛的发展有一个从民间逐步走向官方、受官方保护和控制的政教合作的过程①。阿拉伯帝国倭马亚王朝时期（661～750），乌莱玛阶层开始形成并主导教法事务。由于帝国机构的日趋庞大和专业化，再加上伊斯兰教没有统一的宗教机构和教阶制，因此，政教双方专注于各自的事务。哈里发是名义上的最高宗教领袖，颁布和执掌公法，但其主要精力放在行政和军事事务上；而帝国宗教事务逐步由乌莱玛接管，法学家和教法官创制和实施以私法为主的教法。此期乌莱玛阶层与官方联系并不紧密，主要从事伊斯兰教义、教法的专业研究。阿拔斯王朝时期（750～1258），乌莱玛的力量逐步壮大，他们从哈里发那里获得了独立的宗教权力，同时教法学家也积极为王权辩护，政教双方进入合作共存的阶段。塞尔柱王朝时期（1055～1194），乌莱玛真正成为王朝统治者和民众之间的链接

---

① 关于中古伊斯兰时期乌莱玛的形成与发展，详见黄民兴《中东历史与现状十八讲》，陕西人民出版社，2008，第 52～61 页。

纽带，成为新的上层阶级，拥有瓦克夫等大量宗教地产，掌管司法和教育大权，参与地方税收、治安、公共机构建设以及慈善救济活动，由此对政府的依附性开始加强。奥斯曼帝国时期，帝国政府通过改革措施逐步控制了乌莱玛阶层，如历史上第一次建立较为完整的教阶制度，设立专门的宗教法庭、宗教学院，创设宗教基金，国家任命官方认可的宗教界领袖即伊斯坦布尔的大穆夫提等，从而形成哈里发—素丹—乌莱玛的三角政治权力架构。

总体来说，中古时期伊斯兰帝国政教合一的权力结构中，君主是教俗两界的首脑，负责帝国行政、军队、财税、土地以及世俗律法的制订；而乌莱玛作为专职的宗教精英，则垄断了司法、教育大权，专门负责解释和发展伊斯兰教义和教法。因此，可以看到，这一时期是政教关系较为紧密的阶段，二者互相依存、支持，乌莱玛凭借地产财富、社会声望、垄断性权力，享有独立的合法性根基，在传统伊斯兰社会中是一个地位显赫的特殊集团，他们在维护帝国政体和传播宗教价值等方面具有十分重要的社会功能。

近代以来，随着奥斯曼帝国改革的推进和西方殖民主义国家的入侵，乌莱玛的社会地位和影响力不断被削弱。首先是19世纪后期的西化改革向乌莱玛宗教精英发起挑战，主要是通过建立内阁制、宪法规定下的两院制议会以及教育司法改革，限制乌莱玛对国家政治的影响。其次是随着奥斯曼帝国的解体和阿拉伯民族国家的逐步形成，政教关系趋于紧张，斗争也异常激烈，各国乌莱玛阶层的命运也是起起伏伏。需要指出的是，由于伊斯兰教在阿拉伯帝国形成中的特殊作用，以及长久以来互为依存的政教关系，阿拉伯国家无法真正实现西方国家那样的宗教改革，因此，当代乌莱玛阶层社会地位的变迁也是相对意义上的。当然，毕竟世俗化改革的首要宗旨就是削弱宗教对于国家政治的影响，经过20世纪中期阿拉伯国家改革浪潮的洗礼，乌莱玛的特权地位日渐式微也是事实。本节以埃及和沙特王国为例，概述逊尼派乌莱玛阶层在阿拉伯共和制与君主制国家现代化进程中的地位变迁①。

## 二 埃及乌莱玛

埃及在 1517 年成为奥斯曼帝国的行省，但由于远离伊斯坦布尔这个域外权力中心，始终保持着相对的独立性。在帝国与行省的央地关系层面，帝国政府主要依靠土耳其帕夏、军官以及乌莱玛实施统治，由此，乌莱玛是埃及社会上层的重要组成部分，享有很高的政治地位，他们是"埃及本土信仰的保卫者，也是埃及本地文化、语言和民族认同的代表"②。同时，始建于 10 世纪末法蒂玛王朝时期的爱资哈尔大学是伊斯兰世界规模最大、最负盛名的宗教高等学府。爱资哈尔大学广泛吸纳各地著名教法学家和学者，开办讲座，开设神学、伊斯兰律法和阿拉伯语等课程，传播伊斯兰思想与文化（法蒂玛王朝时期主要是什叶派宗教思想和学术研究的中心，而从阿尤布王朝开始，成为逊尼派宗教学术中心）。尤其是爱资哈尔清真寺，培养了一大批宗教神职人员。后来，爱资哈尔清真寺成了埃及乌莱玛阶层政治活动的中心，"以爱资哈尔为中心的乌莱玛也就成了土耳其的统治者与埃及社会和一般大众之间的联系中介"③。

因此，19 世纪之前宗教教育的逐步体系化和宗教学者的持续官方化特点，使得埃及乌莱玛作为宗教精英阶层的地位一直较为稳固。但 1798 年拿破仑的入侵对埃及产生了重大影响，一方面瓦解了奥斯曼帝国对埃及行省的直接管控，另一方面埃及传统政治势力急剧衰落，这也为穆罕默德·阿里的崛起创造了绝佳条件。最终，借助乌莱

---

① 关于什叶派乌莱玛阶层的地位变迁参见李福泉《海湾阿拉伯什叶派政治发展研究》，生活·读书·新知三联书店，2017。

② 杜红：《乌莱玛在伊斯兰国家现代化进程中的地位和作用》，《西亚非洲》1996 年第 2 期。

③ 杜红：《乌莱玛在伊斯兰国家现代化进程中的地位和作用》，《西亚非洲》1996 年第 2 期。

玛以及土地贵族的支持，穆罕默德·阿里在埃及建立了独立的家族世袭领地，迫使奥斯曼素丹承认其合法性。穆罕默德·阿里统治埃及期间，强化中央集权政治制度，乌莱玛等传统精英阶层被纳入官僚体系，改变了过去各路精英分割政治权力的格局，并通过宗教和教育改革不断削弱乌莱玛阶层的特权。如 1809 年阿里实行土地国有化，建立新的农业生产关系，下令取消宗教地产瓦克夫①的免税特权，转而对乌莱玛监管的宗教田产征税，规定乌莱玛若无法出具田产契文，宗教田产将被收归国有。但是赠授的宗教田产一般来自口头协议，而没有相应的田产文件；即便有田产契约也多因时间久远而丢失，因此，拥有田产的乌莱玛由于无法及时出具契文而失去了大量宗教田产。阿里在 1813 年更是直接废除瓦克夫制，统一由政府监管宗教地产，这样就"结束了在为宗教慈善事业服务外衣掩盖下的这种封建经济形式"②。这样一来，以乌莱玛为代表的宗教势力在经济上的传统特权利益被大大削弱。此外，阿里实施的工业、行政管理、军事、文化教育等改革，培养了一批受到西方思想影响的新的社会阶层，特别是知识分子、商人、政府官员等，新阶层在政治上的崛起打破了乌莱玛的政治优势，甚至乌莱玛的自治权也被逐步剥夺，连爱资哈尔的长老也改由政府任命。在穆罕默德·阿里之后，历任统治者特别是 19 世纪后期的伊斯玛仪统治时期，致力于埃及的欧洲化，政治上的内阁制、经济上的私有化、教育司法的世俗化等各领域的持续西化改革，导致乌莱玛的地位持续衰落，也加深了教俗之间的冲突和矛盾，直至英国控制和占领埃及，埃及政治上层又迎来了新一轮的分化，乌莱玛的依附性更趋明显。

---

① 19 世纪之前，埃及乌莱玛控制的宗教地产约占埃及可耕地资源的 1/5，共计 60 万费丹。Afif Lutfi al-Sayyid Marsot, *Egypt in the Reign of Muhammad Ali*, Cambridge University Press, 1984, p. 137.

② 彭树智主编《伊斯兰教与中东现代化进程》，西北大学出版社，1997，第 64~65 页。

　　埃及乌莱玛阶层在西方委任统治时期保持相对稳定状态，英国当局也需要平衡埃及各方力量来保持埃及政治局势的稳定。但1952年纳赛尔革命则标志着乌莱玛在埃及的社会地位迅速下跌。在阿拉伯国家中，埃及是世俗化改革的典型代表。在乌莱玛问题上，纳赛尔政府不仅从经济基础方面瓦解这一阶层的独立根基，而且力图通过建立各种宗教管理机构如宗教事务局为政教关系划定不同的归属，以此来压制和排挤乌莱玛，消解其对国家政治的影响①。如1952~1957年，纳赛尔政府取消了各种形式的瓦克夫，成立瓦克夫部来具体负责埃及各地的清真寺事务，规定清真寺接受政府的财政补贴；1961年纳赛尔政府对乌莱玛的权威机构——爱资哈尔大学进行了改组，同时还加强了对苏菲派的控制，一些支持前王室的教团的财产被没收，活动也受到监视②。通过激进的政教关系改革，埃及乌莱玛阶层在传统宗教司法及教育中的权势几乎全部丧失，强大的世俗政权力量限制了乌莱玛的活动范围，乌莱玛不仅在国家事务中的影响力逐步下降，而且其财产和收入都有不同程度的损失。国家主导的宗教机构的设立将传统乌莱玛的一些主阵地，如爱资哈尔大学和清真寺全部纳入国家行政管理体系。这样一来，乌莱玛的社会角色相应发生了变化，甚至成为领取政府薪金的公职人员，在世俗化裹挟之下成为国家世俗权力结构中的一分子。此时埃及的乌莱玛阶层已经完全顺从于世俗政权，传统的宗教制度和这一制度的核心乌莱玛也随之成为政府的工具。更为重要的是，在威权政府之下，乌莱玛改变了政府改革反对派、保守派的形象，为了维护自身的地位和利益，也逐步为埃及官方的意识形态提供宗教依据，时常为政府的内外政策进行辩护。如纳赛尔实行国有化战略、萨达特推行私有化对外开放政策等重大问题，都得到了以爱资哈

---

① 王林聪：《中东国家政教关系的变化对民主实践的影响（下）》，《西亚非洲》2007年第7期。

② 彭树智主编《伊斯兰教与中东现代化进程》，西北大学出版社，1997，第175页。

尔为中心的乌莱玛的全面支持。与此同时，在现代化变革中涌现的新阶层和精英群体获取了政治权势和社会影响力，也成为"乌莱玛想再次追寻以往特权地位的拦路者"[1]。因此，种种事实说明，当代埃及国家现代化进程中，乌莱玛的影响力是有限的，其社会地位的衰落与下降也直接削弱了伊斯兰教对埃及国家政治生活的影响，国家政治体制在很大程度上也不再受制于宗教意识形态。

### 三 沙特乌莱玛

沙特是逊尼派的大本营，同时也是逊尼派乌莱玛的重镇。乌莱玛是沙特王国宗教上层神职人员的广义称谓，也是沙特社会上层重要的组成部分。这一宗教精英阶层泛指那些在个人操守、学识上得到统治当局承认和尊重，以及民众广泛认可的伊斯兰教神学家和教法学家[2]。

从社会构成来看，沙特乌莱玛阶层主要包括穆夫提（Mufti，解释伊斯兰教法及发布宗教法令的说明官）、伊玛目（Imams，伊斯兰教长，主持穆斯林聚礼和宣讲教义）、夫克哈（Fugaha，伊斯兰教法理学家）、卡迪（Gadis，伊斯兰教法执行官即审理诉讼的法官）、穆达里斯（Mudarris，宗教教师）以及在清真寺院和其他宗教机构任职的重要官员等[3]。

从规模来看，作为沙特社会中的一个重要阶层和宗教群体，据统计，20世纪80年代中期，沙特乌莱玛的人数至少有1万人[4]，而只

---

[1] 〔美〕霍华德·维亚尔达主编《非西方发展理论——地区模式与全球趋势》，董正华、郑振清译，北京大学出版社，2006，第110页。

[2] Ayman Al-Yassini, *Religion and State in the Kingdom of Saudi Arabia*, Westview Press, 1985, p. 42.

[3] Mordechai Abir, *Saudi Arabia: Government, Society, and the Gulf Crisis*, Routledge, 1993, p. 9.

[4] Mordechai Abir, *Saudi Arabia in the Oil Era: Regime and Elites, Conflict and Collaboration*, Westview Press, 1988, p. 19.

有其中的 30～40 名资深乌莱玛发挥着实质性的政治影响力。

从历史发展来看，沙特乌莱玛阶层特权地位的形成与沙特王国独特的政治结构息息相关。众所周知，在早期沙特时期，当时的纳季德酋长穆罕默德·本·沙特与伊斯兰教复古主义派别瓦哈比派的创始人穆罕默德·伊本·阿卜杜勒·瓦哈卜形成联盟，在阿拉伯半岛中部建立起早期沙特政权，并为了争夺阿拉伯半岛的控制权不断与奥斯曼帝国和埃及进行战争。因此沙特家族始终处于起伏状态，直到 20 世纪初伊本·沙特征服内志和汉志才终于建立了统一的沙特王国。由于有着这样的历史联系，沙特作为伊斯兰世界逊尼派的大本营和政教合一的君主制国家，其政治体制的鲜明特点在于瓦哈比主义是国家所奉行的官方意识形态。瓦哈比派伊斯兰教为沙特家族政权提供了宗教政治合法性，是沙特王权赖以生存和维系的精神支柱，同时也起到了规范沙特社会秩序的作用。同时，沙特没有真正意义上的成文宪法，也没有合法的政党组织，1992 年的基本法第一条和第二条分别规定，"沙特阿拉伯王国是绝对君主制阿拉伯伊斯兰国家，国教为伊斯兰教"，"国家统治者必须从国家的建立者——阿卜杜勒·阿齐兹·伊本·沙特的子孙中产生"[①]。总体上看，根据基本法，沙特王国的治国依据就是《古兰经》和伊斯兰教教法，国王的权力也要受到伊斯兰教教法的节制和约束，有关王国重大决策的制定与实施必须取得王室成员、宗教领袖的赞同和支持。

可以说，沙特乌莱玛阶层经过三百年的发展，已经成为沙特社会分层体系中的特殊阶层，具有相对独立性。这种相对独立性体现在以下几个方面。首先，乌莱玛主要的特权集中在宗教、司法和教育领域，如沙特伊斯兰法律的制定、解释、仲裁以及执行均归其管辖和负

---

① 《沙特阿拉伯王国治国基本法》，中华人民共和国驻沙特阿拉伯王国大使馆经济商务参赞处，http://sa.mofcom.gov.cn/article/ddgk/201410/20141000758884.shtml。

责，与宗教事务有关的机构如司法部、朝觐事务部、高等教育部、宗教基金部以及各类宗教学校也归乌莱玛领导和控制。其次，作为沙特王国最大的宗教政治力量和王国政治体制的参与者，乌莱玛阶层还通过多种渠道和方式来维护自身地位和影响力。如各种官方宗教机构和组织，像 20 世纪 70 年代费萨尔国王创建的"乌莱玛长老委员会"①、"高级卡迪会议"② 和 90 年代法赫德国王建立的"伊斯兰教事务部""伊斯兰传教指导委员会"，以及早在 20 年代就设立的半司法性质的行政机构"劝善戒恶委员会"（扬善惩恶委员会）等。这些宗教机构的职能在于一方面维护伊斯兰教价值观与意识形态，另一方面维持沙特王国世俗政权的稳定。同时，通过与沙特国王之间的定期会见和约谈等不断影响王国政府的决策，以此来提供决策来源的合法性依据和保证决策的伊斯兰教原则属性。

从乌莱玛的地域来源来看，沙特乌莱玛主要由来自内志（纳季德，阿拉伯半岛中部）和汉志（希贾兹，沙特西部沿海）的宗教学者和神学家构成。学者王铁铮认为，乌莱玛来源的地域性差异，直接导致汉志与内志乌莱玛在宗教观点、经济状况和社会地位方面有所不同③。概而言之，汉志乌莱玛精通教法，宗教思想较为开明，富有改革和创新性，财富来源多样（国王定期补贴、捐赠与宗教基金、商业贸易等）；而内志乌莱玛宗教教育不完善，较为封闭保守，反对变

---

① "乌莱玛长老委员会"是 1971 年费萨尔国王授权设立的沙特官方瓦哈比派的最高宗教机构，代表沙特王国伊斯兰法的最高权威，由 17 名沙特王国杰出的宗教学者和神学家组成，行使国家最高宗教权力。实际上它是沙特国王的专职顾问，在事关王位继承以及王国重大决策时可以颁行宗教政治裁断说明（法瓦特），为沙特家族给予宗教合法性支持。见 Peter W. Wilson and Douglas F. Graham, *Saudi Arabia: The Coming Storm*, M. E. Sharpe, 1994, p. 25。
② 费萨尔国王创建，也是由沙特国内最有影响的法官和法理学家组成，具有最高的法律仲裁权，主要职能是阐释有关沙里亚的重大法学理论疑难问题，对某些重大法律案件提供咨询和指导性意见。
③ 王铁铮等：《中东国家通史·沙特阿拉伯卷》，商务印书馆，2000，第 293～295 页。

革和创新，经济来源完全仰赖王国的财政补贴（实物和薪金）。按理说，汉志乌莱玛凭借其宗教学识和财富优势更应该在沙特乌莱玛阶层中占据重要地位，但真正执掌沙特宗教司法大权的是以谢赫家族为首的内志乌莱玛，垄断了王国最重要的宗教职位，如大穆夫提、司法部和首都的大法官，在其他重要宗教机构中的人数和权威性也处于绝对优势。据统计，自 18 世纪中期到 20 世纪 70 年代，沙特最具权威性和社会声望的约 100 名乌莱玛中，25% 出自瓦哈比谢赫家族[①]。王铁铮认为，首先是以谢赫家族为首的内志乌莱玛是信仰和推崇瓦哈比教义的核心群体；其次，内志是沙特家族所在地，"近水楼台先得月"，身处王国权力中心的地理优势使得内志乌莱玛拥有更多与国王和王室高层会面的便利机会和渠道，从而影响到王国重大政策的制定与实施[②]。

总而言之，沙特乌莱玛阶层在沙特社会结构演进中的角色与定位有其特殊性。一方面，乌莱玛强力捍卫沙特政体的瓦哈比伊斯兰特性，这也是其立身之本和相对独立性的体现；另一方面，乌莱玛服从沙特世俗政权的统治，二者共享政治权力，不干涉沙特王室的世俗政治目标，并为沙特家族的统治和重大决策提供合法性基础，这又体现了乌莱玛阶层的辅助性和依附性特征。因此在整个沙特王国的社会发展进程中，乌莱玛阶层与沙特家族共同构建了相互依存、合作共赢的互动关系格局，二者是一种共生关系，双方都尽量避免过度干涉对方的事务。

二战以来，随着现代民族国家构建进程的不断深入，乌莱玛的作用和独立性逐步下滑，其显赫地位和权力总体上呈下降趋势。这主要是由两方面原因造成的。其一是沙特世俗政权通过宗教阶层官僚化的

---

① Metin Heper, Raphael Israeli, *Islam and Politics in the Modern Middle East*, Croom Helm Ltd., 1984, p. 42.

② 王铁铮等：《中东国家通史·沙特阿拉伯卷》，商务印书馆，2000，第 295 ~ 296 页。

举措来削弱乌莱玛对沙特政治的影响。如前所述，从 70 年代费萨尔国王起，历任国王不断创建重要的宗教机构和政府机关（特别是 1971 年不再设立"大穆夫提"职位而改为增设司法部），积极吸纳和分散乌莱玛阶层，既保证了乌莱玛阶层的特权地位，又将其归入政府统一管理的框架中，从而抑制了乌莱玛的势力。"宗教机构的依附化和神职人员的官僚化是石油时代以来沙特王国官方宗教政治发展的基本途径"[1]。其二，二战后沙特石油工业的兴起迅速改变了沙特的经济结构和社会分层结构，政府官员、商人、经理人员、技术专家的兴起直接冲击了乌莱玛的传统社会地位。"1970 年，在对具有世俗和宗教两种教育背景的沙特政府高官和公务员职业意向的问卷调查中，愿意将乌莱玛、沙里亚法官和清真寺伊玛目作为自身职业选择意向的分别只占 9%、5% 和 0.5%，远远低于医生（42%）和商人（15%）等职业"[2]。

因此，二战以来，宗教阶层的官僚化、司法与教育体系的世俗化以及现代社会新群体的涌现，逐渐限制了乌莱玛的传统自主特权，成为行政管理体制内成员的事实深刻改变了沙特王国宗教与世俗政府之间的传统二元架构模式。虽然 70 年代以来麦加事件、伊朗伊斯兰革命导致沙特政府重新加强与乌莱玛的关系，乌莱玛阶层也依然在司法部、教育部、宗教教育局等职能部门占据高位，但乌莱玛宗教势力再也不是一个自治的、独立的权力中心，参与重大决策的机会日渐减少，其薪水和职位依赖政府，其功能更多是充当沙特王室家族的顾问和代理人，为政府的决策提供合法性。"乌莱玛的地位和活动受到沙特世俗国家规章制度与政治目标的支配"[3]。

---

[1] 吴彦：《沙特阿拉伯宗教政治初探》，《西亚非洲》2008 年第 6 期。

[2] 杜红：《乌莱玛在伊斯兰国家现代化进程中的地位和作用》，《西亚非洲》1996 年第 2 期。

[3] Ayman Al-Yassini, *Religion and State in the Kingdom of Saudi Arabia*, Westview Press, 1985, p. 67.

# 第四章
# 阿拉伯国家社会分层谱系

## ——社会中间阶层

一般认为，一个充满活力的中产阶级是现代社会和经济增长的标志，同时也是社会稳定的基础。从社会结构视角看，所谓的社会中间阶层是指处于社会上层与下层之间的社会群体，处于社会分层系统的中位，也称中产阶层、中等阶层或中产阶级。中间阶层一般具有如下特征：受过良好职业或高等教育，具有较强的专业知识和技能，多从事脑力劳动，收入中等且主要来源于薪金，具有一定的财富、个人权利和社会公共意识。

在有关中间阶层的学术研究中，中间阶层与中产阶级经常作为同一个概念出现，且把中产阶级视为社会中间阶层的核心。因此，为行文方便，笔者也采纳中产阶级的概念和称谓。本章主要从宏观和微观两个维度探讨中产阶级在阿拉伯国家的源起、构成与发展变化情况。

按照社会分层理论，并结合阿拉伯国家的社会发展现实，中产阶级的确客观存在于当代阿拉伯国家中，其发展大致经历了传统中产阶级和现代中产阶级两个发展阶段。其中，零售商、小手工业者等小资产阶级构成了传统中产阶级的主要群体；二战以后兴起的拥有各种专业技术的群体则构成了现代中产阶级。不过，从阿拉伯国家中产阶级目前的发展状态来看，其还处于发展的初级阶段，不仅生活方式和发展规模与现代西方中产阶级有所不同，不如西方中产阶级稳健成熟，而且就力量与影响力来看，其还不足以被称为阶级——还不具有强大的政治影响力，并且其地位与身份极易受到政治、经济与国际环境等因素的影响。总体上，阿拉伯国家的中产阶级在传统与现代的碰撞中缓慢发展，前景并不乐观。

## 第一节 阿拉伯国家中产阶级的缘起与发展

社会阶级结构的演变有多重表现，而中产阶级的发展变化是其中的重要指标。中产阶级社会群体的共同点在于他们并不是马克思主义概念下的生产资料的所有者，不属于强大的资产阶级，同时他们的收入和生活水平明显高于工人阶级。现当代的历史发展表明，中产阶级的发展轨迹在很大程度上已经突破了过去人们关于资本主义社会结构的二元模式认知，但同时我们也发现，中产阶级并非铁板一块，其构成和来源的复杂性也决定了其并未成为社会中的独立阶级。

纵观阿拉伯国家社会分层结构，其中产阶级的兴起不同于西方国家的内生型模式，而是外源型——在政府主导型的现代化历程中逐步成长起来的。在阿拉伯国家中产阶级的形成问题上，其概念与范围的界定十分困难。学术界划分中产阶级的惯常标准是职业与收入，职业决定了财富，财富又决定地位与权力；而文化认同视角（即生活方式、价值观、消费观、宗教信仰、政治倾向等社会与文化方面的特征）又修正了职业界定模式的弊端。本节所说的中产阶级主要是指财富收入居于中等的阶层，也就是二战以来逐步兴起的新中产阶级，他们在经济地位、政治地位、社会文化地位上居于社会上层和下层的中间水平。另外，本书所说的阿拉伯国家主要指君主制国家沙特与共和制国家埃及、伊拉克、叙利亚。

从源起看，阿拉伯世界的中产阶级滥觞于奥斯曼土耳其帝国末期，19 世纪末 20 世纪初，帝国境内出现了一个以政府官僚、军人、西化知识分子为主体的中产阶级，还有小企业主、商人和各类服务行业群体①。当时受过西方教育的本土官僚、医生、律师、军官、代理商、银行家、记者、国立高等学校教师、大学生以及其他类似专业人员，在奥斯曼帝国末期的城市社会中是确实存在的。这一阶层多为先前城市商人阶级、"在外地主"（统治乡村居住在城市）、外交使团翻译、穆斯林和非穆斯林教士和学者等群体的后代②。西方学者普遍认为在委任统治时代，阿拉伯现代中产阶级就已经分布于城市各行业，而当时整个中东正在经历奥斯曼帝国的解体、中东国家的觉醒以及第一次世界大战等众多具有社会转型意义的历史事件与现象。在 20 世纪 20～40 年代的伊拉克王国、外约旦、叙利亚、埃及等地，特别是在巴格达和大马士革，一批名为"艾芬迪亚"（effendiyya）的年轻军官和市政机构官员构成了新城市中产阶级③。在新月地带，"艾芬迪亚"最初指的是那些西化的地主，主要来自传统的显赫家族，入朝为官，其西化特征突出表现在其服饰、语言和教育上。这一阶层主要指受过各类现代教育的人，包括大中学生、教师、律师、记者和其他专业人员、白领雇员以及政府部门中的中下层职员。他们来自传统家庭但身穿西式服装，效仿欧洲人的生活方式。尽管在当时数量有限，但这一群体在 20 世纪前半期的埃及、叙利亚、巴勒斯坦等地的政治生活中扮演了重要角色。正如亨廷顿所说，"最初登上社会舞台的中

① Kemal H. Karpat, "Society, Economics, and Politics in Contemporary Turkey", *World Politics*, Vol. 17, No. 1, Oct. 1964, pp. 50 – 74.

② Keith David Watenpaugh, *Being Modern in the Middle East: Revolution, Nationalism, Colonialism, and the Arab Middle Class*, Princeton University Press, 2006, p. 19.

③ James P. Jankowski, I. Gershoni, *Rethinking Nationalism in the Arab Middle East*, Columbia University Press, 1997, p. 19.

产阶级分子，是兼具传统遗产和现代价值观念的知识分子……最早出现的中产阶级分子是最具有革命性的……"[1] 因此，"艾芬迪亚"在委任统治时期有了大发展，其影响力不断扩大。可以说，在 30 ~ 40 年代，正是他们增强了阿拉伯各国的民族认同感，同时也为阿拉伯民族主义的兴起和民族国家的最终独立打下了基础[2]。

　　二战后，阿拉伯国家中产阶级真正开始崛起。如前所述，国家扩张和经济发展推动了阿拉伯国家社会结构的演进。现代国家政府体制的形成、国有化运动以及现代教育体系的发展，孕育出新一代政府官员、职员、经理、企业主、商人、工程师、律师、教师等各类专业人员，成为阿拉伯国家新中产阶级的重要组成部分。中产阶级的一些成员甚至还成为新独立国家的统治者和管理者，如 1952 年埃及纳赛尔革命后，居于统治地位的多数人出身于社会中下层，而且后来逐步成熟的中产阶级参与主导了国家的现代化历程。因此，中产阶级是阿拉伯国家社会结构演进最重要的体现，也较好地在社会上层与下层之间起到了一种平衡作用。叙利亚和伊拉克的中产阶级在 50 年代末至 60 年代末主导了国家政治生活，但是在面对社会冲突与阶级派系分歧时，其处理较为失败，导致政变频繁发生，造成了政治秩序的失稳。沙特和约旦的中产阶级在二战之后虽然有所发展，在政府管理机构中也有少量平民出身的官员，但整体实力较差，无力影响国家的决策。根据詹姆斯·比尔的研究，由于政治体制的深刻变化，阿拉伯国家的现代中产阶级在 60 ~ 70 年代

---

① 〔美〕塞缪尔·P. 亨廷顿：《变化社会中的政治秩序》，王冠华等译，生活·读书·新知三联书店，1989，第 283 页。

② 有关"艾芬迪亚"对阿拉伯国家政治生活影响的个案研究，详见 Michael Eppel, "The Elite, the Effendiyya, and the Growth of Nationalism and Pan-Arabism in the Hashemite Iraq, 1921 - 1958", *International Journal of Middle East Studies*, Vol. 30, No. 2, 1998, pp. 227 - 250。

呈现急速增长的趋势，甚至以每十五年两倍的速度在增长[1]。进入 21 世纪以来，根据世界银行公布的数据，以收入为标准，将西亚北非的阿拉伯国家的中产阶级划定为 4～10 美元/天，富人收入＞10 美元/天，穷人＜4 美元/天；按此标准，1981～2005 年，阿拉伯国家的中产阶级规模适当，在总人口中的比重为 1981 年 28%、1990 年 32%、2005 年 35%[2]。

由于阿拉伯国家类型各异，中产阶级的构成也较为复杂，不同国家的中产阶级在社会背景、职业背景、社会经济地位等诸方面差异比较大。从其历史构成来看，阿拉伯国家的中产阶级有一个从传统中产阶级向新中产阶级的过渡。

传统中产阶级即马克思所说的小资产阶级群体。哈里姆·巴拉卡特认为阿拉伯国家的小资产阶级是一个混合体，由拥有少量土地、资本、商店、财产以及那些从事非体力劳动的群体组成[3]。加布里·巴尔也认为小资产阶级的成分相当庞杂，主要分布于商业领域，包括传统的小商贩、小业主、小农场主、技工、手工业者、下层专业人员如乌莱玛等，技工和小零售商占绝大多数[4]。后来，委任统治时期，各国政党组织繁多，小资产阶级也加入其中并活跃于城市政治活动之中，有的甚至成为某些政党的骨干。二战后小资产阶级的状况发生了重大变化，通过和其他社会中下层人员的不断融合，逐渐成长为西方学者所说的"新中等阶层"。据哈里姆·巴拉卡特估计，小资产阶级在阿拉伯国家中的人口比例为 5%～25%，成为社会结构中的重要组

[1] James A. Bill, "Class Analysis and the Dialectics of Modernization in the Middle East", *International Journal of Middle East Studies*, Vol. 3, No. 4, Oct. 1972, pp. 417–434.

[2] Ishac Diwan, *A Rational Framework for the Understanding of the Arab Revolutions*, CID Working Paper, No. 237, April 2012, p. 35.

[3] Halim Barakat, *The Arab World: Society, Culture and State*, California University Press, 1993, p. 89.

[4] Gabriel Baer, translated from the Hebrew by Hanna Szoke, *Population and Society in the Arab East*, Routledge and Kegan Paul, 1964, p. 213.

成部分，并在国家社会生活中扮演重要角色①。

二战以来，阿拉伯国家的社会结构较传统的阶级和阶层结构，出现了前所未有的变动，其中快速发展的现代中产阶级主要由商人、企业主、土地所有者、军官、城市公务人员、私有企业雇员以及各类专业人员组成。与传统中产阶级相比，阿拉伯国家的现代中产阶级在财富收入、受教育程度、社会地位、思想观念等方面都与传统中产阶级不同，他们是受雇阶层，靠领取薪金生活，主要分布在国家的政府部门或企业部门（有学者认为还包括那些宗教中层神职人员②）；但是二者之间也存在一些联系，比如现代中产阶级中很多人是传统小资产阶级的后代③。下面就二战后以沙特为代表的君主制国家与以埃及、伊拉克和叙利亚为代表的共和制国家的中产阶级的发展与社会构成进行简要分析。

## 第二节　君主制国家的中产阶级：以沙特为例

西方学者认为，在二战之前，在沙特王国等级制的社会结构中，中产阶级数量极少；而二战后这一群体获得了快速增长的空间，最重要的原因就是石油的开发与石油繁荣高效推动了社会结构的转变。二战以后，以沙特为代表的海湾君主制产油国"经历了从封闭型的游牧国度向开放型的现代石油工业国的转化，并以超常速度完成了由单

---

① Halim Barakat, *The Arab World: Society, Culture and State*, California University Press, 1993, p. 90.

② See Gabriel Baer, translated from the Hebrew by Hanna Szoke, *Population and Society in the Arab East*, Routledge and Kegan Paul, 1964, p. 214; James A. Bill, "Class Analysis and the Dialectics of Modernization in the Middle East", *International Journal of Middle East Studies*, Vol. 3, No. 4, Oct. 1972, pp. 417 – 434.

③ Valentine M. Moghadam, *Modernizing Women: Gender and Social Change in the Middle East*, Lynne Rienner Publishers, 2003, p. 17.

一社会结构向多元社会结构的演进"[1]。在这一过程中，以石油化工为核心的现代工业体系和经济部门取代了传统单一的农牧业经济结构，同时高速的城市化、现代教育带来沙特王国人口结构的重大变化。与此同时，民间资本也得以发展，私人经济壮大，这些都为具有一定经济实力的沙特中产阶级的崛起和社会地位的提升提供了良好基础和机遇。

因此，沙特王国的中产阶级真正出现是在二战后初期，随着石油经济的迅速发展，新兴的大量官僚机构以及经济管理部门不断吸收来自沿海地带的富有商人家庭子弟和归国留学人员，他们逐渐成为官僚群体，这是沙特现代中产阶级的先驱。随后费萨尔国王在统治期间（1964～1975），力图通过全方位改革打造一个新沙特王国。为此，国王积极推进石油国有化战略，并利用巨额石油收入，将资金大规模地运用于政府行政管理、工业生产、世俗化教育体系、现代军事安全组织、基础设施建设等领域，大力推行社会福利事业。60 年代中期至 70 年代中期，在政府公共部门和国有企业部门，一批所谓的新中产阶级得以产生和发展壮大[2]。80～90 年代，由于沙特私营部门的崛起，衍生出为数众多的私营企业雇员，也成为沙特新中产阶级的组成部分[3]。

经过数十年的发展，作为王国现代化的结果，沙特中产阶级遍及政治、经济、社会各领域，成为维持国家运作的重要社会力量。从社会构成和分布来看，沙特中产阶级是一个成分复杂的社会群体，基于其不同的经济、社会和政治地位，中产阶级也可以分为上层和下层。

---

[1] 王铁铮：《试探沙特王国社会结构的演变及其特点》，《世界历史》1998 年第 4 期。

[2] Mark Heller and Nadav Safran, "The New Middle Class and Regime Stability in Saudi Arabia", *Harvard Middle East Papers*, Vol. 3, 1985.

[3] Camille Ammoun, "The Institutionalization of the Saudi Political System and the Birth of Political Personnel", in Abdulhadi Khalaf and Giacomo Luciani ( eds. ), *Constitutional Reform and Political Participation in the Gulf*, Dubai: Gulf Research Centre, 2006, p. 217.

学者王铁铮将沙特王国的现代中产阶级分为三个部分[①]：第一部分，供职于工商企业和经济部门的商人、企业家、经理以及工程技术人员和中高级职员，如 1971 年在阿美石油公司 10107 名雇员中，沙特中高级职员达到 6151 人[②]；第二部分，分布在文教、卫生、司法和其他专业技术领域的各类知识界人士，包括教授、中小学教师、医生、律师、技术开发和研究人员；第三部分，政府部门的中层文职人员以及军队中的中高级军官。根据学者王铁铮的统计，在 90 年代，沙特中产阶级从数量上看，可能是沙特城镇中最大的一个社会阶层，总数为 80 万 ~ 100 万人[③]。进入 21 世纪以来，沙特中产阶级规模持续扩大。根据海湾研究中心 2013 年的报告，沙特社会阶层结构中，社会上层占总人口的 3% ~ 4%，中产阶级占 67% 左右，社会下层占 30%；其中，不断发展壮大的新中产阶级中，72% 的人在公共部门工作，28% 的人则受雇于私营部门，家庭月收入为 4000 ~ 38000 里亚尔。据估计，公共部门和私营部门中的中上层雇员达到 425 万人，占到沙特总人口的 23.5%，下层雇员达到 374 万人，占总人口的 20.7%[④]。这样一来，仅新中产阶级就占到沙特总人口的约 44%。

从沙特现代中产阶级的发展历程来看，其具有如下一些特点。首先，沙特现代中产阶级的崛起及其社会地位的获取主要凭借的是专业知识与技能，而非血缘或家族因素。其次，沙特中产阶级一般具有良好的教育背景，多接受过西方大学或者沙特国内大学的教育，掌握了在国家行政管理和企业管理方面的现代技术和管理经验。最后，具有较强的依附性和政治上的脆弱性。中产阶级中的上层群体与沙特王室

---

① 王铁铮：《沙特阿拉伯的国家与政治》，三秦出版社，1997，第 105 ~ 110 页。
② William Rugh, "Emergence of a New Middle Class in Saudi Arabia", *Middle East Journal*, Vol. 27, No. 1, 1973.
③ 王铁铮：《沙特阿拉伯的国家与政治》，三秦出版社，1997，第 110 页。
④ Mishary Alnuaim, *The Composition of the Saudi Middle Class: A Preliminary study*, Gulf Research Center Gulf Paper, 2013, pp. 27 – 50.

成员联系密切，在政府中担任高级职位，并广泛参与国际贸易、大型公共工程承包以及房地产、金融业和服务业，逐渐成为沙特王室新的社会基础，如1970年沙特政府部门任职的高级官员中，近3/4来自中产阶级家庭[1]；进入21世纪以来，新中产阶级在沙特公共部门中居于中上层的占近36%，在私营部门中居于中上层的占25%[2]。不过，大多数中产阶级中下层的经济和社会地位虽然在逐步提高，但由于缺乏家族政治背景，再加上沙特家族对国家政治权力的垄断，他们不掌握实权也不具有决策权力，更多的只是扮演了王国官僚政治工具的角色，长期处于政治权力结构的边缘地带，其政治影响力始终受到沙特王室及精英阶层的制约甚至是排挤，缺乏政治参与的有效途径。正是这种政治上的脆弱性特征，也使得具有强烈参政议政意愿的沙特中产阶级成为王国潜在的政治反对派力量，他们力图改变自身的属性，客观上影响了沙特王国的政治民主化进程。

## 第三节　共和制国家的中产阶级：以伊拉克、埃及和叙利亚为例

与海湾君主制产油国中产阶级兴起的石油繁荣单一因素相比，共和制国家（伊拉克、埃及、叙利亚等）中产阶级力量不断壮大呈现出多样化的源起特征，既有石油因素（伊拉克），更与各国的激进社会革命与工业国有化战略及教育世俗化政策等的推动有关。

在伊拉克，城市中产阶级历经君主制（1921~1958）、共和制（1958~）两大时期，占据城市人口的3成。如前所述，现代中产阶级的前身"艾芬迪亚"曾经在君主制时期的伊拉克城市政治生活中

---

① 王铁铮主编《沙特阿拉伯的国家与政治》，三秦出版社，1997，第109页。
② Mishary Alnuaim, *The Composition of the Saudi Middle Class: A Preliminary study*, Gulf Research Center Gulf Paper, 2013, pp. 41, 43.

拥有广泛的影响力。二战以来，伊拉克社会发生了深刻而迅速的社会变革，经济持续增长，城市化速度加快，尤其是 70 年代之后，伊拉克人口结构发生重大变化。根据 1987 年的人口普查数据，城市人口从 1970 年的 545.2 万人增加到 1987 年的 1107.8 万人，占总人口的 68%，巴格达的增长尤其显著，从 1947 年的 50 万增至 1987 年的 384.5 万[1]。1958 年以后，由于国家主导的国民收入分配发生了变化，大地主和商人的利益受损，中产阶级逐步发展起来，他们虽然人数不多但增长迅速，其中包括传统的商人、店主、工匠、专业人士和政府官员。特别是 1968 年 7 月之后，执政的复兴社会党代表中产阶层，通过积极实施石油国有化战略、农业的社会主义化和土地改革、工业的多样化战略等大力改造传统社会。急速的社会变化重新建构了伊拉克的阶级结构，一方面，复兴社会党政治官员和城市大资产阶级构成了伊拉克的社会上层精英；另一方面，中产阶级得到了较大的发展空间。

根据菲比·马尔的研究，伊拉克中产阶级在 50～70 年代的发展较为迅速，规模不断扩大。具体来说，中产阶级由两部分组成：一是中产阶级中上层，二是中产阶级下层。其中，中产阶级中上层受教育程度较高，普遍是高中或者大学毕业。中上层所从事的职业包括政府官员、军官、经济部门中的中等雇员，以及包括医生、律师、工程师、教师在内的专业人员。据统计，1977 年伊拉克中上层中产阶级人数约 68 万人，如果算上家属总计达到约 270 万人，占当时城市人口的 35.7%、全国总人口的 22.6%。而中产阶级下层则由小作坊主、小零售商、公务员、经济部门一般雇员和熟练工人、技术员等群体组成。1977 年这些群体加上家属占城市人口的 20% 以上，占总人口的

---

[1] Helen Chapin Metz (ed.), *Iraq: A Country Study*, Washington: GPO for the Library of Congress, 1988, p. 64.

13%[1]。学者黄民兴认为，包括伊拉克在内的产油国还存在一个由国营企业经理构成的中产阶级上层——官僚资产阶级，他们有着广泛的家族裙带关系网络，负责管理油田、工厂、基础设施以及服务类企业，拥有相当的权力。此外，他们还通过订货、发包工程等与私人企业建立了利益联系，国营企业的经理也往往在退休或离职后受雇于私人企业[2]。

埃及的中产阶级问题在 20 世纪 60 年代的西方学术界曾是一个颇有争议的议题，知名中东问题专家曼弗雷德·哈尔彭对当时埃及中产阶级的状况持悲观主义态度。他根据埃及 1952 年七月革命后十余年的社会状况指出，埃及中产阶级的发展很大程度上受制于军队，并成为其一部分[3]。当然哈尔彭的这种悲观主义论调也遭到了其他学者的质疑，认为威权体制无法阻挡大众教育和现代理念的传播。

追根溯源，埃及中产阶级兴起于英国殖民统治时期（1882~1919），但由于不均衡的经济发展，其成长受到抑制。著名中东史学家查尔斯·伊萨维甚至认为，在整个 20 世纪这一社会阶层都未能承担起埃及工业化的重任[4]。因此，直至 1952 年革命之前，埃及始终未能形成独立的企业家和如欧洲那样有创造力的中产阶级。总体上，20 世纪早期的埃及中产阶级是一个松散的社会群体，主要包括政府雇员下层、商人、学生、教师，以及政府官僚、技术人员、知识分子等，他们大多受过国家公立学校和大学教育。城市中产阶级（"艾芬迪亚"）主要居住在开罗，服饰、语言西化，白领职业，虽然人数较少，但已成为当时无地农民和土地贵族精英之间的重要力量，并对民

---

[1] 上述数据来自 Phebe Marr, *The Modern History of Iraq*, Westview Press, 1985, p. 279。

[2] 黄民兴：《当代中东产油国的社会变迁》，《阿拉伯世界研究》2007 年第 4 期。

[3] Manfred Halpern, "Egypt and the New Middle Class: Reaffirmations and New Explorations", *Comparative Studies in Society and History*, Vol. 11, No. 1, Jan. 1969, pp. 97 – 108.

[4] Charles Issawi, "Egypt Since 1800: A Study in Lop-side Development", *The Journal of Economic History*, Vol. 21, No. 1, March 1961, pp. 1 – 4.

族主义的发展起到了关键性作用，而且其政治活动在城市政治与文化中占据主导地位①。因此，对社会流动而言，西化教育是强有力的催化剂，是 20 世纪早期埃及中产阶级得以产生的重要推动因素，他们也是后来力图主导和控制埃及国有化运动的重要力量。

赛义德·艾丁·易卜拉辛认为，穆巴拉克之前埃及中产阶级的发展经历了自由化时期（1922～1952）、国家社会主义时期（1952～1970）、准自由化和准专制政体时期（1970～1980）②。在革命之前，王室和土地精英控制着政治体制，城市中产阶级不断挑战土地精英阶层的特权地位，但其成长始终受到压制。西方国家长期控制埃及国家事务和社会流动机制的僵化，导致埃及中产阶级在政治地位方面无法取得突破性进展，也难以进入私营部门就业，挫败感甚为强烈。而1952 年纳赛尔上台打破了传统政治与社会关系，土地贵族的权力和财富急剧衰落。绝大多数参加 1952 年七月革命的自由军官来自社会中下层，政治经济的变迁带来了中产阶级的大发展③。在随后的国有化战略下，新的群体包括城市专业人士、商人、职员、教师、学生不断进入体制内，这一新的城市中产阶级主导的大众政治化、国有化以及民族主义，有效抵御了西方的影响。可以说，纳赛尔时期埃及的中产阶级得以真正兴起，这一阶段的国家主义对传统上层阶级而言就是一场梦魇。随着社会政治动员、财富的重新分配和快速的经济发展，中产阶级中的"军队—技术官僚精英"逐步掌握了国家政权。从规模上看，纳赛尔时期中产阶级人数达到总人口的 20%～25%，其中

---

① Hanan Kholoussy, *For Better, For Worse: The Marriage Crisis That Made Modern Egypt*, Stanford University Press, 2010, p. 7.

② Saad Eddin Ibrahim, *Egypt Islam and Democracy: Critical Essays (With a New Postscript)*, American University in Cairo Press, 2002, p. 27.

③ Elie Podeh, Onn Winckler, *Rethinking Nasserism Revolution and Historical Memory in Modern Egypt*, University Press of Florida, 2004, p. 14.

包括 120 万的行政事业人员和 80 万的国企工人①。戴晓琦认为，纳赛尔时期埃及是中产阶级主政，其已经是上层阶级，所以，埃及社会由中产阶级和下层阶级两部分构成，中产阶级的核心包括行政事业官僚、中富农、农工商资本家②。如 1952 年革命之后，多数城市的中产阶级精英是之前中下官僚阶层的子嗣，作为中产阶级的核心力量，大多数军官在政府机构中任职，负责国家安全，有的则在地方政府和外交部门身居要职。其他受过教育的中产阶级中上层则占据着大多数公务员职位。据统计，1952 年之后，每四个官员中就有三个来自城市，每两个官员中就有一个来自开罗③。但此时期的中产阶级并没有统一的身份和政治认同，比如华夫脱党，虽然纳赛尔在执政后解散了一切政党，但其核心成员依然建立了由农村中产阶级和律师、医生、金融家、工业家、知识分子和学生等高地位城市群体组成的联盟，通过鼓动宣传对抗现行政权，甚至得到部分小资产阶级和城镇工人群体的支持④。

　　萨达特至穆巴拉克时期埃及社会结构呈现两极化趋势，包括行政事业人员与小资本家在内的中产阶级占比持续下降。究其原因，一是萨达特时期依赖美国的对外开放政策重创了纳赛尔建立的国有经济体系，再加上 1973 年世界石油市场的波动，导致外资在埃及大行其道，大量石油收入和侨民外汇造就了地租型经济增长模式，民族工业裹足不前。二是穆巴拉克时期的新自由主义改革和全面私有化战略，使得少数私人资本和国际资本垄断了埃及经济命脉和关键性行业，形成依

---

① 戴晓琦：《19 世纪以来埃及阶级结构的演变及其对当前社会的影响》，《西亚非洲》2011 年第 6 期。
② 戴晓琦：《阿拉伯社会分层研究——以埃及为例》，宁夏人民出版社，2013，第 68~74 页。
③ Helen Chapin Metz（ed.），*Egypt: A Country Study*，Washington：GPO for the Library of Congress，1990，p. 115.
④ M. W. Daly（ed.），*The Cambridge History of Egypt*, Vol. Ⅱ: *Modern Egypt From 1517 to the End of the Twentieth Century*，Cambridge University Press，1998，p. 288.

附型资本主义发展模式。埃及经济结构扭曲并陷入国营企业投资不断下降而私营部门尚未充分发展的困境，导致贫富差距拉大、就业岗位严重不足、失业率直线上升以及中产阶级的贫困化[1]，直接引发了社会结构的重组，由各种技术人员、行政中下层、私企老板和大部分店主组成的中产阶级地位不断恶化与衰落，人数由 1991 年占总人口的45% 下降至 2006 年的 12.4%[2]。

　　学者毕健康则认为，纳赛尔时期埃及的社会结构是典型的二元化结构模式，由高级官员和高级经理、占地 50 费丹以上的地主和资本家组成的上层约占总人口的 20%，由小土地占有者、无地贫农及农业工人、国企工人、手工业者及服务人员组成中下层约占总人口的80%。萨达特和穆巴拉克时期，由于受到新自由主义改革的影响，埃及社会结构出现了一些变化，其中，中上层社会群体包括行政事业单位和国有企业中下层管理人员、10 ～ 50 费丹的土地所有者和中等资本家上层，约占埃及总人口的 10%；中间层包括行政事业单位的办事人员（1996 年占埃及总人口的约 8%）、中等资本家的下层（1999年约占总人口的 1.4‰）、5 ～ 10 费丹的土地所有者等群体。但与此同时，私有化政策的实施，导致不少中间层人员不断滑落至社会下层。总体上，毕健康认为，20 世纪 80 年代以来的近四十年间，埃及社会结构依然延续了社会中上层与下层并立的二元社会结构[3]；与纳赛尔时期相比，社会结构的变化幅度不大，其中社会中间层（中产阶层）仅占 19%，社会顶层和中上层约占 11%，中下层和底层约占 70%，

---

[1]　Tarek Osman, *Egypt on the Brink: From Nasser to Mubarak*, Yale University Press, 2011, p. 134.

[2]　戴晓琦：《中产阶级与埃及政局变化》，《阿拉伯世界研究》2012 年第 1 期。

[3]　田冉冉、丁隆也认为，20 世纪 90 年代以来，因受到穆巴拉克新自由主义改革的影响，埃及中产阶级逐渐边缘化，整个社会分裂严重，日益分化为两大部分，即统治精英和权贵资本家构成的上层阶级和占人口多数的底层贫困民众。田冉冉、丁隆：《埃及新自由主义改革与政治剧变的关系探析》，《阿拉伯世界研究》2019 年第 3 期。

这也说明当代埃及社会结构转型动力不足，将会深刻影响到埃及的社会稳定与发展①。

还有研究者认为埃及中产阶级经历了纳赛尔至萨达特时期的成长阶段和穆巴拉克之后的停滞阶段两个时期，认为埃及中产阶级可分为体制内与体制外两类。体制内的中产阶级指的是经济类中产阶级、公共部门类中产阶级，他们受惠于政府的改革，获得高速发展，但 80 年代之后陷入发展困境；而体制外的中产阶级可分为世俗左派中产阶级、世俗自由主义中产阶级和现代伊斯兰中产阶级，他们投身于媒体、文化、非政府组织等领域，是角逐埃及政治权力的重要力量②。

叙利亚的中产阶级在阿拉伯国家中兴起较早，特别是委任统治期间，在阿拉伯民族主义影响之下，叙利亚的中产阶级（官僚、专业人员、学生）就活跃于大马士革等城市，许多中产阶级人士如教师、律师、医生等加入了民族主义政党或组织③，广泛参与政治生活。美国学者基思·维腾堡也认为在 20 世纪 20 年代之前，根据财富、职业、教育、现代性等维度，叙利亚特别是在阿勒颇这个古老的城市，就已经形成了一个由政府雇员、商人、记者等专业人士组成的中产阶级群体，并且呈现出族群和宗教信仰多样性的特点④。

二战后叙利亚中产阶级进入大发展时期，不再仅仅局限于政治领域。如前所述，从 50 年代末至 70 年代，叙利亚的国有化政策和农业改革彻底瓦解了传统政体的根基和特权阶层的地位，社会结构出现重

---

① 毕健康：《论当代埃及的社会结构与发展困境》，《阿拉伯世界研究》2019 年第 2 期。

② 黄前明：《从依附到建构：战后埃及中产阶级与国家的关系》，《西北师大学报》（社会科学版）2017 年第 1 期。

③ Adeed Dawisha, *Arab Nationalism in the Twentieth Century*, Princeton University Press, 2003, p. 81.

④ Keith David Watenpaugh, *Being Modern in the Middle East: Revolution, Nationalism, Colonialism, and the Arab Middle Class*, Princeton University Press, 2006.

大转型。在 60 年代之前，叙利亚的社会结构是，社会上层即传统精英包括土地贵族、大商人、买办和谷物投机商，掌握着叙利亚的社会财富与政治权力。社会的中间阶层有小商人、小店主、乌莱玛、官僚、专业人员和工匠，而社会底层主要包括小商贩、工人以及无产者[①]。1963 年复兴社会党经过政变上台，全面取代了传统社会上层的统治地位，当时的复兴党精英属于更年轻的第二代成员，年龄为30～40 岁，多出身于城镇中产阶级下层和农民阶层。因此，叙利亚中产阶级在 60 年代体现出明显的阶级属性，主要由中上层的农民阶级、部分城市化的乡村知识分子构成[②]。整个 60 年代，复兴社会党全面改造了叙利亚的政治与经济结构，特别是政府通过推行一系列的政策措施盘活了城市经济，比如加快住房改造计划、修建大型基础公共工程、建立完整的公立中小学教育体系，以及扩大国有企业、金融与商业部门的规模，以增加就业、广泛吸纳社会中的专业技术人员。由此，在城市中就产生了工商业资产阶级、产业工人等新社会阶层[③]。根据赛义德·阿齐兹·阿桑的说法，1966 年之前，复兴社会党是城市小资产阶级利益的集中代表，1966 年以后激进的复兴社会党则代表了地方乡镇的小资产阶级和小土地所有者的权益。因此，叙利亚新的社会精英阶层（地方乡镇军官、政客）在 60 年代末日渐形成[④]。

---

[①] Raymond A. Hinnebusch, "Rural Politics in Ba'thist Syria: A Case Study in the Role of the Countryside in the Political Development of Arab Societies", *The Review of Politics*, Vol. 44, No. 1, 1982.

[②] Raymond A. Hinnebusch, "Rural Politics in Ba'thist Syria: A Case Study in the Role of the Countryside in the Political Development of Arab Societies", *The Review of Politics*, Vol. 44, No. 1, 1982.

[③] Syed Aziz-al Ahsan, "Economic Policy and Class Structure in Syria 1958 – 1980", *International Journal of Middle East Studies*, Vol. 16, No. 3, 1984.

[④] Syed Aziz-al Ahsan, "Economic Policy and Class Structure in Syria 1958 – 1980", *International Journal of Middle East Studies*, Vol. 16, No. 3, 1984.

**表 4 - 1　1960 ~ 1970 年叙利亚社会阶级结构**

| 阶级 | 1960 年 | | 1970 年 | |
|---|---|---|---|---|
| | 人数（人） | 比重（%） | 人数（人） | 比重（%） |
| 工商业资产阶级 | 19750 | 2.2 | 10890 | 0.7 |
| 农村资产阶级* | 39640 | 4.5 | 8360 | 0.6 |
| 工人阶级 | 159720 | 17.9 | 257380 | 17.6 |
| 传统小资产阶级<br>　生产性的<br>　非生产性的 | <br>51300<br>59600 | <br>5.8<br>6.7 | <br>103350<br>112740 | <br>7.0<br>7.7 |
| 带薪中间阶层（或中产阶层） | 132530 | 15.0 | 234930 | 16.0 |
| 小农 | 243460 | 27.4 | 608540 | 41.5 |

注：＊实际上指的是大地主。

资料来源：Elisabeth Longuenesse，"The Class Nature of the State in Syria"，*MERIP*，No. 77，May 1979，p. 4。

　　表 4 - 1 反映了 1960 ~ 1970 年叙利亚社会阶级结构的基本状况，此时期叙利亚的中产阶级可以分为以下三个组成部分[1]。第一是中产阶级上层，主要包括工商业部门的专业技术人士、经理、管理人员以及政府上层。第二是所谓的新中产阶级，包括公务员、小企业家、技术人员、各类商人以及律师、教师等。第三就是中产阶级的下层，主要由职位和薪水均较低的职员、销售人员、技术员、小杂货商构成。

　　总体上看，复兴社会党时期叙利亚的中产阶级人数呈稳步增长趋势，1960 ~ 1970 年，中产阶级（中下层）人数达到 23.4 万，

---

[1]　Syed Aziz-al Ahsan，"Economic Policy and Class Structure in Syria 1958 - 1980"，*International Journal of Middle East Studies*，Vol. 16，No. 3，1984.

占人口的 16%。而另一位学者沃克·佩尔茨也认为二战以来叙利亚的中产阶级由三部分构成，包括带薪中产阶级、个体经营中产阶级以及独立中产阶级。1970～1991 年，中产阶级人数从 14 万人增长到近 41 万人，其中 25% 从事制造业，70% 从事贸易、运输、建筑和其他服务行业，其余是个体经营者①。

进入 80 年代之后，叙利亚的中产阶级是基于教育、职业、收入和生活方式等而形成的，但还远远没有完成。这一阶层人员的构成和社会背景复杂，包括政府官员、技术人员、文员、专业人士、商人和贸易商，实践中也没能形成和共享统一的阶级意识或价值观念。传统的商业阶层追求老精英式的生活，但是具有良好教育背景和专业知识技能的新兴中产阶级，旨在寻求一种完全不同的生活方式。该群体非常重视科学，突出现代性，强调个人主动性，不断追求上进而不是稳定不变。

通过梳理、归纳以沙特为代表的君主制国家和埃及、伊拉克、叙利亚等共和制国家城市中产阶级历史发展的脉络，可以看到，二战后中产阶级的快速增长是阿拉伯国家社会结构演变的一个重要特征。其之所以能够迅速成长，主要源于二战后阿拉伯民族国家行政系统的膨胀、经济国有化运动以及现代教育的发展，他们广泛分布于各国政府部门、国营私营企业、教育等领域，社会背景各异，构成与内涵相当复杂。基于教育、职业、收入和生活方式等，我们可以将阿拉伯国家的中产阶级分为核心中产阶级和边缘中产阶级两大类别，核心中产阶级包括政府省部级之下的次高级政府官员、国营私营企业的主管以及独立的高级专业人士，他们是政权的维护者和支持者，有较强的依附性，政治上相对保守；而大多数中产阶级，包括一般政府雇员、技术人员、文职人员、商人等则处于边缘位置，其经济社会

---

① Volker Perthes, *The Political Economy of Syria under Assad*, I. B. Tauris, 1995, p. 101.

地位虽有所改善和提升，但在政治参与方面受到政府和精英阶层的压制，缺少政治诉求的渠道。当然，与西方国家相比，阿拉伯国家的中产阶级正处于成长之中，虽然主体存在时间不长，其规模和社会影响力还十分有限，但经过半个多世纪的发展，早已成为阿拉伯国家新型社会结构的重要组成部分，势必对未来阿拉伯国家的社会发展产生重要影响。

# 第五章
# 阿拉伯国家社会分层谱系

## ——社会下层

在阿拉伯国家过渡型的社会结构体系中，社会下层所包含的群体复杂多样，人口数量庞杂，在各国人口中所占的比重都比较高，在城乡中的分布范围也比较广泛。社会下层最主要的特征是：在经济收入、受教育程度、政治和社会地位等方面普遍低于社会中间阶层，在职业上以体力劳动为主，主要的社会群体有无地农民、自耕农、游牧民，在城市中包括以外籍劳工和产业工人为代表的城市工人以及城市贫民等。

历史上，阿拉伯世界曾经存在一个特殊的阶层，就是奴隶。公元7世纪以来，随着阿拉伯帝国的繁荣，阿拉伯穆斯林商人成为约翰·麦克尼尔所说的欧亚北非共生圈中文明交往的中间人。阿拉伯人的骆驼商队带着商品和伊斯兰教沿着北非中西部，穿越撒哈拉沙漠来到西部非洲，以纺织品、手工制品、动植物、盐、谷物等与西非的象牙、黄金以及奴隶相交换，从而形成了跨撒哈拉贸易网络。同样，阿拉伯人通过印度洋贸易网络到达东部非洲，用产自波斯、印度和中国的陶器、纺织品等商品来交换黄金、象牙和奴隶等。因此，大量奴隶被输送到地中海沿岸各国，包括阿拉伯帝国核心地带，用于从事繁重的体力劳动。奴隶的社会地位低下。19 世纪以来，西方国家逐步禁止奴隶贸易并废除奴隶制。而阿拉伯国家则是在 20 世纪 50 年代之后才逐步废除奴隶制的，如 1952 年，卡塔尔埃米尔阿里·本·阿卜杜拉·阿勒萨尼颁令解放奴隶；1962 年，沙特国王沙特·本·阿卜杜勒-阿齐兹正式宣布废除沙特国内的奴隶制度；1970 年，在卡布斯·本·赛义德继位后，阿曼也宣布废除奴隶制①。因此，在当代阿拉伯国家社会下层中，奴隶是唯一彻底消失的阶层。

## 第一节　游牧民、农民、城市贫民

在前现代社会，部落是阿拉伯传统社会最基本的社会单位，也是原生态的社会组织，而部落社会等级制度明显，等级结构较为稳定，并且血缘在很大程度上能够影响甚至支配其社会结构②，其社会组织也是以血缘关系为纽带所构成的，由高到低的序列为部落联盟—分支部落—氏族（家庭组合而成）。从家庭结构这一角度来看，数代人共同生活的聚居方式是传统家庭的一个重要特征。在一个大家庭中，父母与子女、兄弟、姐妹、妯娌等生活在一起，共同从事家务劳作。在民族国家形成之前，阿拉伯半岛上存在很多大大小小的氏族部落，并在氏族部落基础上形成了诸多各自为政、互不隶属的酋长国。同时，半岛上严酷的自然环境使得不同氏族部落为争夺水源、土地、牧场等而战争不断。游牧社会的这种基本特征一方面致使部落民众只能靠以

---

① 黄民兴：《当代中东产油国的社会变迁》，《阿拉伯世界研究》2007 年第 4 期。

② 生产活动也有较大影响。依高贵程度分，从高到低依次是：沙漠里的强大游牧部落；作为前者一部分迁移到定居地区的成员；饲养牛羊、务农的部落；不重要的部落，被遗弃的部落；工匠、黑奴、释奴；永久定居的人如农民，属于无血统的人。见 Gabriel Baer, translated from the Hebrew by Hanna Szoke, *Population and Society in the Arab East*, Routledge and Kegan Paul, 1964, p. 126。

血缘和氏族制维系的氏族部落生存；另一方面，酋长或族长等部落社会中的上层凭借血缘关系和宗法氏族制，依赖传统习惯法来管控部落社会，同时习惯法为其延续统治提供了合法性①。因此，海湾国家的家族统治多建立在家族与部落的基础上，其统治的传统性较强，并且传统社会结构与分层体系中的等级性特征也比较明显。

阿拉伯半岛是中东游牧民族聚居的核心区域，在第二次世界大战以前，阿拉伯半岛人口的主体是游牧民，也称贝都因人。数千年来，阿拉伯半岛形成了土地贫瘠、沙漠纵横、水资源匮乏的特殊地理环境。正是这种特殊的地缘特征，导致游牧业成为阿拉伯半岛地区人们生存发展的重要基础。牧民逐水草而居，靠放牧和蓄养骆驼、马、羊等牲畜为生。直至20世纪60年代，游牧仍然是部分海湾国家居民赖以生存的生活方式。除此之外，历史上阿拉伯半岛不少游牧民还依靠运送和保护朝觐者或者收取过境费为生。除了居无定所的游牧民之外，还有一些已经定居下来的部落民。定居的部落民主要从事手工业、商业、采珠业、运输业等，也有部分从事种植业。虽然阿拉伯地区自然条件恶劣，但仍存在部分适宜从事农耕的地区，如两河流域。伊拉克所处的两河流域有着悠久的历史，据研究，两河流域是世界上最早种植小麦的地区。而在海湾其他国家，如沙特阿拉伯、阿联酋以及阿曼等，虽然这些国家有部分绿洲，但其种植业的发展规模相对较小②。

从游牧民在阿拉伯国家的分布区域来看，海湾地区和北非地中海沿岸是游牧民较为集中的区域，其中以沙特阿拉伯为代表的海湾国家的游牧民人数在其国内所占比例最大。但是，由于阿拉伯国家形成的条件与方式各异，游牧民定居化的过程不尽相同，不同国家游牧民所

---

① 彭树智主编《中东国家和中东问题》，河南大学出版社，1991，第132～133页。
② 安维华、李绍先、陈建民主编《海湾寻踪》，时事出版社，1997，第59页。

占比例也有差异。如现代沙特王国直到 20 世纪中期，始终维持着游牧国度的基本特征，王国境内人口一半以上是游牧民，定居和半定居人口约占 35%，仅有 10% 的人口居住在主要的城镇里①。另据统计，30 年代沙特内志地区 210 万人口中游牧民达到 130 万，而定居人口约 80 万②。在伊拉克，1947 年的一项统计表明，游牧部落成员约占伊拉克全国人口（480 万）的 1/15，即 32 万人③。

　　二战后阿拉伯国家的现代化进程加速了本地区游牧经济的衰落和瓦解。首先是，在现代交通与通信技术不断进步以及石油工业发展繁荣的情况下，传统的骆驼市场和畜牧产品市场迅速衰落，大量油气资源的开发和现代国家官僚机构的发展，又为海湾国家众多游牧民提供了新的就业机会，如沙特阿拉伯的国民卫队等一些政府准军事力量部门④。其次是政府采取定居政策，推进各国游牧民定居进程，尤其对于部落上层人员，政府通过向部落酋长提供特殊补贴或者任命其为政府官员，吸引酋长们进城定居，比如把家宅迁到首都利雅得，融入王国体制，成为地方行政官员或国民卫队的军官，在政治和经济上充当王国政府与游牧民的中介角色⑤。但海湾国家大多数游牧民受教育程度较低，加上缺乏相应的专业技术和技能，许多人不愿意从事纯粹的体力劳动，他们流入城市后，往往成为出租车司机、花匠、门卫、向导、国民卫队士兵、建筑工人等⑥。

---

① Mordechai Abir, *Saudi Arabia in the Oil Era: Regime and Elites; Conflict and Collaboration*, Croom Helm Ltd., 1988, p. 2.

② 安维华、李绍先、陈建民主编《海湾寻踪》，时事出版社，1997，第 59 页。

③ 〔英〕S. H. 朗里格：《伊拉克（1900～1950 年）》，北京师范大学《伊拉克》翻译小组译，人民出版社，1977，第 821 页。

④ Bryan S. Turner, *Capitalism and Class in the Middle East: Theories of Social Change and Economic Development*, Heinemann Educational Books, 1984, p. 106.

⑤ 黄民兴：《沙特阿拉伯——一个产油国人力资源的发展》，西北大学出版社，1998，第 131 页。

⑥ 黄民兴：《当代中东产油国的社会变迁》，《阿拉伯世界研究》2007 年第 4 期。

　　新型产业结构的形成以及城市化使得游牧民社会群体不同程度地卷入到现代化浪潮之中，由此，海湾国家向石油工业国转变过程中，游牧民在各国所占人口比例锐减。根据调查统计，截至1970年，中东地区游牧民人口数量仅占全部人口的1%。在沙特阿拉伯这个深受游牧传统影响的国家，在20世纪70年代中期，其国内的游牧民人口以每年2%的速度不断下降。在1977年沙特全国人口普查中，游牧民所占比例为25%，至1985年前后，下降到5%，半定居者与定居者占比高达95%，并且超过50%的人口居住在沙特的主要城市①。第二次世界大战结束后至今，巨大的社会变迁冲击着海湾国家传统的部落社会结构，人口与社会的流动赋予了传统游牧民新的社会角色与身份，并使得过去的部落家族关系被削弱。同时，在业已形成的现代阿拉伯民族国家体系中，部落家族的影响力与地位都有所下降。美国学者艾丽斯·泰勒曾说："中东这一件由不同民族、不同宗教、不同语言、不同职业组成的镶嵌品，其粘合嵌镶物的胶泥已经破裂。那种胶泥，即古老的传统、共同的期望、以及对自己在生活中的作用和地位的认可，正在解体。"②

　　除了游牧民以外，阿拉伯国家社会下层的另一重要组成部分便是农村的定居人口——农民。在阿拉伯半岛、埃及以及新月地带等地区的绿洲，生活着许多世代从事农耕的定居者，以及二战后在定居运动影响下从游牧转为务农的半定居者等。在有关土地的农业改革之前，无地和少地农民在农村中占大多数，常年居住在农村的中等地主人数也不多，而大地主则一般不居住在农村，所以大多数农村人口是社会下层的重要组成部分。如在伊拉克君主制时代，农民主要被分为独立

①　Mordechai Abir, *Saudi Arabia in the Oil Era*：*Regime and Elites*：*Conflict and Collaboration*, London：Croom Helm, 1988, p. XVIII.

②　〔美〕艾丽斯·泰勒：《中东》，北京大学地质地理系经济地理专业译，人民出版社，1976，第148页。

小农、农业雇工、分成制佃农、非部落的农奴式佃农、自由的部落农民等多种类型。农民生活普遍贫困，还要交纳各种税费，同时农业生产效率低下[①]。

如前所述，20 世纪 50～70 年代共和制国家的土地改革使农村出现了一个自耕农阶层，君主制国家如沙特也通过土地法的实施，旨在建立一个由中农和富农构成的广泛阶层[②]。从经济收入角度来看，改革后农民的收入较之前有一定提高，但是其经济地位没有发生变化，仍属于社会下层；并且到 60 年代中期，农业劳动力在阿拉伯国家的劳动力构成上，比重依然居高不下，如埃及、叙利亚、阿拉伯也门、民主也门、伊拉克、沙特这一比例分别为 55%、52%、79%、54%、50% 和 68%[③]。但是在 70 年代之后，随着农村机械化作业的推广、乡村合作社和国营农场的撤销，在城市化浪潮的吸引之下，大批农业工人进城务工，成为城市中的非熟练工人群体，其中不少成为油田的工人。因此城市经济结构的调整和迅猛的城市化进程导致阿拉伯国家农业人口比重不断下降，如沙特 1970 年、1985 年、1990 年农业劳动力比重依次为 40%、14%[④]、10%[⑤]。农业产值占国内生产总值的比重，虽然在 90 年代因为政府的农业政策扶植而有缓慢爬升，但总体上呈现不断下降趋势。特别是进入 21 世纪后，农业产值比重出现断崖式下降，2017 年仅占国内生产总值的 2.6%，而工业和服务业所占

---

① Hanna Batatu, *The Old Social Classes and Revolutionary Movements of Iraq*, Princeton University Press, 1978, p. 139.

② 在沙特，70 年代中期以前，按照经济收入，农民分为小农（拥有 0.5～2 公顷土地）、中农（拥有 2～5 公顷土地）、富农（拥有 5～10 公顷土地）以及大农户（拥有 10 公顷以上土地），其中小农所占比重高达 80%，在这些小农中仅有土地 0.5 公顷者占 50%。针对这一问题，1968 年沙特政府颁布土地法，向缺地农户提供 5～10 公顷的份地。参见王铁铮主编《沙特阿拉伯的国家与政治》，三秦出版社，1997，第 112 页。

③ 世界银行：《1987 年世界发展报告》，转引自张俊彦主编《变化中的中东经济——现状与前景》，北京大学出版社，1992，第 123 页。

④ 哈全安：《中东国家的现代化历程》，人民出版社，2006，第 398 页。

⑤ 王铁铮主编《沙特阿拉伯的国家与政治》，三秦出版社，1997，第 112 页。

比重在 2011 年、2015 年、2017 年分别为 69.1% 和 28.9%、45.1% 和 52.3%、44.2% 和 53.2%[①]。

阿拉伯国家社会下层的另一主要组成部分是城市贫民。城市贫民产生的主要根源是二战以来阿拉伯国家过度的城市化。第二次世界大战结束后，加速的城市化进程导致阿拉伯国家的一些大城市，如伊拉克的巴格达、埃及的开罗和亚历山大，相对贫困的居民人数不断增加。从城市贫民的来源看，战后阿拉伯国家的经济发展和城市化吸引了大批农牧民的流入，但是流入城市的农牧民大多数受教育程度低，也无专业技能，导致其虽身在城市但无法就业，没有固定职业，缺乏稳定的生活来源，只能通过打零工来维持生计[②]。城市贫民大多居住在环境恶劣、治安差、住房与道路拥挤的棚户区，这些棚户区往往位于城市边缘地带，距离城市中心较远。比如，在巴格达，距离底格里斯河两公里的堤坝上有一个棚屋带，该区域在雨季时常会受到洪水的威胁，且污染非常严重。到 20 世纪 90 年代后期，贫富差距与两极分化的不断严重使得城市中的贫民成为影响社会稳定的重要因素。

## 第二节 工人阶级

二战以来，城市社会下层中最主要的社会群体是工人阶级（working class）。工人阶级作为劳动者阶层，最显著的标志是他们依靠工资为生、被雇佣从事体力或者技术劳动，其核心主体是产业蓝领工人，数量庞大，广泛分布于阿拉伯国家各主要城市，尤其是共和制国家伊拉克的巴格达、埃及的开罗与亚历山大、叙利亚的大马

---

① CIA, "The World Factbook: Saudi Arabia", https://www.cia.gov/library/publications/the-world-factbook/geos/sa.html.

② 王铁铮主编《沙特阿拉伯的国家与政治》，三秦出版社，1997，第116页。

士革等。本节将对阿拉伯国家工人阶级的构成及其发展进行扼要阐述。

从马克思的阶级分析视角看，近代大工业的发展以及工业革命的推进导致了工人阶级的产生。随着工业化的兴起与深入，工人阶级在城镇中逐步立足，其工作领域不断扩展，规模不断壮大。到 20 世纪初，在一些主要的西方国家，工人阶级在城市中已经占据了相当大的比重。由于阶级间的矛盾与对抗，工人阶级常常在西方国家社会变迁中扮演革命性角色，深刻改变了当时的社会关系。但相比较而言，中东国家工业落后且起步较晚，在西方国家工业革命如火如荼的年代，中东国家还处于原始落后的农牧业时期，游牧民数量较大，定居人口十分有限，除了中远程跨洋和陆地商业贸易、手工业之外，谈不上什么真正意义上的工业企业和产业工人群体。因此，整个中东地区工人阶级形成时间晚，不存在悠久的历史，更没有发挥过西方工人阶级那样典型的革命性社会作用。

阿拉伯国家工人阶级的成长经历了一个逐步发展的过程，在不同发展阶段其构成群体有一定差异。笔者将阿拉伯国家的工人阶级划分为"传统工人阶级"和"新工人阶级"两类。"传统工人阶级"主要指的是传统的服务业工人以及手工业者；而"新工人阶级"主要指的是 20 世纪 60 年代以来产生于城市化和经济发展中的城市产业工人——过去居住在农村的游牧民和农民进入城市后，由于文化程度较低，技术水平有限，大部分发展成为城市工人阶级，成为非熟练工或者半熟练工。60～70 年代阿拉伯国家的工人阶级在许多方面都出现了新变化，在人员构成和规模上的变化较为直接和显著，而有些变化则是潜在的，如外籍劳动力对所在国家特别是政治方面的影响。与西方社会不同的是，西方工人阶级的规模在 80 年代以来持续萎缩，而阿拉伯国家工人阶级在经济发展政策和石油工业的刺激下不断壮大，直到目前虽然仍处于发展阶段，它在大城市中的那种战略性地位使得它成为一支潜在的社会力量①，似乎越来越成为阿拉伯社会中一个庞大的单一阶级。

从整体上观察，阿拉伯国家的工人阶级具有以下特征。①文化程度上，工人阶级受教育程度普遍较低，还存在部分文盲。②工作领域上，阿拉伯国家城市中的工人阶级大多在交通运输业、石油工业、服务业以及城市基础设施建设等领域从事各项工作。如伊拉克南部的工人阶级主要由巴士拉铁路和港口工人构成，基尔库克的石油工人及其家眷占伊拉克东北部总人口的1/3。而在沙特，石油工人占所有产业工人的40%②。③聚集地区上，以首都和港口城市为主的大城市成为工人阶级最主要的聚集地区。比如在伊拉克，仅首都巴格达一城就集中了全国70%的工人，运输业工人则集中在巴格达和巴士拉③；叙利亚大部分的城市工人集中在该国最为著名的两个城市，即南部的首都大马士革和北部的古城阿勒颇；在埃及，超过50%的产业工人集中在首都开罗和港口城市亚历山大④。④城市工人阶级中非熟练工人所占比例较高。⑤部分产业工人属于"半工半农"性质，有较强的流动性，特别是农忙时节需要抽出一定时间回到农村从事农耕，因此这一群体的部分人与农村的联系相当紧密。

二战以来，在海湾地区的产油国中，由于现代石油工业的发展，工人阶级也随之崛起，并且规模持续扩大。由于制造业相对落后，产油国的产业工人人数一般不多，且包括数量巨大的外籍劳工。但伊拉克是个例外，二战后，伊拉克的产业工人队伍规模有了相当大的增

① 参见 James A. Bill, "Class Analysis and the Dialectics of Modernization in the Middle East", *International Journal of Middle East Studies*, Vol. 3, No. 4, Oct. 1972, pp. 417–434。

② Gabriel Baer, translated from the Hebrew by Hanna Szoke, *Population and Society in the Arab East*, Routledge and Kegan Paul, 1964, p. 226.

③ Gabriel Baer, translated from the Hebrew by Hanna Szoke, *Population and Society in the Arab East*, Routledge and Kegan Paul, 1964, p. 227.

④ Gabriel Baer, translated from the Hebrew by Hanna Szoke, *Population and Society in the Arab East*, Routledge and Kegan Paul, 1964, p. 227.

长。据统计，50 年代初期，伊拉克工人大约只有 7.5 万人（其中 3 万人是技工），从事运输业的大约有 4.5 万人，这些数据不包括建筑工人[1]。但在 1977 年，伊拉克国内公共部门、建筑业、交通运输业、服务业的从业人员总计约 105 万，分布的部门以及相关比例为，"政府部门 4.8%，建筑业 28.1%，公用事业 0.6%，制造业 8.4%，采油和其他采矿业 1.6%，交通运输业 9.9%，服务业 17.8%，失业者 7.1%，不详者 5.5%；此外，还包括小型作坊的半熟练和非熟练雇工，制造业中为 19623 人"[2]。70 年代中期以前，伊拉克国内中产阶级的增长速度比城市工人阶级要快，中产阶级年增长率为 11%，而工人阶级仅为 4.3%，并且中产阶级工资收入的增长幅度也高于工人阶级[3]。

沙特阿拉伯的工人群体最初主要是石油工人，他们主要来自盛产石油的东方省，受雇于阿美石油公司。从工人的家庭背景看，大多数工人出身于农民、渔民和小商人家庭，其中出身于农民家庭的工人约占 44.8%，出身游牧家庭的仅约 7.6%。20 世纪 70 年代以来，沙特阿拉伯的国营企业与私营工商企业蓬勃兴起并迅速发展，随之而来的是产业工人数量不断增加。据统计，1975 年沙特王国的各类工人已超过百万。1985 年仅工业部门（含建筑业、采矿业和公用事业）的就业人员已达到 206.9 万。到 1990 年，工人群体规模持续扩大，其中仅建筑工业就达到了 944100 人，制造业 374900 人，公用事业 126900 人，交通运输 262630 人，商业 898300 人，石油工人 46800 人[4]。

① Gabriel Baer, translated from the Hebrew by Hanna Szoke, *Population and Society in the Arab East*, Routledge and Kegan Paul, 1964, p. 225.
② 黄民兴：《当代中东产油国的社会变迁》，《阿拉伯世界研究》2007 年第 4 期。原文见 Phebe Marr, *The Modern History of Iraq*, Westview Press, 1985, p. 275。
③ Phebe Marr, *The Modern History of Iraq*, Westview Press, 1985, p. 280.
④ 王铁铮：《试探沙特王国社会结构的演变及其特点》，《世界历史》1998 年第 4 期。

总体上，产油国的工人队伍在二战后由于石油繁荣而出现了大发展，但仍然存在诸多问题。从工人阶级的整体规模以及各行业之间的统一协调来看，不断发展的工人阶级尚未形成有效的政治组织，甚至没有统一有力的工会组织，工人队伍较为分散，缺乏整体性。并且，由于工人们分属于不同的教派、部落等，其传统的忠于自身教派或部落的思想根深蒂固，工人阶级队伍内部难以形成强大的凝聚力。

20 世纪 50 年代以来，在共和制非产油国中，政府制定的就业政策和经济政策是城市工人阶级得以发展的主要原因。据不完全统计，50 年代早期，埃及工人的数量大约为 90 万至 100 万，大多从事交通运输业、建筑业、工业等；至 1957 年，工人数量猛增，仅从事建筑业和工业的工人就有 72.5 万人[①]。戴晓琦认为，二战后纳赛尔至穆巴拉克时期的埃及工人分为农业工人和国企工人两大类，其中农业工人流动性强，无固定职业工种，多在建筑工程领域就业，工资低。国企工人在纳赛尔时期已经达到相当规模，主要分布在运输与港口、房地产、建筑业、电力等行业，70 年代初期占到埃及整个工人队伍的 12.5%，这与纳赛尔的工业化战略直接相关。萨达特到穆巴拉克时期，产业工人规模和地位大幅下降，主要是政府的私有化改革造成的。国企工人大量被裁员，待遇下降，整个产业工人的比重从 1976 年的 41.3% 下降至 1996 年的 36.9%。不少国企工人从产业工人转变为服务业工人，就业于运输、旅游、零售、承包等行业，导致埃及服务业规模迅速扩大[②]。

叙利亚国内的城市工人数量在二战以来也有显著增加。根据生存状况与身份地位的差异，叙利亚的城市工人可以划分为传统的仆人、

---

① Gabriel Baer, translated from the Hebrew by Hanna Szoke, *Population and Society in the Arab East*, Routledge and Kegan Paul, 1964, p. 225.

② 详见戴晓琦《阿拉伯社会分层研究——以埃及为例》，宁夏人民出版社，2013，第 76、117 页。

服务业中的工人、产业工人等多种类型，其中甚至包括警察等在内的国家安全部门的工作人员。根据叙利亚官方的统计数据，1953 年全国工人为 91167 人，分布行业部门和人数分别为交通运输业 8000 多人、石油部门 6000 人、建筑业 4000 人[1]。1970 年，在叙利亚全部从业人员中，城市工人所占比例为 24%，至 1980 年，这一比例上升到 35%[2]。

传统工业中的工人是叙利亚新兴工人阶级的基础。如阿勒颇和大马士革建立于法国委任统治时期的纺织厂的工人，是叙利亚早期的工人群体。二战后，这些传统大企业发展成为由政府主管的国有企业，由此促进了城市工人阶级的发展。70～80 年代，仍有很多农业工人，他们大多来自农村，受雇于城市中的企业。他们虽然离开了农村但并未完全脱离农业生产，也没有完全依附于工业。不过，受雇于企业毕竟增加了他们的收入，改善了他们的家庭生活条件和环境。直到 70 年代中期，叙利亚工人的生活水平仍是逐步提高的，政府也制订了相应的措施保证工人群体的基本利益。但是 70 年代末至 90 年代初这十多年间，工人生活状况不断恶化。整个 80 年代，工资增长十分缓慢，而物价持续上涨。到 90 年代初，公共部门工人的平均工资只能满足一个六口之家生活支出的 30% 左右[3]。

与公共部门工人不同的是，私营部门的工人数量增长迅速且待遇更好一些。60～70 年代，叙利亚国内私营企业数量猛增，使得私营企业工人数量也大幅度增长。根据调查统计，叙利亚私营企业中的工人在 1980 年时占国内工人总数的 60%，1991 年超过了 60%[4]。他们中的大多数受雇于中小企业，有的小企业的员工人数低于 12。在

---

[1] Gabriel Baer, translated from the Hebrew by Hanna Szoke, *Population and Society in the Arab East*, Routledge and Kegan Paul, 1964, p. 225.

[2] Volker Perthes, *The Political Economy of Syria Under Asad*, I. B. Tauris, 1995, p. 95.

[3] Volker Perthes, *The Political Economy of Syria Under Asad*, I. B. Tauris, 1995, p. 96.

[4] Volker Perthes, *The Political Economy of Syria Under Asad*, I. B. Tauris, 1995, p. 96.

1991年投资法制定以前，部分由于机器的全面使用，部分由于熟练工自己创办企业的数量增加，中小企业的雇佣人数普遍偏低。据估计，有85%的小企业中雇佣工人人数不足10人[1]，而近一半的工人都受雇于家庭的小企业或者小型制造厂。

叙利亚工人阶级的出现时间并不早，是一个年轻的群体，该群体受教育程度普遍较低，大多数也没有接受专业技能培训等。二战以来，许多共和制国家大力推行社会改革，开展扫盲运动，发展现代世俗教育。但是尽管如此，到1981年，叙利亚国内仍有不少于60%的服务业工人和产业工人没有获得中学毕业文凭[2]。并且，一方面由于涌入城市的移民不断增加，城市中的廉价劳动力越来越多；另一方面，叙利亚在80年代出现经济危机，整个国家经济发展不景气，因而80年代工人的生活也并没有得到很大改善。由于工人们大多居住在远离城市的郊区，政府缺乏对其有效的组织与管理，且郊区地带的基础设施建设落后，加之贫富差距扩大带来的心理落差，大量的城市工人成为社会稳定的一大隐患。另外，工人流动性很大。许多建筑行业的工人和一些公共部门的工人都认为，农村才是其应该扎根之地，当工人是暂时的，许多工人会选择在城市中赚到钱后再返回农村。

总体上看，受二战后的国家工业化战略的影响，阿拉伯国家的工人阶级的规模有了突飞猛进的扩大，特别是60~70年代的埃及和叙利亚，工人广泛受雇于国有企业，收入、地位都较之以前有了很大提高。但70年代之后，随着私有化的加速，共和制国家的产业工人比例均有所下降，其生活境遇也逐步趋于恶化。从90年代后期开始，各国逐步重视工人群体在国家治理中的重要作用，由政府主导的一些工会组织和产业联合会开始出现，在一定程度上保障了工人的权益，

---

[1]　Volker Perthes, *The Political Economy of Syria Under Asad*, I. B. Tauris, 1995, p. 97.

[2]　Volker Perthes, *The Political Economy of Syria Under Asad*, I. B. Tauris, 1995, p. 97.

其诉求得到满足，特别是工会组织的领袖往往通过这一途径逐步进入国家政治权力圈，这在 90 年代的埃及有显著体现。

## 第三节　外籍劳工

外籍劳工是二战后海湾产油国一个十分独特的社会新群体和新集团，他们为人口稀少的海湾诸国的经济发展做出了重要贡献。

自 70 年代以来，海湾国家成为阿拉伯世界的新贵，即便按照当时的国民收入水平，它们也已经属于西方式的福利社会。由于石油工业发展带来的经济繁荣，海湾国家凭借石油财富，制定了大规模的经济发展计划，一大批石油工业以及与石油相关的产业建设项目纷纷上马。但由于海湾国家本身人口稀少，劳动力极为短缺，制造业、建筑业、运输业、服务业甚至农业领域都急需新的劳动力资源。

海湾产油国之所以从国外大量引进熟练技术工人和非熟练劳动力，首先是产油国有能力支付引进先进技术及外籍劳工所需要的大量费用；其次，海湾产油国良好的社会福利制度使得民众也比较容易获得高等教育机会，致使许多本国人不愿意从事繁重的体力劳动，甚至不愿从事任何劳动。因此，海湾产油国职业技术人员匮乏，蓝领和低层次服务行业人员显著不足，这方面的空缺就由外籍劳工所填补，从而形成了人力资源上的对外依赖性。1973 年石油危机后，海湾产油国经济的大发展完全改变了世界劳动分工布局，海湾产油国取代欧美成为广大发展中国家外籍劳工的主要集中地。1975 年，海湾六国外籍人员的总人数为 138.74 万，其在阿曼、沙特、巴林、科威特、卡塔尔、阿联酋各国劳动力中的比例依次为 34.0%、43.0%、39.6%、69.4%、81.1%、84.8%[1]。到 1990

---

① H. M. M. Arikat, "The Arab Gulf Economy: A Demographic & EconomicProfile", *Economic Research Paper*, No. 17, Center for Middle Eastern and Islamic Studies, University of Durham, 1987, p. 34.

年，沙特官方宣布来自南亚和阿拉伯地区的外籍劳工人数高达384.8万，占沙特国内劳动力总数的66.7%[①]。据统计，20世纪90年代中东地区的外籍劳工约占世界流动劳务人员的20%左右，其人数达到450万人[②]；而从2005年到2014年，中东地区的外籍劳工猛增至3100万人，其中海湾产油国约占79.4%[③]。外籍劳工是海湾国家劳动力结构中最庞大的群体。

在海湾产油国中，外籍劳工主要可分为洲际劳工和区域劳工两类。洲际劳工指的是来自美洲、欧洲以及亚洲等地的非中东地区的劳工。20世纪70年代以来，亚裔劳工数量开始迅速增加，主要来自印度、巴基斯坦、斯里兰卡、菲律宾、泰国、韩国等国家。亚裔劳工是整个外籍劳工中的中下层，在海湾国家主要作为建筑工人、产业工人、出租司机、保姆等。而区域劳工指的是非本国的阿拉伯人，主要从也门、埃及、约旦、巴勒斯坦等非产油国，流入科威特、沙特、卡塔尔、阿曼、阿联酋和伊拉克等产油国，他们在早期的外籍人员中属于中下层，在亚裔劳工迅速补充蓝领工人队伍后，阿拉伯人通常充任下层管理人员。另外，来自欧美国家的外籍专家与产油国的本国高层管理人员一起参与石油的管理与开发，建立各种公司企业，招募、指导和培训各级劳务人员，其地位在所有外籍人员中是最高的。

海湾国家的外籍劳工阶层经过多年的发展不断壮大，不仅推动了海湾国家经济的发展，也逐渐改变了阿拉伯国家人力资源的分布格局，对该地区劳务输出国与输入国的社会结构都产生了深刻影响。

（1）规模庞大的外籍劳工为众多劳务输出国提供了大量通过劳

---

① 黄民兴：《沙特阿拉伯——一个产油国人力资源的发展》，西北大学出版社，1998，第151页。

② 何烷：《石油与中东的贸易和金融》，《阿拉伯世界》1996年第4期。

③ Phillip Cnnor, "Middle East's Migrant Population More Than Doubles Since 2005", Pew Research Center, www. pewglobal. org/2016/10/18/middle – easts – migrant – population – more – than – doubles – since – 2005/.

务输出创汇的机会。对于劳务输出国来说，部分劳动力离开本国，一方面减轻了本国人口的就业压力，有利于降低人口过多导致的失业率；另一方面国家可以获得侨汇，以平衡本国的国际收支。因而在这些国家中，如叙利亚、约旦、埃及、也门等，政府往往会通过政策加以引导，鼓励劳动力输出。尤其是埃及，石油、旅游和苏伊士运河之外，侨汇收入成为埃及国家财政收入的第四大支柱，每年的侨汇收入达数十亿美元，可以用来弥补外贸赤字。对于劳工个人而言，前往更为发达的国家从事工业生产活动，不仅可以解决个人就业问题，并且收入也较国内更为可观，这种国际就业可以帮助其提升个人与家庭的经济地位。

（2）外籍劳工的存在有力地改变了海湾国家的人口结构和劳动力结构，导致财产关系的重新调整[1]。海湾产油国的主要劳动力就是外籍劳工。如在阿联酋，1999 年时外籍劳工占当地人口总数的 70% 以上，几乎遍布各个行业，人数超过 140 万[2]。2000 年以来，海湾国家外籍劳工数量呈现巨幅增长，2015 年，科威特、阿联酋、卡塔尔的外籍劳工甚至占到本国劳动力人口的 90% 以上[3]。不过从 80 年代开始，中东地区长期处在动荡之中，频繁爆发的战争极大地影响了地区经济稳定与劳务市场的供应与需求，如两伊战争、海湾战争、伊拉克战争等一方面使得产油国的劳务市场出现萎缩，另一方面也降低了劳务输出国的侨汇收入，致使国家经济发展出现迟滞现象。

（3）大量外籍劳工涌入产油国，在产油国社会产生了较大的社

---

[1] Robert J. Lapham, Allan G. Hill, and Charles B. Keely, "International Migration in the Middle East: Effects on Property and Social Structure", by Ann Elizabeth Mayer, *Property*, *Social Structure*, *and Law in the Modern Middle East*, State University of New York Press, 1985, p. 173.

[2] 刘小燕：《对外承包工程劳务市场考察的情况报告》，1999，http://www.nica.cn/sczn/zhyj.htm。

[3] Tareq Y. Ismael, Jacqueline S. Ismael and Glenn E. Perry, *Government and Politics of the Contemporary Middle East: Continuity and Change* (Second Edition), Routledge, 2016, p. 509.

会问题，主要表现在如下两个方面。

第一，外籍劳工造成了产油国的社会分裂，引发了产油国本国公民与外籍人员两大社会群体的矛盾与对立[①]。一般来说，劳务输出国政府通常在劳工移民问题上采取自由放任政策，这为产油国带来了一定的冲击，尤其是外籍劳工致使产油国的社会关系彻底重组。对于产油国本国人而言，外籍劳工就是当地的另类人群。最重要的是，两大对立群体之间在收入、就业、受教育、社会权益和政治权利等方面存在巨大的差距。相较海湾产油国国民，外籍劳工的薪水普遍偏低，也不受产油国劳工法保护，更不能建立工会等权益组织，在政治上毫无权利，还遭受种种歧视。在升职、携眷、旅行、归化等方面均受到政府的严格限制。如以归化为例，产油国一般只允许阿拉伯妇女入籍，且人数有限；通过严苛的护照管理、工作期限限制来控制和限制外籍劳工的规模，并通过封闭的劳工营、飞地型的工业城市等将外籍劳工与本国公民相隔离[②]。而产油国本国公民则享有高福利、充分的就业、轻松而待遇优厚的工作。

第二，外籍劳工的存在一定程度上对海湾劳务输入国构成非传统安全方面的潜在威胁，加强了本国人的国民意识[③]。大量外籍劳工将其国内的文化习俗与宗教价值观等带入劳务输入国，不同的文化与价值观冲击了劳务输入国原有的思想观念，引起劳务输入国许多保守人士的担忧。他们认为外籍劳工已经成为本国社会不稳定的重要根源之一，甚至认为超过本国人口的外籍劳工已经对其国家属性造成了威胁。

2000 年以来，海湾君主制国家政府、雇主与劳工移民之间的矛

①　黄民兴：《中东历史与现状十八讲》，陕西人民出版社，2008，第 198～199 页。

②　黄民兴：《当代中东产油国的社会变迁》，《阿拉伯世界研究》2007 年第 4 期，第 16 页。

③　参见 Jill Crystal, *Oil and Politics in the Gulf*: *Rulers and Merchants in Kuwait and Qatar*, Cambridge University Press, 1990, pp. 139－145。

盾冲突不断。2005～2008 年在阿联酋、科威特、巴林等国发生外籍劳工被虐待以及多起有组织的抗议示威活动，参与人数从几千至几万不等。他们要求改善工作与生活环境、提高工资待遇，甚至发生了打砸抢和冲击国家部门的暴力事件。但面对示威和抗议事件，阿联酋、科威特等国家均未采取有效修正社会福利分配和提高劳工地位的措施，而是直接以简单粗暴的方式将数千名涉事劳工驱逐出境①。因此，外籍劳工引发的社会问题将持续考验海湾国家的社会治理能力。

---

① Tareq Y. Ismael, Jacqueline S. Ismael and Glenn E. Perry, *Government and Politics of the Contemporary Middle East: Continuity and Change* (Second Edition), Routledge, 2016, pp. 509 - 511.

# 第六章
## 阿拉伯国家的妇女与民族和教派

## 第一节　阿拉伯国家的妇女问题

2017 年，一条沙特王国关于妇女问题的新闻引起了全世界媒体的关注：当年 9 月 26 日，沙特国王萨勒曼颁布法令，允许妇女驾车。此举被认为是沙特女性争取平权运动的重大胜利，具有历史性意义。众所周知，长期以来，沙特被视为伊斯兰保守主义的大本营，自 1932 年立国以来，恪守瓦哈比教义，对于女性的家庭与社会角色有着严格的规定与要求。但自从时任沙特阿拉伯副王储的穆罕默德·本·萨勒曼在 2016 年宣布"沙特 2030 愿景"以来，沙特政府的中长期改革计划备受瞩目，其中，沙特妇女地位的改善也是重要的一项内容。其实，2010 年以来，沙特政府就妇女问题出台了一系列举措，如 2013 年，沙特女性首次进入沙特协商会议；2015 年，沙特妇女首次获得了与男子同等的选举权和被选举权；2017 年 9 月 26 日，沙特政府允许妇女驾车①；2017 年 9 月、10 月，沙

① 《世界上唯一禁止女性驾车国家：解除妇女驾车禁令》，中央人民广播电台，http：//
news. cnr. cn/gjxw/gnews/20170927/t20170927_ 523967398. shtml。

特政府允许女性进入体育场参加庆祝活动、观看体育比赛；2018 年 4 月，沙特举办本国历史上首届时装周……相信类似举措未来将不断出现。

妇女地位的改善和提高是衡量一个社会进步的重要因素和指标。作为社会结构中的重要组成部分，妇女群体也是推动经济发展和社会进步的重要力量。妇女问题始终是中东社会史研究和女权主义学者关注的焦点问题之一。谈到中东妇女，人们常形成两种截然不同的观点。部分较为保守的阿拉伯宗教人士认为，伊斯兰教在诞生时，就通过《古兰经》以及相关教法等很好地规定了男女之间的平等地位，认为男性与女性在社会和家庭中所扮演的不同角色主要是由两者不同的生理及心理特点决定的，穆斯林妇女的面纱和罩袍是保护其尊严与纯洁心灵的重要屏障。但是大多数研究者认为，中东大部分国家在妇女问题上是比较保守落后的，甚至是原始野蛮的，女性穆斯林在受教育、工作、参与政治与社会生活等方面普遍处于不平等地位。当然，与世界其他国家和地区相比，二战以来，阿拉伯国家妇女地位的改善与提高显得更加曲折和复杂，依然受制于宗教传统习俗、性别差异、政府政策等诸多因素，但毕竟阿拉伯国家妇女在家庭、教育、就业以及社会地位等层面的权利与地位已经有了较大改观。

## 一 阿拉伯国家妇女地位的嬗变

女性群体是社会进步的一支重要力量，是推动人类社会发展的基本因素，也是社会结构中的重要组成部分。虽然女性在人类发展过程中起着举足轻重的作用，但是从古至今，在大部分国家和地区，女性的地位普遍低于男性。由于女性是社会中的弱势群体，我们也时常将女性地位的提高与改善作为标准，来衡量和判断一个国家与社会的进步。第二次世界大战以来，女性地位的改变成为阿拉伯国家社会变化的一项重要指标，但与欧洲、美洲以及东亚部分国家相比，阿拉伯国家女性地位的改善过程更为复杂和艰难。

在传统阿拉伯社会中，女子始终是作为"附属品"处于依附男子的地位。与世界其他地区的农业时代相似，"几乎每一个女性的权利、特权和声望都是由她所依赖的男子的地位以及她们同该男子的关系决定的"[①]。虽然《古兰经》规定所有穆斯林在真主面前一律平等，女性和男性在宗教义务、个人创造、教育等方面也是平等的，并且给予女性相当于男性一半的继承权，禁止溺杀女婴等[②]，但是《古兰经》也规定了女性在政治、经济、社会等方面的低下地位，尤其体现在家庭与经济问题中。伊斯兰教信仰确立了男性在家庭中的主导地位，不论在经济方面，还是家庭话语权上。男子应供养老人、后代及其他亲属，可以娶四妻等；而妇女应该幽居家中，操持家务，养育后代，不得擅自与其他男子接触。只有在十分必要时才能外出从事简单的经济活动[③]，且出门必须衣着朴素、戴面纱等，这就在许多国家形成了严格的性别隔离制度。在沙特阿拉伯，妇女、女仆以及儿童（包括七岁之前的男童）长期在住宅中消磨时光，他们不接待男性宾客，也很少外出购物。直至今日，在传统思想浓厚的国家，女性穆斯林仍需穿罩袍、戴面纱，出入公共场所和娱乐场所都受到很大的限制。因此，伊斯兰教信仰及其伦理道德，加上多年养成的社会习俗，使得中东地区穆斯林女性处于弱势地位且难以改变。

进入 20 世纪以来，随着中东的觉醒和现代民族国家的形成，阿拉伯国家的妇女在民族独立、国家经济建设上做出了群体性的努力和

---

① 〔美〕格尔哈特·伦斯基：《权力与特权：社会分层的理论》，关信平、陈宗显等译，社会科学文献出版社，1987，第 419 页。

② 王俊荣：《伊斯兰教与妇女》，《世界宗教文化》1995 年第 3 期；郭永胜：《伊斯兰教与早期阿拉伯妇女》，《内蒙古师范大学学报》2000 年第 6 期。

③ Sayed Hossein Nasr, *Traditional Islam in the Modern World*, Kegan Paul International Limited, 1987, p.35.

贡献。如埃及，1919 年 3 月 16 日，为了表达对革命的支持，2000 多名埃及女性参与游行示威，这是埃及历史上第一次大规模的女性游行示威。她们抗议外国侵略，主张埃及完全独立，并参加了之后多种形式的革命活动，如抵制英国商品输入埃及、拒绝购买英国商品、在英国军队的交通路线上设置障碍等。更有部分妇女在游行与革命中牺牲生命，展示了她们的力量与独特作用，成为埃及独立的见证者和参与者。在经济方面，随着现代化改革的不断深入，当代埃及女性拥有了更多进入公共领域、参与政治活动及文体活动的机会，试图为自己赢得独立的社会权利以及话语权。而且，在工业时代，压制女性自然地进入现代社会并无益处，一方面会严重抑制消费经济的发展，不利于国家的长期进步；另一方面不少国家劳动力缺乏，需要引进大批外籍劳工，而女性作为国家的智力与劳动力资源被闲置在家，造成了一定程度上的资源浪费。总体而言，埃及女性的社会角色已发生变化，社会地位有所提升。

以上政治、经济方面的发展促使家庭中的两性关系发生改变，推动了社会中民主平等精神的发展，也使得阿拉伯国家政府维护女性权利的意识逐步提升。在此背景下，阿拉伯国家通过出台相关法律和法规来提高女性社会地位，保障女性权益，使两性关系逐渐向性别平等的方向发展，这在阿拉伯共和制国家表现得尤为明显。如在埃及，1956 年宪法规定，年满 18 周岁的埃及男女公民，都有权亲自行使政治权利，就有关共和国总统及宪法规定的其他全民公决表达自己的意见[1]。除此之外，1956 年宪法和 1971 年宪法均规定，在法律面前、在公共权利与义务面前，所有的埃及公民，不论其宗教信仰、性别、语言等，一律平等。相对而言，伊拉克的妇女改革较为彻底。1958年革命后，卡塞姆政府于次年颁布了《家庭法》，规定女子最低婚龄

---

① 王泰：《埃及现代化进程中妇女的政治参与问题》，《西亚非洲》2007 年第 2 期。

为 18 岁，只有在特殊情况下才能降到 16 岁，且丈夫若娶二房，必须要有正当的理由且需得到法官的准许。在财产继承权方面也制定了有利于妇女权益的政策①。复兴社会党统治时期，政府高度重视妇女地位问题。1978 年，政府对个人身份法进行了修改，修改后的条款规定，父母或其他任何人不得将婚姻强加给女性，妇女有离婚权，可自行决定离婚与否等。以上都是对阿拉伯国家传统女性政策的重大突破。

总体上，阿拉伯国家妇女地位的提高主要表现在以下四个方面。

第一，许多国家都通过法律形式来确定女性与男性的平等地位。叙利亚、民主也门、埃及等大多数阿拉伯共和制国家，以及约旦、科威特等少部分君主制国家，都将妇女改革作为本国现代化改革的重要组成部分，即以伊斯兰教法为准绳，同时不同程度地吸收西方法律内核，相继出台了涉及妇女的婚姻法、家庭法以及个人地位法等法律法规，也即通过国家立法的方式确认和切实提高女性的权利与地位。如叙利亚 1953 年以法律形式确定男女平等；埃及在 1979 年、1985 年两次立法强调女性与男性在社会生活中的平等地位；约旦也在 1951年颁布了关于婚姻与家庭的法律；民主也门于 1974 年、科威特于1984 年也对原有宗教律法进行了一定程度的修正，提高了女性在社会与家庭中的地位。上文已经谈到埃及与伊拉克确立男女平等的具体法律条款，除了上述两国，叙利亚的法律也规定，在有确凿证据的情况下，法庭可以拒绝男子对于再婚的请求②，男性若想迎娶多妻，首要条件是切实执行先知的训诫。"阿拉伯之春"后的埃及议会，在2017 年 12 月 5 日批准了政府提交的一项法案，该法案的主要内容是修改关于继承法的条款，从而使妇女的继承权得到更好的保障。如此

---

① Phebe Marr, *The Modern History of Iraq*, Westview Press, 1985, p. 172.
② 彭树智主编《伊斯兰教与中东现代化进程》，西北大学出版社，1997，第 177 页。

种种，使得过去在阿拉伯地区盛行的近亲联姻、早婚以及多妻等得到很大程度的遏制，女性开始逐步摆脱完全从属于男性的低下地位。

第二，政府在教育与就业等领域采取一系列措施改善女性地位。在传统阿拉伯社会，受教育权与就业权均为成年男子的特权，女性很少能受到通识性教育，且一般不能外出工作。20 世纪以来，尤其是第二次世界大战结束后，随着女性地位的提高，政府在受教育以及就业方面出台了一些保障女性权利的举措。受教育方面，1995～1996 年度伊拉克普通高中的女学生占比为 38.8%，在同年度入学的高等学校学生中，女学生的占比也达到 33.6%[1]。相较过去，女子接受基础教育及高等教育的人数与比例均有较大幅度的提升。君主制国家沙特是中东地区比较保守、宗教影响力较强的国家，在 20 世纪后半期，该国在女子受教育方面的成就也较为显著。1965 年，沙特接受初等教育的女性比例为 11%，到 1985 年，该项所占比例上升至 61%；女性中等教育普及率也从 1% 上升至 33%。1993～1994 年度，除了宗教学校、职业技术学校、特殊学校等，在其他类型的学校中，女学生所占的比例高达 43% 以上，在师范类学校中女学生的比例更是高达 65%[2]。由此可见沙特在女性教育方面的成就令人瞩目。除了女性教育普及率的上升外，女性在高等学校可选择的专业与课程也发生了改变。土木工程、建筑学、经济学、化学等过去只允许男性学生学习的大学专业，经过改革，女学生也可以选择。妇女文盲率的不断下降、初等教育的不断普及，提升了女性的自我意识与参政意识，为女性了解社会并积极参与国家政治生活打下了良好基础。在就业方面，妇女更多地走出家门，越来越多的妇女有了自己的正当职业，开始大批进入服务业、教育行业、行政系统、金融系统、医疗卫生行业，甚至是

---

① 赵国忠主编《简明西亚北非百科全书》，中国社会科学出版社，2000，第 658 页。

② 相关数据详见 UN，*Statistical Abstract of the ESCWA Region*，16th Issue，1996，p. 127。

工业领域和警察系统等，就业比例不断攀升，在国家经济生活中发挥着越来越重要的作用。表 6-1 显示了 20 世纪 70~90 年代阿拉伯部分国家女性就业增长率的变化。

表 6-1 部分阿拉伯国家女性就业率的增长

单位：%

| 国　家 | 1970 年 | 1980 年 | 1990 年 | 90 年代初 |
| --- | --- | --- | --- | --- |
| 埃　及 | 9 | 9 | 16 | 17.7(1995 年) |
| 伊拉克 | — | 8 | 11 | |
| 约　旦 | — | 9 | 10 | 11(1993 年) |
| 科威特 | 8 | 14 | 21 | — |
| 叙利亚 | 10 | 9 | 15 | 17(1991 年) |

资料来源：UN, WISTAT CD-ROM（Geneva：UN, 1994）；ILO, *Yearbook of Labor Statistics 1996, 1997*（Geneva：ILO, 1996, 1997），tab. 2E；Valentine M. Moghadam, *Modernizing Women：Gender and Social Change in the Middle East*, Lynne Rienner Publishers, 2003, p. 51。

第三，女性参与国家政治生活的水平不断提升。具体有以下三方面的表现。首先，由于越来越多的阿拉伯国家规定成年女性拥有选举权，再加上女性社会地位不断提升，国家内部的许多政治党派对女性越来越开放，欢迎女性加入；不少政党为了获得妇女选票，而提出更多的、力度更大的妇女改革措施。如埃及在 1979 年颁布的《选举法》中规定，人民议会必须提供 30 个议席给女性。女性作为候选人参与国家及地区选举的比例也在上升。1975~2003 年，埃及女性候选人占总参选人数的比重从 16% 上涨至 35%，而女性参与投票选举的人数在 1975 年、1986 年、2000 年分别为 160 万、360 万和 880 万[1]。伊拉克于 1959 年任命了阿拉伯世界的第一位女部长，到 1980

---

[1] 埃及新闻部新闻总署：《埃及年鉴（2005 年）》，埃及驻华使馆新闻处，2005，第 258 页。

年，伊拉克议会中的女性议员达到 19 人。其次，女性进入国家政府机关工作的人数与比例也在直线上升。2001 年，埃及政府机构中部级、司局级、主任的职位总数为 8629 个，女性占 23.7%；2008 ~ 2009 年度，政府机构高管职位数为 8702 个，女性占 26.3%[1]。由以上数据可以明显看出，二战以来的数十年间，阿拉伯国家特别是共和制国家女性参与国家政治生活的水平不断提升。最后，成立妇女组织及政党，致力于扩大女性权利，维护女性利益。以埃及为例，早在 1923 年 3 月 16 日，胡达·舒拉维领导的埃及女权联合会宣告成立，该联合会就一夫一妻制、离婚制度以及埃及妇女最低婚龄等问题及相关法律提出了一系列改革措施，极力呼吁提高女性的政治地位和妇女的权利。1938 年，在开罗举行了首届阿拉伯妇女大会，胡达·舒拉维作为埃及女性代表参加了会议。1942 年，埃及历史上第一个女权主义政党在法塔马·拉施德的领导下成立，该政党党章的基础就是实现女性在政治权利上与男性的平等。二战后，随着妇女改革运动的不断深入，埃及国内的妇女组织不断涌现，特别是 80 ~ 90 年代，各种全国性的妇女组织和政治、法律、媒体等专业妇女组织应运而生，如阿拉伯妇女团结协会（Arab Women's Solidarity Association）、新妇女中心（The New Women's Group）、阿拉伯妇女联盟（The Alliance for Arab Women）、埃及妇女权利中心（The Egyptian Center for Women's Rights）等[2]。埃及妇女依托这些组织开展了一系列旨在提高埃及女性政治、经济权益的社会活动，提升了埃及妇女的政治法律意识，推动了政府有关女性的立法工作。进入 21 世纪以来，埃及妇女改革取得重大突破。2000 年 3 月，埃及政府通过第 90 号总统令，成立了国家妇女委员会（National Council for Women）。该组织是埃及国家层面

---

[1] 埃及新闻部新闻总署：《埃及年鉴（2009 年）》，埃及驻华使馆新闻处，2009，第184 页。
[2] 谷亚平：《穆巴拉克时期妇女地位研究——以妇女政策和女性参与政治为视角》，硕士学位论文，郑州大学，2014，第 22 页。

最具影响力和权威性的妇女组织，是埃及妇女改革史上的里程碑事件。自成立以来，它在提高埃及妇女的地位方面做出了卓越贡献。与此同时，埃及妇女组织也不断与国际组织合作，如 2002 年，埃及妇女权利中心在美国的支持下，正式启动"中东伙伴关系计划"，并以此为平台，举办过多次阿拉伯妇女论坛①。

第四，妇女在社会生活方面获得更多的自由。如在科威特，1958年，规模浩大的"告别面纱"运动在科威特妇女中掀起，并取得了良好的效果。至 70 年代，科威特妇女可以衣着时髦、不戴面纱行走在大街上。近几年来，阿拉伯妇女解放问题取得进一步发展。2017年 9 月，沙特官方首次宣布允许女性驾驶汽车；10 月，又宣布允许女性进入体育场与男性一起观看足球比赛；12 月，沙特历史上首场女性演唱会在法赫德国王文化中心举办；2018 年 4 月，在海滨城市吉达举行了首次女子自行车比赛等。在埃及，2017 年初，国家妇女委员会宣布启动"2030 年妇女赋权战略"。该战略计划的主要目标是，到 2030 年，提高所有与女性有关的指标使其达到完善程度。此外，国家妇女委员会也将发展成为处理和管理埃及妇女事务的国家机构，直接隶属于总统。该委员会致力于赋予妇女充分的工作权利与经济地位，为埃及妇女事业的发展提出总方针。由于埃及妇女在法律与政治等方面取得的成就，总统塞西将 2017 年定为"埃及妇女之年"（The Year of Egyptian Women）②。

## 二　阿拉伯国家妇女发展面临的困境

自二战结束后至今，阿拉伯国家不论是政府还是社会各阶层，都

---

① 美国国务院国际信息局：《美国支持妇女在中东改革进程中发挥作用》，http：//usinfo. americancorner. org. tw/archive04/0825women. htm。
② 详见 National Council for Women，*National Strategy for the Empowerment of Egyptian Women 2030：Vision and Pillars*，2017。

非常关注本国及本地区的妇女问题，出台了许多解决妇女问题的措施与办法。通过改革，在一定程度上改变了传统社会中女性与家庭、社会的关系，为女性提供了更多的受教育、就业以及参与国家政治生活的机会，使女性穆斯林的性别平等意识得到加强，增强了其实现自我价值的意识，极大地促进了妇女解放，也使得社会发展更趋于平衡。然而，虽然改革使得女性在政治、经济、文化生活中的地位较之前有了很大的提高，但是目前阿拉伯国家的发展现状表明，实现或者达到真正意义上的性别平等仍然面临诸多挑战。

传统思想与习俗是阿拉伯国家妇女的地位未得到根本改善的重要原因之一。在君主制国家沙特，伊斯兰教作为文化载体，其教义和律法精神早已渗入社会生活的各个领域。虽然近几年沙特王国政府逐步加快了妇女改革的步伐，解除了部分禁忌，但在决策上始终小心翼翼，而且出台的旨在改善妇女地位的政策和法律时常遭到一些保守派人士的反对，被视为完全背离了伊斯兰教的传统和习俗。可以说，沙特国内大多数城市女性的教育、就业活动仍然被面纱和旧习俗所禁锢。如女性从小学到大学都是男女分校，而且比男生花更多的时间学习宗教课程；从事工作只能在女子学校、妇女商店、妇女医院等仅有妇女活动的场所。在农村，传统习俗的影响更为严重，在家庭生活、经济机会、社会活动等层面男尊女卑现象很普遍，妇女的主要任务就是生养孩子、伺候丈夫和操持家务，没有外出参加社会活动以及就业的机会。因此，根本无法获得与男性同样的社会地位和同等的生存选择权利。从长远看，海湾君主制国家不平等的两性观及其实践将会影响其国家社会文化治理的成效，而世俗主义和保守派之间的博弈在很大程度上决定了海湾君主制国家妇女地位改善的程度。

与君主制国家相比，二战以来，阿拉伯共和制国家的女性地位的确有了实质性提高，但也深受传统观念和习俗的影响，并且受到持续不断的性别歧视、性骚扰乃至针对女性的暴力行为的困扰。"哈拉斯地图"（Harass Map）组织是埃及反性骚扰的公益组织，该组织在2008年的报告中指出，通过采访调查，83％的埃及女性以及98％的非埃及女性曾经历过性骚扰[1]。妇女权利中心的一份报告也指出，有62％的埃及男性在调查中承认他们曾骚扰过女性。虽然埃及政府在2014年通过了《反性骚扰法》，但基本没有针对性的、实质性的法律惩处措施，收效甚微。

阿拉伯国家妇女地位的改变还呈现出较强的区域性和不平衡性。阿拉伯国家的政治和经济发展水平不同，共和制国家与君主制国家，世俗化和观念开放程度与妇女地位的高低密切相关，也是两类国家妇女地位有较大差异的一个原因。即便是一国之内，关于妇女的改革也主要集中在城市，所出台的法律法规及规章制度等在城市影响力较大，获得一定程度解放的也多是城市女性，而对乡村地区的女性影响甚微。因此，传统习俗与思想观念对女性的长期束缚，社会对女性受教育、就业及参与政治的偏见，以及农村经济发展远远落后于城市的现实，使得女性地位的改善在城市与农村呈现出严重的不平衡。就女性群体本身而言，上中层和下层妇女的地位与身份差异也比较明显。如在穆巴拉克时期，能够参与组织妇女运动和国家政治生活、在一定程度上已经实现自身价值的女性主要还是局限于社会上层中的知识女性，而对于普通妇女来说，生儿育女、操持家务仍旧是主要责任，她们也已经习惯于社会对她们这一群体的身份定位。

阿拉伯国家的妇女权利与地位与其他国家和地区相比仍有较大差距。与世界其他国家的妇女相比，阿拉伯妇女在劳动力总量中的比例、识字率、在各类学校中的入学率相对来说都较低。埃及女性占其

---

[1]　Neil Sadler, "Myth, Masterplots and Sexual Harassment in Egypt", *The Journal of North African Studies*, Vol. 24, No. 2, 2019, p. 247.

国家人口总数的大约49%，2017 年 3 月发布的 "2030 年妇女赋权战略" 报告指出，2016 年参与就业的妇女仅有 24.2%，政府等国家单位的雇员中女性仅占 6%①，相关数据充分表明埃及女性仍处于不平等的地位。自 2006 年起，世界经济论坛每年都会发布《全球性别报告》，根据健康、教育、经济、政治四个影响妇女地位的维度，将全球范围内一百多个国家/地区的妇女地位进行排名。在这十二年的报告中，大多数阿拉伯国家的排名始终在百名以后，甚至部分国家排名始终位于后十位（见表 6 - 2），与世界上其他国家差距较大。另外，从 2002 年发布的《人权发展报告》中可以看出，2000 年，阿拉伯地区妇女参与经济活动的比重仅为 32.9%，远远低于东亚（68.9%）、撒哈拉以南的非洲（62.3%）、中东欧（57.8%），甚至低于拉丁美洲和加勒比海地区（42%）以及南非地区（43.3%）②。

表 6 - 2　《全球性别报告》中部分阿拉伯国家妇女地位
排名及得分情况（排名/得分）

| 年份 | 沙特 | 约旦 | 叙利亚 | 埃及 |
|------|------|------|--------|------|
| 2006 | 114/0.5241 | 93/0.6109 | — | 109/0.5785 |
| 2007 | 124/0.5647 | 104/0.6203 | 103/0.6216 | 120/0.5809 |
| 2008 | 128/0.5537 | 104/0.6275 | 107/0.6181 | 124/0.5832 |
| 2009 | 130/0.5651 | 113/0.6182 | 121/0.6072 | 126/0.5862 |
| 2010 | 129/0.5713 | 120/0.6048 | 124/0.5926 | 125/0.5899 |
| 2011 | 131/0.5753 | 117/0.6117 | 124/0.5896 | 123/0.5933 |
| 2012 | 131/0.5731 | 121/0.6103 | 132/0.5626 | 126/0.5975 |

① National Council for Women, *National Strategy for the Empowerment of Egyptian Women 2030: Vision and Pillars*, 2017, p. 39.

② UNDP, *Human Development Report 2002*, Oxford University Press, 2002, tab. 25, p. 237.

续表

| 年份 | 沙特 | 约旦 | 叙利亚 | 埃及 |
| --- | --- | --- | --- | --- |
| 2013 | 127/0.5879 | 119/0.6093 | 133/0.5661 | 125/0.5935 |
| 2014 | 130/0.6059 | 134/0.5968 | 139/0.5775 | 129/0.6064 |
| 2015 | 134/0.605 | 140/0.593 | 143/0.568 | 136/0.599 |
| 2016 | 141/0.583 | 134/0.603 | 142/0.567 | 132/0.614 |
| 2017 | 138/0.584 | 135/0.604 | 142/0.568 | 134/0.608 |

注：得分为 0~1，表示一国两性之间的平等差距，得分越接近 1，表示其两性之间的平等差距越小，说明其妇女地位越高。

资料来源：World Economic Forum, *The Global Gender Gap Report 2006 - 2017*, https：//www. weforum. org/。

经过长期的改革与发展，阿拉伯国家妇女的地位已经普遍有了一定程度的提高，妇女权利也较过去更有保障。然而，要想真正实现女性与男性地位、权利的平等，解决妇女地位与阿拉伯各国"权力结构"之间的矛盾，还需要做出更大的努力。笔者认为应从如下几方面入手切实解决阿拉伯国家妇女的持续发展问题。

首先，大力发展经济，提高国家现代化水平。经济发展与国家扩张的二元进程是中东妇女地位提高的重要原因，而且，相比经济欠发达国家，经济较为发达国家的女性地位更高且更容易得到保障。因此，要想进一步解决中东国家存在的妇女问题，必须大力发展其经济。应因地制宜，借鉴他国经济发展的经验，以工业、科技带动经济稳步发展。社会的稳定与否是影响经济发展的一大因素。叙利亚、利比亚等部分中东国家近些年来长期处于动荡甚至战争局面，不仅造成了大量的人员伤亡、消耗国家大量物力财力，而且打乱了原有的经济发展进程。不同国家、不同政治团体之间应以改善民生和推动经济发展为基础，求同存异，减少冲突与战争，共同致力于现代化发展。因此，经济的健康发展是提高妇女地位的坚实基础，可以为妇女提供有效稳定的教育和就业环境。

其次，继续深化有关妇女问题的全方位改革，特别是加大教育投入力度。从法律改革角度来看，一方面，通过制定法律法规保障妇女在家庭、教育、婚姻、身份上的基本权利，使女性维护自身权利有法可依；另一方面，制定相关政策，对于侵犯妇女、危害妇女权利的人予以实质性的惩罚，绝不纵容姑息。从社会改革的角度来看，女性应享受与男性在公共生活领域中的同等待遇，尽力避免性别歧视。应鼓励妇女积极创业、就业，并且为其就业、创业提供一定的引导与政策支持，对于在孕期、哺乳期的妇女则应予以更大的帮助。众所周知，教育是一个国家可持续发展的关键要素，虽然当代阿拉伯国家在扫盲和基础教育方面已取得不错的成绩，但是仍需加大教育改革的力度。一方面，继续普及基础教育，提高基础教育的水平，使每个适龄儿童都能够获得较为优质的教育资源；另一方面，加大对高等院校的资金与人才投入，提高高等院校的入学率，保证女性学生的入学比例。

最后，妇女组织应不断发展完善自身，提升影响力，在改变传统习俗与观念、有效促进妇女解放上发挥更大作用。目前，阿拉伯国家大多成立了各类妇女组织、团体甚至党派，但囿于自身规模和影响力，这些团体组织并没有发挥其应有的功能与作用。妇女组织首先应明确自身的目标与努力的方向，制订能够切实保障女性权利与利益的方案，为妇女发展自身提供便利。另外，妇女组织应加强性别平等宣传，使人们普遍树立男女平等的意识，通过新媒体等引导社会舆论关注女性的发展，提高妇女维护自身合法权利的意识，并为女性维权提供相应支持与援助。

妇女发展、妇女问题的解决是一个长期而艰难的过程，要想真正提高阿拉伯国家妇女的地位，从长远来看，必须推动国家经济发展与社会进步——现代化程度是影响妇女地位的重要因素。持续的改革必不可少。但是阿拉伯国家妇女群体长期处于被压制的状态，以及长期存在的父权制思想，决定了改革必须是稳扎稳打循序渐进的。当然，女性自身的努力也至关重要，女性应致力于提高性别平等意识、维护自身正当权利，只有这样，才能更好地推动阿拉伯国家妇女问题的解决。

## 第二节　阿拉伯国家的民族与教派问题

中东地区是世界文明的发源地之一，也是伊斯兰教、犹太教、基督教等多个宗教的诞生地，阿拉伯人、犹太人、波斯人、库尔德人、突厥人等诸多民族都生活在该地区，民族教派众多。近代以来，中东成为西方大国殖民竞争的角逐场所，分属奥斯曼帝国境内、利益诉求不同的各民族和教派亦成为西方大国分而治之的重要工具。一战后的委任统治和人为划定疆界的做法，重构了中东政治版图，使原本就存在的民族宗教矛盾逐步凸显。二战结束后，随着以色列建国，民族与宗教问题成为中东地区冲突与战争频发的重要催化剂。阿拉伯国家与以色列之间的矛盾上升为中东地区的主要矛盾，但在数次中东战争后，阿拉伯各国出于外部环境和国家利益的考量，在阿以冲突问题上始终难以形成一致意见，逐步趋于分裂，无法重建第一次中东战争时针对以色列的统一战线和阵营。与此同时，阿拉伯国家内部则充斥着复杂的民族与教派冲突，在一定程度上也弱化了巴勒斯坦问题这一中东地区核心问题的地位。

民族与教派一直以来都是阿拉伯民族国家构建与社会结构的重要组成部分，也是反映阿拉伯国家社会变迁的一个重要指向标。从民族上来看，阿拉伯民族是中东地区的主体民族，人口众多且分布广泛，截至2006年，全世界共有2.3亿左右的阿拉伯人。除了阿拉伯人之外，中东地区还生活着波斯人、土耳其人、库尔德人等。波斯人多集中于伊朗，土耳其人集中在土耳其，库尔德人则是典型的跨境民族，主要分布于伊拉克、土耳其、叙利亚、伊朗四个国家。从教派上来看，中东地区的宗教信仰以伊斯兰教为主，该地区绝大多数居民都是穆斯林。伊斯兰教内部又分为很多派别，如什叶派、逊尼派、哈瓦立及派、伊斯玛仪派等，其中什叶派与逊尼派是两大主要派别。逊尼派人数较多，属多数派，又称伊斯兰正统派，沙特是逊尼派穆斯林的大本营；什叶派为少数派，伊拉克、沙特及巴林等国的什叶派是所在国重要的少数教派，叙利亚的阿拉维派也是本国的少数教派。起初两者由于先知继承人的合法性问题产生分歧，进而分裂为两个派别。在数个世纪的争斗中，两派演进出不同的教义思想与主张。20 世纪以来，特别是第二次世界大战以来，阿拉伯国家相继从传统社会向现代社会转型，居于统治地位的教派所实施的政策深刻影响了少数教派及群体的生存与发展。部分国家政府对于少数派采取打击和压制政策，如伊拉克什叶派大地主和商人等政治上居劣势的族群利益，在 50～70 年代推行的国有化和土地改革中遭受了沉重打击①；也有国家在制定政策措施时没有顾及少数群体的利益，长期将其排斥于国家权力体系之外。因此，种种因素导致阿拉伯国家的民族与教派矛盾和冲突持续不断且异常激烈。

## 一 沙特阿拉伯的宗教问题

沙特阿拉伯是阿拉伯半岛上国土面积最大的国家，阿拉伯人在国内占大多数，此外还有 30% 左右的外籍人口。如前所述，沙特阿拉伯与中东地区其他国家的一大不同便是瓦哈比派对国家政治的巨大影响。瓦哈比派也称瓦哈比主义，是由穆罕默德·伊本·阿卜杜·瓦哈卜所创立。瓦哈比派主张"认主独一""强化一神信仰""回归经

---

① Kiren Aziz Chaudhry, "Economic Liberalization and the Lineages of the Rentier State: Iraq and Saudi Arabia Compared", in Nicholas Hopkins and Saad Eddin Ibrahim (eds.), *Arab Society: Class, Gender, Power and Development*, Cairo, 1997.

训"等，也主张进行圣战，强调要恢复伊斯兰教诞生之初的严格性与纯洁性①。1774 年，穆罕默德·伊本·沙特作为阿拉伯半岛上最大的部落首领，为了赢得对整个半岛的统治权，与瓦哈比派联盟。长期以来，瓦哈比派为沙特家族的统治、扩张以及进行圣战等提供宗教伦理上的支持与依据，并向沙特家族效忠，不断努力建立一个独尊安拉的伊斯兰国家；沙特家族也为瓦哈比派的宣教与传播提供鼎力支持，并在 1932 年建国后将其确立为国教。

沙特王国的宗教问题其实就是逊尼派与什叶派之争。

从宗教分野来看，伊斯兰教是沙特阿拉伯的国教，绝大多数居民都是逊尼派穆斯林，什叶派穆斯林人口仅 350 万，约为全国总人口的10%～15%②。

从分布来看，沙特什叶派主要集中居住在沙特王国的东方省，包括哈萨、卡提夫、加瓦尔等盛产石油的城市。东方省不仅是十二伊玛目派的传统聚居区，如盖提夫城完全由什叶派穆斯林控制，而且也是沙特王国的经济命脉所在，分布着大量的油气资源、炼油厂和海港码头。

从双方矛盾来看，历史上双方就伊斯兰教教义和伊斯兰世界的领导权问题长期存在分歧和冲突，但究其实质，是不同历史发展阶段各自宗教派别群体成员的政治、经济以及社会权益问题。正因为如此，现代沙特王国成立之后，沙特王室为了保证逊尼派统治的长治久安和防止邻国伊朗（1979 年后）什叶派对沙特国内什叶派穆斯林的影响，不断采取措施在各方面打击和压制什叶派的发展。①在政治上，沙特家族刻意将什叶派边缘化，将其排除在王国政治权力体系之外。沙特自 1932 年建国以来，从未有什叶派人员在中央和地方政府中的关键

---

① 倪真：《瓦哈比主义与沙特王权》，《国际参考研究》2017 年第 1 期。

② "Shia Islam in Saudi Arabia"，http：//en. wikipedia. org/wiki/Shi'a＿Islam＿in＿Saudi＿Arabia.

部门和职位任职，军队和安全部门也将什叶派排除在外，驻外国大使馆的外交人员也大多是逊尼派穆斯林。在政府核心权力阶层中人员的缺失导致这一宗教群体无法分享王国的政治权力。②经济上，沙特政府不断剥夺什叶派穆斯林的利益。如石油收入是沙特王室和整个王国国民经济中最为重要的财富来源，但沙特国内大多数的油田、气田以及主要的炼油厂等都位于沙特东部什叶派人口占多数的地区。而沙特政府把东方省石油开采与加工带来的巨额财富，主要用于逊尼派占多数的沙特首都、核心省份以及沙特西岸等地区的建设与发展，使得什叶派失去了获取更好的经济条件、教育环境以及社会发展的机会，尤其是什叶派的乡镇发展严重滞后。另外在东方省的众多石油公司如阿美石油公司中，高级管理职位多为逊尼派穆斯林所掌握，什叶派穆斯林很难有升迁的机会，而且什叶派工人的整体工资也低于逊尼派工人。③宗教上歧视什叶派穆斯林。1913年，伊本·沙特率部队征服了东部省的哈萨，征服之后以严酷措施对待当地什叶派，禁止什叶派去伊拉克朝圣，不得庆祝什叶派的宗教节日等；1926年，沙特政府摧毁了包括什叶派十二伊玛目中第二、四、五、六伊玛目在内的诸多什叶派先贤的陵墓。许多受到沙特政府支持的官方乌莱玛将什叶派信徒视为异教徒，并严禁两派信徒通婚。逊尼派统治者还关闭并拆除部分什叶派清真寺，严格限制什叶派在国内的传播，迫使什叶派改宗逊尼派。

逊尼派对什叶派的公开压迫使得两个教派之间矛盾冲突不断。1979年11月，美国军队到达东方省的阿卜杜勒·阿齐兹空军基地进行军事演习，什叶派穆斯林爆发了大规模的示威游行，以表达他们对沙特王室及其背后的西方力量的强烈不满；1980年2月，在霍梅尼返回伊朗一周年之际，沙特东方省的什叶派举行了盛大的庆祝活动；海湾战争后，双方关系有所缓和，沙特政府采取了较为温和的措施改善什叶派长期以来在各方面的困境，以消弭双方的矛盾冲突，但未能从根本上解决问题；2011～2012 年，受中东政治民主化浪潮的影响，沙特东方省的许多城市如达曼、盖提夫等地都爆发了示威游行，抗议沙特政府长期以来对他们的压迫与不公正待遇；2016 年 1 月，沙特处决了包括什叶派领袖尼姆尔在内的 4 名什叶派人士①，引发沙特国内乃至伊朗什叶派的抗议浪潮；2017 年 7 月，盖提夫市的一位什叶派谢赫及一些什叶派穆斯林被沙特当局无理由逮捕，引起了什叶派人士的不满。

值得一提的是，沙特逊尼派与什叶派之间的关系也反映出沙特与伊朗的对抗与博弈。沙特国内的什叶派成为对两者而言都不可忽视的重要力量，伊朗支持沙特国内什叶派穆斯林，沙特则一方面对什叶派做出一定妥协让步，另一方面加强对国内什叶派的监管与控制。长期的压迫与反抗使什叶派与逊尼派两个派别之间的仇恨与愤怒情绪难以消除，而原因也是多方面的。宗派主义使得逊尼派和什叶派天然对立，沙特东方省对以内志、汉志为基础的沙特王朝缺乏历史认同，再加上逊尼派对什叶派的压制，使得东方省的什叶派对中央政权有较强的离心倾向。此外，伊朗国内什叶派占主体，伊朗伊斯兰革命对沙特什叶派也是巨大的鼓舞，所以沙特国内什叶派与伊朗之间的关系更为亲密，与沙特中央政权则更为敌对。

总体上来说，进入 21 世纪以来，沙特什叶派与逊尼派政府的关系从对抗逐步走向缓和，双方都在为构建新型的关系不断调整策略，沙特政府为改善国内和国际安全环境，也一改传统的暴力手段方式，与什叶派上层进行初步和解，并有限吸收什叶派人士进入政府；而什叶派自知无法与政府直接对抗，更多地采用对话和协商的方式改善自身处境。因此二者之间存在一些共同的利益诉求，共存对话而非消灭

① 《真相：沙特伊朗因他翻脸　尼姆尔是谁？》，人民网，http://world.people.com.cn/n1/2016/0104/c157278 - 28010633.html。

或推翻对方成为构建双方关系的基础。当然，由于历史现实的诸多因素，教派冲突始终是影响沙特政治与社会稳定的重要因素。

## 二　伊拉克的民族与教派问题

伊拉克共和国是一个以阿拉伯民族为主体的多民族国家，根据2001年全国人口普查结果，伊拉克全国人口约为2360万，阿拉伯人在总人口中占据多数，约为73.5%，在剩余的少数族裔中，库尔德人约占全国人口总数的21.6%，亚美尼亚人、土耳其人、伊朗人、亚述人、犹太人等占全国人口的4.9%。伊斯兰教是伊拉克共和国的国教，国内有95%左右的居民是穆斯林，其中逊尼派穆斯林在穆斯林中所占比例为45.5%，什叶派穆斯林约为54.5%，基督教徒约占全国人口的3.6%，犹太教徒约占1.4%[①]。伊拉克国内通用英语，阿拉伯语为官方语言，但在一些少数族群聚居区，地方语言较为盛行，如在北部库尔德地区，主要使用的就是库尔德语；在东部地区，有部分部落使用波斯语。

库尔德族是中东地区最古老的土著民族之一，在中东地区已有超过四千年的历史，是阿拉伯民族、土耳其民族、波斯民族之后的第四大民族，其在中东地区的分布区彼此相连，形成库尔德地区。伊拉克的库尔德人约占全国总人口的21.6%，是伊拉克国内最大的非主体民族，主要分布在伊拉克东北部的山区，以埃尔比勒、基尔库克、苏莱曼尼亚、摩苏尔四省为主。库尔德人聚居的该地区农牧业生产较为发达，且有大量的石油储藏——该地的石油储量占伊拉克全国石油储量的60%以上，其石油出产量占伊拉克产量的80%以上[②]，战略地位十分重要。伊拉克的库尔德人一直保持着以部落为基础的社会结构，

---

[①]　杨伟国、张海涛：《伊拉克》，载《世界知识年鉴（2001/2002）》，世界知识出版社，2001，第243页。

[②]　程星原：《伊拉克民族宗教概况》，《国际资料信息》2003年第4期。

并在长期的发展中形成了独特的语言与文化，拥有较强的民族归属与认同。由于伊拉克库尔德人在地理、经济与文化等方面的特殊性，外界的文化与思想很难渗透、影响到库尔德人，其整个民族也很难被外族征服。

长期以来，伊拉克境内的库尔德人主张实行民族自治，要求获得更多的政治民主权利，甚至部分库尔德人要求建立独立的库尔德国家。第一次世界大战期间，英国占领了伊拉克北部库尔德地区，激起了库尔德人的强烈反抗。战争结束后，英国为了镇压阿拉伯民族的反英斗争，对库尔德人实行拉拢政策，支持其实行自治，但后来又撕毁了协议。第二次世界大战期间，整个库尔德地区进行了大规模的反英斗争，但是由于双方力量悬殊，被英国军队严厉镇压。二战结束至90年代末期，库尔德人为扩大权利、实行自治等不断与伊拉克政府交涉。伊拉克库尔德民主党在1945年成立之初就提出要实行民族自治，并制订适合库尔德地区发展的经济纲领与土地改革纲领等。1961年，库尔德人发动武装起义，抗议政府不兑现给予库尔德人自治权利的承诺。1964年，在同伊拉克政府的谈判中，库尔德民主党再次强调了其对于民族自治与民主权利的要求。1980年伊拉克与伊朗爆发战争，伊拉克库尔德人得到伊朗霍梅尼政府的大力支持，势力迅速壮大，与伊拉克政府之间的对抗也更加激烈。但是在海湾战争之后，伊拉克库尔德人遭到政府的残酷镇压，库尔德人大量逃亡，形成一系列库尔德难民问题。

除了库尔德人与阿拉伯人之间的民族矛盾之外，在伊拉克还存在教派问题，最主要的就是占人口多数的什叶派与居于统治地位的逊尼派（2003年伊拉克战争之前）之间的矛盾。什叶派也可以说是发源于伊拉克，公元7世纪，"骆驼之役"后，阿里将首都迁到库法城。661年，较为激进的哈瓦立及派刺杀了阿里，支持阿里的一派在逐渐发展过程中形成了什叶派，阿里陵墓所在地纳杰夫，以及阿里次子侯赛因遇难地和陵墓所在地卡尔巴拉都成为什叶派的圣城。在伊拉克历史上，曾有部分什叶派王朝统治这个地区，对于推动什叶派的发展有重要意义。但是到奥斯曼帝国统治时期，逊尼派在伊拉克地区已经确立了统治地位。

什叶派与逊尼派在宗教思想与认识上存在很大不同。在整个阿拉伯世界中，逊尼派居于多数地位，因而逊尼派主张泛阿拉伯主义，与其他阿拉伯国家进行合作，建立一个大阿拉伯国家。而什叶派穆斯林由于担心统一的阿拉伯国家会进一步降低什叶派的地位，坚决反对建立泛阿拉伯国家。此外，什叶派的宗教情绪更加浓厚，他们在宗教及社会中也更为保守。整个 20 世纪后半期，伊拉克什叶派与逊尼派之间的矛盾相当尖锐。1968 年以来，复兴党广泛推行世俗化措施，保守的什叶派强烈反对，遭到残酷压制。1974 年，伊拉克政府秘密逮捕并审判了十多名国内什叶派领袖人物，其中 5 人被秘密处死①。1979 年，伊朗爆发伊斯兰革命，进一步刺激了伊拉克什叶派的反政府情绪，什叶派在多个城市举行示威游行，开展反政府武装斗争。

伊拉克什叶派与逊尼派之间数十年的冲突与矛盾还根植于政治权力体系中教派力量的不平衡。第二次世界大战以后，逊尼派穆斯林作为伊拉克的少数派长期执政，在很大程度上导致伊拉克国内社会阶级关系的转折。

首先，什叶派与库尔德人在社会地位上出现一些改变。1958 年之后的十年中，逊尼派执政且地位不断巩固的原因是多方面的，一方面，卡塞姆作为统治者，其本身是逊尼派穆斯林，他所领导的伊拉克自由军官组织多是阿拉伯民族主义者，并得到了逊尼派穆斯林的支持；另一方面，伊拉克作为奥斯曼帝国属地之时，逊尼派穆斯林始终是统治阶层。据统计，1958 ~ 1968 年，伊拉克政府中部长以上的官

---

① 黄民兴：《伊拉克民族构建问题的根源及其影响》，《西亚非洲》2003 年第 6 期，第 46 页。

员，逊尼派达到54%，什叶派为30%，库尔德人仅为11%[①]，逊尼派在政治精英中的比重超过了君主制时代其所占比重。萨达姆上台后，逊尼派穆斯林地位更是得到加强，他们牢牢掌握着伊拉克国家的政治与经济权力，在统治中不断对什叶派与库尔德人采取打压政策，力图使其边缘化。

其次，逊尼派少数派长期执政，使得某些特殊利益集团得以诞生，最明显的是以萨达姆为首的复兴社会党的统治集团。由于伊拉克在建国特别是二战后，军事政变与军事革命频繁发生，至萨达姆统治时期复兴社会党在伊拉克的至高地位已经得以确立。萨达姆执政期间，又借助军队与官僚机构强化了复兴社会党的统治地位。萨达姆及其家族、提克里特地区的逊尼派部落以及他领导的复兴社会党精英构成伊拉克社会中的最高统治阶层，他们把持着诸如国家警察、革命指挥委员会、总统卫队等一系列国家重要部门，并掌握着国家经济命脉。到萨达姆统治后期，复兴社会党一党专政，萨达姆本人被神化，他是复兴社会党的最高领导人，也是国家的领袖。

然而，2003年伊拉克战争改变了复兴社会党一党专政的局面，也使得伊拉克的族群、教派结构出现了重大变化。复兴社会党作为特权集团已经消失，其在国内专政的局面也由于英美的打击土崩瓦解。不过，这也为后萨达姆时代伊拉克的民族国家构建和社会结构的重组带来巨大的困境，过去居于统治地位的逊尼派开始失势，占人口多数的什叶派及其他教派势力更加活跃，并谋求建立一种教派分权的政治权力架构体制。因此，什叶派穆斯林、库尔德人迅速崛起，逊尼派穆斯林的迅速衰落成为新时期伊拉克政治结构转型与社会转型中的一个重要特征。

---

① Phebe Marr, *The Modern History of Iraq*, Westview Press, 1985, p. 282.

### 三 叙利亚的族群与教派问题

当今叙利亚主体族群为阿拉伯人，约占其总人口的90.3%，而剩余的约9.7%则是库尔德人、犹太人、亚美尼亚人等一些非阿拉伯族群①。阿拉伯语是叙利亚的官方语言，也是整个国家的通用语言。除了阿拉伯语之外，库尔德语、切尔克斯语、亚美尼亚语、阿拉姆语等语种也在少数地区使用。叙利亚绝大多数民众是穆斯林，且分为不同的教派，其中最主要的教派是逊尼派。逊尼派穆斯林在全国总人口中约占74%，德鲁兹派、阿拉维派以及其他少数伊斯兰教派别约占16%，包括东正教徒、天主教徒以及新教徒在内的基督教徒约占全国人口的10%。此外，还有人口数量较少的犹太人②。

在叙利亚国家内部，族群、教派的分布较为不平衡，除了逊尼派在整体上占据优势外，部分少数派则在某些省份具有很大的影响力，如德鲁兹派、伊斯玛仪派、阿拉维派以及库尔德人等。以德鲁兹山区为例，在该地区，德鲁兹派人口占该地总人口的87.6%，而逊尼派人口在该省只占不到2%，除此之外，还有东正教以及一些其他基督教社团等③。在拉塔基亚省，阿拉维派人数较多，约占全省人口的62%，在该省的农村地区，希腊东正教徒的数量也不少。库尔德人较其他三个少数族群更为特殊，因为从族裔上来说，库尔德人属于少数族群，然而，其信仰为伊斯兰教逊尼派，从信仰上则属于人口占多数的教派。

族群教派问题对叙利亚国家构建有着重要影响。第一，由于叙利亚族裔、信仰等呈现出多元化的特点，居民多习惯以部落、族群等为单位聚居在一起，故对于其所属的族群派别等有着较强的归属感；第

---

① 王霏：《试论叙利亚的族群、教派与地域忠诚问题》，《阿拉伯世界研究》2016年第1期。
② 王霏：《试论叙利亚的族群、教派与地域忠诚问题》，《阿拉伯世界研究》2016年第1期。
③ Nikolaos Van Dam, *The Struggle for Power in Syria*, *Sectarianism*, *Regionalism and Tribalism in Politics*, *1961–1980*, Croom Helm, 1981, p. 21.

二，叙利亚各主要族群教派较为集中，且在地域上相互隔绝，地理上的天然屏障使得不同少数派别之间难以互相交流，不同群体之间的差异较为突出，这更加深了少数派别的自我身份认同意识。因此，不同地域的族群、教派等有着较强的忠诚感与认同感，对现代叙利亚的民族国家构建形成了巨大挑战，不利于形成具有统一认同的叙利亚民族国家。

2011 年初至今，叙利亚政府军、叙利亚反对派组织、"伊斯兰国圣战者"之间爆发内战。教派也成为内战的部分原因。属于什叶派—阿拉维派的巴沙尔家族在叙利亚长期占据统治地位，而阿拉维派在叙利亚人口结构中属于少数；逊尼派在国内占据大多数，但又不掌握政治权力，成为对抗政府的主要社会力量。目前，叙利亚内战趋于结束，巴沙尔政府在重建期间依然面临族群和教派问题的挑战，而这也势必影响叙利亚的社会稳定。

## 四　民族教派问题复杂的原因分析

民族与教派问题始终是中东地区冲突不断的重要根源，而导致该问题的原因也是多方面的，既包括中东各国内部的原因，更有大国因素，下面进行简要分析。

第一，中东国家内部民族众多，政治问题复杂，使得民族教派问题更加突出、更趋于国际化。阿拉伯人是中东地区的主体民族，在大多数国家，阿拉伯人作为主体民族所占比重比较大。但是在地处阿拉伯世界边缘的国家，如伊拉克、叙利亚中，存在两个或者两个以上较大的民族①，则容易出问题，如库尔德民族问题已成为两国国家治理中无法回避的重大问题。在这些国家中，很容易出现民族关系问题，一旦处理不得当便会引发长期对立甚至规模不等的冲突。除民族外，

---

① 安维华：《论中东民族问题中的政治因素》，《西亚非洲》1999 年第 2 期，第 5 页。

教派冲突也是一个重大问题。中东地区诞生了如基督教、犹太教、伊斯兰教等多个世界性宗教且宗教教派众多，仅伊斯兰教就分裂出什叶派、逊尼派、哈瓦立及派、伊斯玛仪派等多个派别。叙利亚、黎巴嫩等处于伊斯兰教与基督教连接的边缘地带，常会因为不同的宗教信仰与派别而产生矛盾。如在黎巴嫩，国内接近一半的民众为基督教徒，穆斯林占全国人口的54%左右，不同信仰的团体之间经常发生冲突。不仅如此，黎巴嫩国内的穆斯林又分为逊尼派、什叶派、德鲁兹派三个主要派别，基督教徒也分为马龙派、希腊东正教、罗马天主教、亚美尼亚东正教等派别，因此，同一宗教内部不同派别的冲突也不鲜见。此外，中东地区一些国家为了与别国对抗，也会支持敌对国内的少数民族或其他宗教派别，向其提供经济与军事支持，以对抗该国中央政府。如在两伊战争期间，伊拉克境内的库尔德人就获得了来自邻国伊朗霍梅尼政府的大力支持。如此便使得国内民族、教派问题更加复杂，更趋于地区化、国际化。

第二，一战时期西方殖民主义者对中东的瓜分为中东民族问题的出现埋下祸根。第一次世界大战前，英国、法国等殖民主义强国在中东地区建立了许多殖民地与保护国，如英国占领了塞浦路斯、波斯湾沿岸诸国、南也门等，法国占领了马格里布部分国家，意大利将利比亚纳入自己的势力范围。一战期间，西方列强签订秘密条约，瓜分中东地区。英国与法国签订的《赛克斯—皮柯协定》规定，法国占有现黎巴嫩境内的提尔以北叙利亚的沿海地带，英国则占领海法、阿克以及两河流域从巴格达到波斯湾的广大地区，巴勒斯坦地区交由国际共管①。战争结束后，战败的奥斯曼帝国被迫与协约国签订《色佛尔条约》，虽然后来条约中关于土耳其的部分被土耳其政府否决，但是对于条约中涉及的其他地区，则进一步确认了英法等国的占领与瓜分，英法的殖民统治取代

---

① 安维华：《论中东民族问题中的政治因素》，《西亚非洲》1999 年第 2 期，第 2 页。

了奥斯曼帝国的统治。然而，原奥斯曼帝国地域辽阔，且到帝国统治后期，其本身也沦为西方的殖民势力范围，境内不同民族所在行省有较大的自主权。英法等一战的战胜国接管该地区后，为了方便统治，获得最大化的利益，通过"分而治之"的手段，挑拨不同民族之间的矛盾，使该地区内部矛盾不断激化，直接引发新的地区性矛盾，如库尔德人问题、巴勒斯坦问题等。

第三，大国插手中东内部问题是中东地区矛盾激化的重要原因。第二次世界大战结束后的世界格局以美苏冷战为主，对于美国和苏联这两个世界大国而言，它们在东亚以及欧洲的势力范围基本已成定局，且整体形成"均势"局面，而地缘政治利益与石油资源则加剧了美苏两国在中东地区的争夺。1967年第三次中东战争中，美国为了抗衡苏联在中东的势力扩张，打击埃及的反美情绪，从战争之初就向以色列提供全方位支持，帮助以色列占领了阿拉伯国家的许多地区，如西奈半岛、加沙地带、戈兰高地等，使得阿以矛盾进一步激化。而苏联在战前限制阿拉伯国家与以色列的对抗，战争中袖手旁观，加剧了阿拉伯国家的损失。1982年以色列入侵黎巴嫩也得到了美国的默许与支持。除此之外，伊拉克战争后以美国为首的部分国家对伊拉克实行严厉的制裁，并在伊拉克、叙利亚等国，通过扶植当地势力干涉其内政。因此，霸权主义国家对于中东国家内部事务的挑拨与干涉使得该地区矛盾重重。

中东地区多民族、多教派的状况是民族问题与教派冲突出现的基础，英美苏等大国对该地区的干涉使国家内部矛盾与国家之间的矛盾更加激化。民族冲突、教派冲突对中东地区经济发展与社会稳定产生了极大的负面影响，并导致了许多难以解决的国际问题。近些年来，部分阿拉伯国家的民族与教派问题愈演愈烈，甚至出现了战争冲突。2011年，由于利比亚社会矛盾特别是部族矛盾非常突出，总统卡扎菲的高压统治以及对示威游行的强力镇压，再加上国外势力对政府反对派的支持，利比亚爆发了内战。卡扎菲政府垮台后，随之而来的是利比亚国内的二次内战与军阀混战，不同利益团体、不同教派竞相争夺统治权力。民族问题与教派问题是在长期发展过程中酝酿出来的，想要彻底解决并非易事，战争也只会导致两败俱伤，国内民众会为此承担巨大的代价。对于多民族、多教派的国家，统治阶层在制定政策措施时，在维护国家统一的前提下，应尽可能地兼顾少数民族、群体的利益与需求，制定符合其民族、教派发展的政策措施，这样才能更好地弱化民族、教派矛盾，避免引发冲突。

# 第七章
# 阿拉伯国家社会结构
# 与社会稳定的互动关系

　　2010 年 12 月开始，爆发于西亚北非的"阿拉伯之春"在较短时间内迅速导致突尼斯、利比亚、埃及等国威权政府倒台，叙利亚也深陷内战泥淖；而与共和制国家形成鲜明对照的是，以沙特王国为代表的君主制政权虽然也受到"阿拉伯之春"溢出效应的影响，但保持了相对稳定。当然，这并非意味着君主制政权比世俗威权政府更稳定，而是说社会稳定与否取决于国内外的多种变量因素，尤其在社会转型过程中，一个国家的社会稳定与该国的社会结构是否合理密切相关，还要看统治者和社会上层是否能够通过渐进性的变革举措来平衡各种社会力量，从而达到社会上层、中间阶层和社会下层三者之间的一种均衡，使社会整体上呈现良性运行状态。否则，在社会结构失衡或者出现较为严重的不协调状况之时，很容易引发诸多社会矛盾，造成社会群体之间的对立与冲突，甚至直接威胁国家与社会的稳定，继而从根本上影响国家治理与发展。

　　维护社会稳定是当今世界各国的重大现实问题，是各国现代化改革和社会持续发展的基础和条件。根据学者沈瑞英的研究，社会稳定是一个多维度的、复杂的系统工程，社会稳定涵盖了政治、经济、思想意识形态以及国际环境等多个子系统之间相互依存和制约的稳定，从而形成一个统一的有机体和有序状态①。

本章将就阿拉伯国家社会结构中的精英阶层、中产阶级、社会下层与社会稳定的关系予以探讨和分析。

## 第一节　精英阶层：政治稳定的塑造者

政治稳定是社会稳定这个宏大体系中的关键要素，是社会稳定的核心。一般来说，政治稳定要求政治系统具备维持现有政治秩序和适应政治变动的能力，以保证现有政权发展的有序性和继承性。政治稳定的现实体现是国家要建立符合国情的政治权力结构，通过合理的制度安排避免在社会转型期出现政治发展滞后现象，并结合变化的社会条件和环境做出适时适当的政治调整。

阿拉伯共和制国家的政治结构在二战前后经历了三个演变阶段，即早期君主制、共和制以及改革时代的共和制。早期君主制时期，如伊拉克哈希姆家族统治下的费萨尔王朝、埃及的法鲁克王朝，其统治基础是大地主、酋长、宗教贵族和王室。此期由于政治高压，在叙利亚和伊拉克还存在反对派（如复兴社会党）的政治活动。在其社会构成上，叙利亚复兴社会党包括农民、商人、军官（伊拉克复兴社会党早期包括不少库尔德人）。二战后，阿拉伯世界处于西方委任统治、本国王朝政府和其他政治势力的多方角逐状态，在严重的政治动荡中，精英集团（特别是军人）挺身而出，终结混乱局势。在反帝反殖的民族解放运动大背景下，埃及、叙利亚、伊拉克等国家根据自

---

① 沈瑞英：《矛盾与变量：西方中产阶级与社会稳定研究》，经济管理出版社，2009，第43页。

身历史条件和基础，通过社会革命和军事政变摧毁了传统封建政治体制，埃及以纳赛尔为首、伊拉克以卡塞姆为首的自由军官组织分别推翻了法鲁克王朝和费萨尔王朝，建立了以中小资产阶级和军人为统治基础的共和制政体。军事政变带来的一个重要结果就是产生了一批源自社会中下层的新权力精英，旧有的政治体制发生了革命性的变化[①]。社会体制短时间内的急剧转变，完全改变了传统社会上层阶级结构。也正是在这种突发性和外源性的重大变革进程中，共和制国家发展出了一种独特的政治体制模式，即一党制军人政权。阿拉伯国家的军人干政推动了国家政治体制的重建，虽然在一定程度上弱化了政治民主化进程，但军人干政有效纠正了原有的社会秩序轨迹，维护了政治稳定。70年代以来，埃及、伊拉克等共和制国家随着社会结构的进一步演进，越来越多的专业技术精英进入政府部门，这也导致国家权力阶层逐步向文官化转换。在埃及，具有较高文化程度、技术和管理水平的新式精英开始担任政府中的重要职务，取代传统军人或文职人员成为政权的主要支柱。同时，随着政党与议会组织作用的凸显，埃及、伊拉克、叙利亚等共和制国家的政权依托均出现了转向，一党专权的政治格局形成。

共和制国家埃及、伊拉克、叙利亚的统治者与精英阶层对本国政治稳定的影响和作用是重大而关键的，可以说，政治稳定很大程度上与统治者和精英阶层所构建的政治权力结构或者政治制度密切相关。

学者毕健康曾以埃及为例指出阿拉伯共和制国家在二战后的政治剧变中，形成了统治初期的一党制军人政权和中后期的总统独大制的政治权力结构，其特征是以总统—行政机关为核心，唯一执政党为政治权力外层，以议会为立法工具[②]。与此同时，围绕统治者所产生的

---

① James A. Bill, "The Military and Modernization in the Middle East", *Comparative Politics*, Vol. 2, No. 1, Oct. 1969, p. 60.

② 毕健康:《埃及现代化与政治稳定》，社会科学文献出版社，2005，第93页。

新权力精英集团，享有对国家政治、经济、军事安全、外交等重大事务的绝对决策权，精英阶层正是依靠新的政治体制达到政治稳定目标的。

根据前文对精英阶层的分析，阿拉伯共和制国家政治精英集团管控政治权力结构与政治体制存在如下几方面的共性，这也是共和制国家长期以来维持政治稳定的基本要素。

（1）威权政治和奇里斯玛式人物的影响。作为政治概念，威权政治常被视为一种过渡性的政体，它不同于民主政体与独裁政体，通常披着民主的外衣，政治精英通过威权手段攫取政权，实施一种包含部分民主成分的集权统治。虽然有着不同的表现方式，但威权政治可以说是当代阿拉伯共和制国家普遍存在的一种政体形式，深刻影响了半个世纪以来阿拉伯共和制国家的政治发展与稳定。与此同时，伴随着威权政治，出现了许多奇里斯玛式的著名政治领袖，如纳赛尔、哈菲兹·阿萨德、卡扎菲等，他们在特殊的年代成为阿拉伯世界的政治强人，不仅受到本国人民的追捧，提升了综合国力，而且受到了西方国家和其他发展中国家的关注。这些政治强人的意志与决策在一定程度上是维持社会稳定的重要因素。

（2）军人是共和制国家政治精英的核心群体，如埃及纳赛尔时期的自由军官、叙利亚和伊拉克的军队精英牢牢控制着军队和安全部门，而且各国基本上都维持相对庞大的军队，军队成为共和制国家独立初期实施政治统治和维护政治稳定的主要支柱。

（3）一党制的总统独大制。如埃及的阿拉伯社会主义联盟、民族民主党，叙利亚和伊拉克的复兴社会党，宪法赋予了上述政党执政地位和总统在党、政、军的独大特权。虽然70年代曾经有过有限多党制的政治试验，但始终未能改变强人政权和威权政府的格局。

（4）共和制国家普遍设立议会组织和统战组织，一方面通过主导立法为其统治提供合法性依据，另一方面以此来吸纳各种技术官僚和政客，成为其政治统治的重要工具与基础。如埃及和叙利亚的人民议会、民族进步阵线等。

（5）除了埃及，叙利亚和伊拉克政治体制中家族与教派政治特征明显。如叙利亚的阿萨德家族虽然属于叙利亚宗教少数派即什叶阿拉维派，而国内占人口多数的逊尼派在40多年来始终受到阿拉维少数派的统治。哈菲兹·阿萨德也是二战以来阿拉伯国家在位时间最长的统治者之一，同时也是唯一成功将统治权移交给下一代的人。而伊拉克战争之前的逊尼派萨达姆家族也是统治着占伊拉克人口多数的什叶派，萨达姆的核心圈子成员主要来自萨达姆所属的阿布·纳赛尔部落、家乡提克里特地区的逊尼派部落首领和家族成员，他们把持着政府、军队、安全和外交等关键部门的职位。但2003年随着萨达姆政权的覆灭，伊拉克政治精英阶层构成发生巨变，如今形成什叶派、逊尼派和库尔德人三足鼎立之势，其政治重建过程依然较为艰难。需要指出的是，埃及和叙利亚的政治统治有所不同，叙利亚阿萨德政权的发展和延续具有强烈的单一性特点，即依赖单个派系、单个家族以及统治者个人，以家族为核心形成巨大利益集团；而埃及自纳赛尔以来的统治者都是军人出身（穆尔西除外），但政治统治并非建立在单个家族、派系或个人基础之上。2000年叙利亚领导层的变动，曾促使穆巴拉克有意培养自己的儿子成为埃及领导人，并进行了前期的运作，但2011年穆巴拉克的倒台彻底终结了其家族统治的希望。

（6）不稳定的政教关系成为阿拉伯共和制国家社会稳定的一大隐患。二战以来，阿拉伯共和制国家奉行世俗化理念，激进的全方位改革沉重打击了宗教势力的传统特权，世俗政权与宗教势力相互间维系着一种妥协与联合、竞争与抗衡并存的态势。每当世俗政府统治出现危机时，宗教势力就会以各种形式反复出现，比如穆斯林兄弟会等政治伊斯兰力量在穆巴拉克统治末期成为埃及国内最大的反对派力量。

应该说，从历史上看，共和制国家的精英阶层在现代民族国家独立初期创制的政治制度和权力结构模式有其历史成因与合理性，在那个特定的历史发展阶段，维护了国家统一，有效整合了国家的政治、经济与社会资源，通过政府主导型的治理模式，行政官僚系统不断扩大，再加上激进的国有化战略，促进了社会流动。在 20 世纪 50～70 年代，共和制国家普遍经历了经济的持续增长，民众的日常生活水平、受教育机会、经济收入、社会福利等均有较大提升。因此，共和制国家的一党军人政权和总统独大制的政治体制在当时发挥了重大作用，成为国家政治与社会稳定的保障。但是，从长时段看，社会转型时期阿拉伯共和制国家的社会结构往往处于从刚性、封闭型社会结构向开放型社会结构的过渡阶段，也是社会问题频发、社会秩序容易失范的时期。美国著名学者塞缪尔·亨廷顿曾指出"现代性孕育着稳定，而现代化过程则滋生着动乱"[1]。因此，转型时期社会结构的演进其实具有较大的风险和较高的成本。正如毕健康所言，一党总统独大制如果能够在现代化过程中把握住时机进行逐步的修正和调试，在特定阶段还是有利于政治稳定并能降低政治震荡风险的，但从长期来看，这种僵化的强权很有可能为剧烈的政治动荡甚至革命埋下种子[2]。2011 年埃及政治局势的变化已经说明了这一点。

从历史与现实的视角看，军人始终是埃及精英阶层的重要组成部分，是埃及现代民族国家构建的中坚力量。可以说，军人在现代化进程中扮演的角色与地位直接关乎埃及的政治稳定。

二战以来，人们对包括埃及在内的发展中国家军人干政与政治稳定的关系的认识经历了一个动态的变化过程，这其实与不同时期的国际背景密切相关。50 年代，发生于发展中国家的军事政变或者军人

---

① 〔美〕塞缪尔·P. 亨廷顿：《变化社会中的政治秩序》，王冠华等译，上海人民出版社，2008，第 31 页。

② 毕健康：《埃及现代化与政治稳定》，社会科学文献出版社，2005，第 123 页。

干政一般被西方观察家视为一种倒退和反民主的现象。这是因为当时亚非拉国家的民族解放运动以及军人干政不仅使一些世袭王朝与家族国家的政权纷纷倒台，而且颠覆了原有的世界政治格局，致使西方国家的殖民利益受到极大损害。而到了60～70年代，军人被视为一支进步力量，有人认为基于军人政权与统治逐渐趋于稳定以及军事政变有所减少的事实，军人政权发起的一系列激进改革加速了社会政治变迁，引领所在国家从落后走向现代。如纳赛尔时期民族主义和阿拉伯社会主义的政治与社会实践虽然最终未能成功，但毋庸置疑的是，埃及军人开启了整个阿拉伯世界的现代化进程。80年代之后，人们对军人干政和军人统治成就的理念再次发生变化，针对中东拉美地区不断出现的军人干政事件以及军人统治下出现的种种社会问题，人们开始质疑军人政权是否真的能够增强国家与民族的内聚力，是否能够真正推动国家与地区的现代化和民主化进程。

诚然，对西方宪政民主制国家而言，军人干政和军人威权政府是发展中国家政治不成熟的表现，也不符合西方国家民主化的理念与实践。但埃及作为发展中国家，军人曾在社会转型过程中起过相当重要的作用。美国学者史蒂文·瓦格认为，埃及纳赛尔的军事政变是一种革命性的政变类型，不同于叛乱、起义等其他暴力行动，它由少数精英分子精密策划，具有高度的组织性和纪律性，并且开启了新的社会变迁进程[①]。因此，我们不仅需要充分理解军人在埃及政治发展进程中地位的历史成因，也应注意到军人与军人威权政府所扮演的角色和发挥的作用因时而异，需要客观分析军人干政对埃及国家与社会的正反两方面影响。

从军人干政的短期目标与成效来看，以1952年七月革命为例，

---

① 〔美〕史蒂文·瓦格：《社会变迁》（第5版影印本），北京大学出版社，2005，第100～101页。

军人干政带来了较为积极和正面的影响。1952 年的军人干政积极追求民族独立，直接推动了埃及国家与社会的发展，开启了埃及现代民族国家构建进程。纳赛尔军人威权政府结束了长达数十年的君主立宪和英国殖民统治，并倡导和践行阿拉伯民族主义，增强了全民对民族国家的认同感，有效清除了埃及民众尚存的被殖民的历史印记。因此，军人在成功使埃及摆脱西方大国的控制和争取独立的过程中树立了极高的威望，被民众看作在重大危机关头可以信赖的一支社会变革力量。在这一转型过程中，军人领袖的意志和选择决定了埃及国家的发展路径和模式建构。

军人威权政府在创建初期也凸显了在稳定政局及实现现代化的政治经济动员等方面的重大意义。政治上建立起共和制国家和一党制（阿拉伯社会主义联盟）军人政权，并创设新宪法（1956 年临时宪法），打破了传统政治、经济精英的权力垄断，旧有的利益网络格局随之弱化甚至崩解，从而顺利完成了新旧权力体系的转换，有力地推动了埃及的民主宪政进程。而以军人为核心的新精英群体，代表了国家的整体利益，并以实现民族独立和国家发展为价值目标，通过构建新的一整套国家机构和政党，让更多的人进入国家权力结构，在一定程度上这与民众希望提升民主和政治参与的预期是一致的。这样，社会结构的重新分化和整合，不仅为军人的威权统治提供了合法性资源，也为埃及国家构建提供了广泛的社会基础。

同时，军队也被视为一种职业的、有纪律的和有效的组织机构。正是军人威权政府在埃及国内推行了土地改革、国有化等一系列社会现代化举措。在国家管控之下，经济结构得以调整，社会财富重新分配并逐步合理化，教育和医疗服务的拓展也让更多的人受益。尤其是对基础设施的投入、改进以及工业化增强了国家的经济实力、创造了更多的就业机会，原本固化的社会利益群体间的界限不断受到冲击，社会流动也更趋频繁。美国学者霍华德·威亚尔达指出，威权主义政权不仅能为整个社会提供秩序、纪律和稳定，还能更好地实施建设项目①。塞缪尔·亨廷顿也曾指出，军官在政治现代化的早期阶段可以"推动社会和经济改革，促进国家统一，并在某种程度上扩大政治参与"②。可以说，纳赛尔以来的埃及军人威权政府在政府和社会运作上显示了强大的有效性，成为保持政治稳定和社会有序的基石。因此，在国家社会转型过程中，军队作为一支具有较强组织化和机构化的力量，有时能够更加有效地发挥社会动员功能，亦能推动本国的宪政民主进程。事实上，军队给50年代以来的埃及国家政权提供了支柱和最为重要的权力基础，并成为埃及社会变迁和政治现代化不可忽视的力量。简言之，军人在维持埃及国内安全和政治稳定上发挥着承上启下的重要作用。

从长时段来看，军人干政是埃及民族国家构建漫长历史进程的一个环节，其消极影响无远弗届。军人威权统治对埃及宪政发展产生了深刻的影响。纵观埃及60余年间的政治发展历程，不管是1952年的七月革命，抑或2011年的军人干政，都是在国家失去统一、公认的权威，且没有对权力更替做出制度化安排的背景之下发生的，军队的政治化使得军人通过垄断国家权力来维持继而拓展军人集团的特殊利益，导致军人威权政府在实践中严重依赖武力和镇压，严密控制媒体，甚至搞秘密的权力斗争和整肃运动。由于军人的角色与定位发生翻转，改变了军队与国家之间的关系，并且随着军队职业化的弱化和政治权力架构上极强的排他性，无法有效吸纳其他政治力量参政，最终不能培育出合适的权力更替制度体系，从而延缓了政治民主化进程。

---

① 〔美〕霍华德·威亚尔达：《新兴国家的政治发展：第三世界还存在吗?》，刘青、牛可译，北京大学出版社，2005，第62页。

② 〔美〕塞缪尔·P. 亨廷顿：《变化社会中的政治秩序》，王冠华等译，上海人民出版社，2008，第183页。

一般来说，军人干政、军人政权具有较强的时效性和过渡性特征，尤其是建立在个人魅力基础之上的威权主义政府本身就潜藏着巨大的制度隐患与政治风险。理想的状态是，国内局势一旦稳定，军人应及时将权力移交给文官政府，避免军人干政的常态化。而埃及数十年的政治现实却是，权力长期集中于与军人出身的领导人紧密相关的一条小链条上，即家族、部落、地区、政党或教派。其他潜在的权力中心被整肃或消除，议会流于形式，政权机关日益臃肿和官僚化，滋生了大量腐败，政府效率逐年下降。裙带关系网络庞大，如1952年七月革命后的临时最高权力机关革命指挥委员会，在14个委员中，一半的人相互之间是亲属关系，像萨拉赫与贾马尔·萨利姆就是同母异父兄弟，扎卡里亚与哈立德·穆希尔丁是堂兄弟[①]。

此外，长期的军人统治导致国家资源的很大比例用于军事发展而非改善贫困状况等，直接导致社会各群体在共享社会资源、社会机会上存在明显差异，并引发了诸多社会矛盾与社会问题。这一点在穆巴拉克统治后期的埃及体现得尤为明显。

埃及共和国时代的政治实践与文武关系的演变，已经诠释了军人是构建现代民族国家和维护国家安全的决定性力量。如前所述，1952年军人干政后，国家权力在不同行动者之间的原初性分配导致埃及文武关系的倒置，权力体系呈现出严重不平衡状态，中央和地方政府多被军人所掌握或操纵，而文官则退居其次。纳赛尔时代的军人占据绝对权威和主导地位，直接参与和做出国家政治决策；萨达特至穆巴拉克时期，军人虽然接受总统的领导和管辖，但他们通过其他渠道在幕后依然发挥重要作用，特别是他们通过与强力总统之间的有机联系来实施政治权力，事实上建立起了一种权力垄断，以保障自身利益和政治影响力。

---

① Eliezer Be'eri, *Army Officers in Arab Politics and Society*, Fredrick A. Praegar, 1970, p. 319.

数十年的埃及文武关系状况说明，应该确立一种民主的文武关系，将军队置于文官政府的有效控制之下，改变政权体系中军人的角色和地位，通过制度安排真正意义上淡化军队的政治化倾向，强调其职业组织的特性，将其角色定位为国家外部环境安全的守护者和保卫者。这是后穆巴拉克时代埃及政治民主化的重要前提，必将影响埃及政治体制的民主性和政治稳定性。但悖论在于埃及政治的原初性制度选择早已赋予军人特殊的政治地位，缺乏文官能够管控军人的制度设计和政策依据，使得军人时常凌驾于法律原则之上，这种政治传统与现实从根本上无益于民主的文武关系的构建，意味着未来埃及的政治转型将始终面临非民主的文武关系的严峻挑战。

需要指出的是，当今埃及社会存在多元利益群体，包括穆兄会、世俗派、军方等各方力量，这是埃及的政治与历史现实，早已深深根植于社会土壤之中，谁都无法绕过这一点。事实上，一种合理、有效体制的构建与实现，取决于本国现实国情和不断的实践累积。因此，对埃及人民而言，避免僵化和高压下的稳定所暗含的潜在危机，真正实现社会与政治稳定，关键要从埃及历史与现实出发，通过各利益群体的和解，努力打破制度变迁过程中军人干政的路径依赖怪圈，并切实平衡社会各阶层与利益群体的诉求（如穆兄会），高度重视经济增长之下的民生、财富分配及社会公正问题（经济增长固然能增强国家实力，但未必一定导致政治稳定与社会安宁），不断进行局部调整和渐进改革，矫正和优化政治与经济制度，让整个社会能够沿着良性循环的发展路径和轨道前行，从而避免陷入路径依赖的负效应旋涡。当然，这有赖于埃及统治阶层极高的政治智慧和妥协艺术。

海湾地区可以说是全球君主制国家最为集中的区域，主要包括沙特、科威特、卡塔尔、巴林、阿联酋和阿曼等国。一般认为，君主制是落后过时的政治体制，必将在现代化进程中逐步消亡。但实际情况是，长期以来以沙特为代表的君主制政治体制保持着相当的稳定性，即便是 70 年代以来中东历次重要的政治变革事件（军事政变、伊斯兰革命、"阿拉伯之春"）也未能撼动海湾国家的君主制和政治稳定。下面以沙特为例，阐述和分析君主制国家精英阶层构建的政治体制与政治稳定的关系。

纵观现代沙特王国 80 多年的家族统治，我们可以看到，沙特王国的政治稳定深深植根于沙特王室家族建立的独特政体，这种政体的特性有效维护了沙特王国统治的长久和王国政治稳定。总体上，沙特王室家族统治的长期维系和王国政治稳定有赖如下几个方面。

（1）传统而又深厚的家族和部落认同。部落犹如沙特国家肌体中的基因，其特有的血缘、宗族、地域等特性，是构筑沙特传统社会结构的关键因素，这也是沙特王国政治发展的一大特点。从部落中征募的大量兵员广泛分布在警察和国民卫队等准军事组织中，成为王权强有力的支撑。但是，作为传统的社会组织，部落的长期存在导致沙特王国民族意识的淡薄和民众的国家认同的模糊和错位，对非国家行为体（部落）的认同强于对国家的认同，在一定程度上阻碍了沙特王国现代国家的构建。虽然，二战以来，生产力的发展和生产方式的变革在很大程度上冲击了部落组织，特别是费萨尔国王曾经采取强制性措施削弱部落组织，如不设立部落行政组织，使其零碎化，吸纳部落民进入国家安全部队，建立牧场和定居点，强制游牧民定居等[1]，但脱胎于部落社会的沙特王国依然保持着根深蒂固的部落观念，沿袭了王权和酋长世袭的统治形式，持续影响着王国社会结构的演进和王国政权的存续，沙特王国治理体系中始终存在部落与现代国家、中央权力与地方部落权力之间的互动与博弈。

（2）牢固的政教联盟架构下，伊斯兰教瓦哈比派教义为沙特王

---

① Sarah Yizraeli, *Politics and Society in Saudi Arabia: The Crucial Years of Development*, 1960 – 1982, Hurst & Co. and Columbia University Press, 2012, pp. 179 – 181.

国政权的合法性与政治稳定提供了宗教和意识形态基础。历史上沙特与谢赫两大家族的联盟，结束了阿拉伯半岛的分裂状态，建立了统一的早期沙特王国。二者相互依存与支持，特别是瓦哈比教义成为王国政治权力的精神源泉，是整个王国统一和团结的重要纽带。

（3）沙特家族协商和仲裁机制、审时度势的渐进性社会改革有效缓解了王室内部矛盾和社会矛盾，确保了政治秩序的稳定。由于王室派系子嗣众多，在面对内部纷争和利益冲突时，往往会通过第三方用折中方案予以解决，而涉及王国政治命运的重大问题如王位继承、重大派系矛盾等，则通过王室长老委员会、王室家族委员会、王室效忠委员会等非常正式的内部协商和公议渠道做出决策，从而达成共识，保障和强化了家族统治的稳定性。面对 90 年代以来地区形势的变化，沙特政府为确保王国社会和政治秩序的相对稳定，采取了系列措施解决王国内部的政治诉求。其中最重要的是颁布和实施以三大法案为主要内容的法制变革。1992 年法赫德国王及其内阁制定并通过了沙特王国的《政府基本法》《协商会议法》《省组织法》等重要法案，而且成立了咨询委员会、大臣会议和协商会议等重要组织。这些组织的定型和发展为沙特王权政治注入了活力，一方面，在一定程度上拓展了政治参与，为不同政见提供了发声渠道，也部分改变了沙特家族的绝对统治。另一方面，这些重要的政治组织特别是大臣会议使得非王室成员大臣的比例有所上升，既确保了沙特家族对大臣会议的有效控制，也实现了新兴中产阶级的参政诉求和愿望①。从沙特的例子可以看到，政治稳定不仅依赖于各国不同的历史传统、社会环境、具体国情、治理理念等复杂因素，更依赖于统治者和精英阶层在基本的制度安排保持不变的前提下所展开的非质变的、渐进式的局部改革和调整适应的过程。

---

① 王彤主编《当代中东政治制度》，中国社会科学出版社，2005，第 121 页。

（4）巨额的石油收入与高福利政策成为巩固沙特王权和维系政治稳定的经济基础和保障。虽然石油并不能保证政权的永久稳定，但的确在维护沙特社会稳定方面起到了重要作用。二战以来的石油繁荣迅速将沙特带入高收入福利型社会。石油是国民经济的支柱和国家财富的主要来源，沙特王室也允许国民分享部分石油财富，享受教育、医疗、住房方面的各种优惠政策，以财富换取稳定。特别是 2011 年"阿拉伯之春"逐步扩散到沙特后，面对改革派以及民众的诉求，王室也是通过提高公共与私营部门的最低工资、发放名目繁多的各类补贴、强制增加就业岗位、新增福利项目等方式缓解矛盾①。当然，石油财富并不能解决所有的社会矛盾与问题，更不能以石油换取政治稳定，而是要力争改变国家发展对石油产业的过度依赖。2015 年的"2030 愿景"就提出要大力推动非石油产业的发展，创造就业机会，促进国家转型。因此，石油财富只是维护政治稳定的因素之一而并非终极因素。

（5）王位继承问题。王位继承问题是沙特王国政治最核心的问题，也是目前沙特政治稳定最大的不确定因素。如前所述，虽然现代沙特王国在王位继承问题上有内部政治机制，而且兄终弟及的继承制度可以说在 20 世纪 50 年代以来相对保证了王位继承的有序性，但毕竟沙特家族王位继承候选人众多，又分属不同派系，所以围绕王位继承权的政治博弈和斗争始终存在。尤其是 2015 年萨勒曼国王两次废黜已立王储，确立其子穆罕默德·本·萨勒曼为王储的做法引发王室内部的

① 为应对"阿拉伯之春"可能带来的潜在影响，沙特在 2011 年新增加 30 万个公共就业岗位，并推行预计总额为 1300 亿美元的新增福利项目。详见 Martin Hvidt, "The Development Trajectory of the GCC States: An Analysis of Aims and Visions in Current Development Plans", in Michael Hudson and Mimi Kirk, *Gulf Politics and Economics in a Changing World*, World Scientific Publishing Co. Pte. Ltd, 2014, p. 26; John Sfakianakis, Daliah Merzaban and Turki A. Al Hugail, *Strategy Shift: Saudi Spending Swells, Oil Price Jump Evens Out Fiscal Balance*, Banque Saudi Fransi Reports, April 2011。

极大争议和不满。萨勒曼国王完全打破了传统的王位继承制度，改变了王室内部原有的政治利益格局。因此，未来王室内部能否延续政治妥协机制和保持王室内部的团结稳定，目前看充满了不确定性，而这也是影响沙特政治稳定的一个最大隐患和变量因素。

此外，对于前文所说的经济学中的委托代理理论，笔者认为这一理论有一定的借鉴意义，在某种程度上可以诠释现代化进程中海湾君主制国家的社会分层谱系以及统治者与其他社会阶层之间的互动关系。

"委托代理理论"是制度经济学契约理论的重要内容，该理论强调在经济和社会领域，之所以能够出现委托代理关系，一是随着经济发展和社会分工的细化，权利所有者由于知识、能力和精力等因素不能行使所有的权利了；二是专业化分工造就了大批拥有专业背景的代理人，他们具备相应的知识和能力，能够代理、行使好被委托的权利。但在委托代理的实际关系中，由于委托人与代理人二者的利益目标不一致，势必出现利益冲突。

透过沙特王国权力与利益结构图谱，我们可以看到，统治者无法身兼数职处理所有的国家事务，必须寻找代理人去进行治理和运行庞大的国家体系。统治者或国王就是海湾国家最大的委托人，作为委托人的国家统治者的合法性来自其传统的家族身份、宗教意识形态，同时也需要其亲属、大臣与国民的认同。因此，统治者维护国家与社会稳定最重要的手段和方式，就是通过分配国家现有的各种社会资源，构建能够确保其统治核心圈代理人群体利益的关系体系，保持其他社会各群体现有等级地位的现状，从而维护社会的稳定和王室家族的长久统治[1]。所以，从这个意义上来说，权力、财富和教育由统治家族掌控。在这一体系中的社会群体依据与王室家族是否有相同的宗教信

---

[1] Nora Ann Colton, "Social Stratification in the Gulf Cooperation Council States", Research Paper, Kuwait Programme on Development, Governance and Globalisation in the Gulf States, 2011, p. 38.

仰和部落关系来确定自己的阶层地位。然而，随着以石油为核心的经济发展和政府官僚机构的不断增长，受过教育的新社会阶层在各领域中崛起，与统治者之间的关系也日趋复杂，一些具有高度专业技能的人通过各种关系网络获取代理资格，特别是王室内部其他成员以及处于次级重要地位的高官和经济精英，随着实力的增长，会不断提出符合自身利益的各种诉求。如果统治者在重大问题上的决策不利于上述群体，就容易造成社会上层内部关系的紧张，2015 年以来的王位继承问题就造成了这种内部矛盾与冲突。21 世纪以来，海湾国家的政治权力结构与社会分层模式正处于发展演进的重要时期，统治者也需要审时度势，适时修正传统政治体系，基于国家利益，探索出超越委托代理关系的政治范式。

## 第二节　中产阶级：稳定器抑或颠覆器？

中产阶级是现代国家的社会基础，是现代社会发展中不可或缺的功能性社会阶层。充满活力的中产阶级一般被认为是现代社会和经济增长的标志，同时也是社会稳定的坚实基础。

二战以来，阿拉伯国家社会结构演进中的一项重要指标就是中产阶级的形成与发展。50～70 年代是阿拉伯国家的中产阶级兴起与发展的重要阶段，逐步扩大了社会中下层的力量，其意识形态、思想价值观都发生了较大变化，彻底重构了传统阿拉伯国家的社会分层结构。但是进入 70 年代以来，阿拉伯国家的中产阶级进入了一个较为缓慢的发展阶段，并影响到了社会与政治稳定。大体来说，阿拉伯国家中产阶级的持续稳定发展受制于如下因素。

（1）政治权力结构与精英吸纳渠道限制了中产阶级的政治发展。如前所述，无论是共和制国家还是海湾君主制国家，都基于自身历史传统和现实情势建立了相应的政治体制，如共和制威权统治和君主制家族统治。两种体制都解决了各自国家在当时的历史延续性问题，也有充分的合法性与历史合理性。二战以来半个世纪的政治实践已经证明威权主义虽然有着类似西方的政治结构，但实际实行的是集权模式，对西方民主制度持谨慎抵制的态度。但是威权统治并不是完全封闭的，政治领袖在出现大的社会矛盾时，为了顺应民意，也会适当进行改革，从排斥到逐步实行有限民主。如20世纪70年代末之后，阿拉伯国家政治民主化发展最显著的变化就大量吸收具备专业技能的人进入体制，出现了军人—技术官僚共同执掌权力的局面，淡化政权的军人色彩，有意识地减少军人在政府部门和国有企业等领域中担任要职的人数，至少在形式上，政党、议会组织的作用有所体现。而进入90年代，阿拉伯国家的政治开放程度逐步提高，民众的政治参与度有所提升，并出现了举行定期公开选举、实行有限多党制等较为普遍的政治现象①。特别是一些共和制国家还以宪法修正案的形式重定总统选举程序，总统候选人的增加使得选举在一定程度上具有了公开和竞争性的特点。所以，阿拉伯共和制国家在90年代以来政治发展中的新举措不同程度地促进了本国的政治民主化进程。而沙特也通过90年代的三项法案来缓解、迎合沙特家族内部和中产阶级的政治诉求。

但从长远看，共和制国家威权统治的弊端在于权力高度集中，缺乏分权制衡和有效的监督机制，直接抑制了政治民主化的良性发展，权力来源渠道的狭窄、有限和相对封闭性导致在政治民主化上难有大的变动。而在君主制国家，家族统治的独特性导致王室不愿冒瓦解君主制家族政治基础的风险允许中产阶级直接分享政治权力。无论公共部门抑或私营部门的中产阶级群体，其生存与持续发展很大程度上仰仗政府的支持。因此，中产阶级在海湾君主制国家，只是一种"围

---

① 王林聪：《中东国家民主化问题研究》，中国社会科学出版社，2007，第353页。

绕在统治者周围"① 的社会存在而非政治存在，缺乏阶级自觉，无法形成社会冲突论语境下对抗威权政府的整体力量，呈现零碎化的发展趋势。

（2）依附型经济发展模式下经济结构的扭曲逐步使中产阶级边缘化。二战后埃及、叙利亚、伊拉克等后殖民国家，在独立后建立起了国家主导型经济模式，普遍经历了从计划经济到国家资本主义经济的过程。在这一过程中，阿拉伯国家的中产阶级经历了从成长到逐步衰落边缘化、从充满活力到贫困的过程。在 50 ~ 70 年代，这些曾经高举泛阿拉伯民族主义旗帜的国家深受苏联计划经济模式的影响，通过工商业的国有化建立起计划经济体系。计划经济体系的特点在于国家全方位干预经济活动，大规模建立国营部门和企业，国家对人民的就业、生活补贴等提供相应保障。城市公共部门的现代中产阶级由此滥觞，并在 70 年代有了大的发展。直到今天，埃及、叙利亚等共和制国家民众的就业很大程度上还是依赖政府和国有公共部门。但计划体制也会遏制和扼杀私有资本的发展空间与创新能力，同时低效的官僚治理能力也无法满足国家主导型发展模式，这就为未来的经济体制改革的失败埋下了伏笔。但从 70 年代后期开始，几轮油价和汇率暴跌导致通货膨胀，失业率急剧上升，经济萎缩，社会冲突事件时有发生，国有经济体系逐步瓦解。海湾战争成为压倒国有经济体系的最后一根稻草，大批劳工回国（埃及较为显著）加剧了经济形势的恶化。为应对国内外压力，埃及、叙利亚等共和制国家在 90 年代初期开启了对外接受国际社会援助（埃及主要接受世界银行和美国的援助）和对内私有化的改革进程，直接导致大量国有资源流失，养肥了一大批通过掠夺国有资源发家致富的新政商精英，

---

① 刘竞、安维华主编《现代海湾国家政治体制研究》，中国社会科学出版社，1994，第155 页。

其成为支撑威权政府的新利益集团，而民族工业持续萎缩；同时，政府不断削减包括石油和食物补贴在内的社会福利，造成更为严重的失业和社会动荡。因此，可以说这是一种依附型（依附于政权，依附于外国资本）的市场经济道路，诸多行业内垄断盛行，商业巨头和精英建立起经济飞地，极大影响了经济和公共政策的制定与实施，私有经济逐步掌握了经济命脉（如90年代叙利亚的私有经济占了国家经济总量的65%[①]），致使经济结构严重扭曲；对社会结构的破坏更为严重，迅速扩大的贫富差距和加速的贫困化导致中产阶级加入转岗、失业大军，从而滑入社会下层，中产阶级规模不断缩小，在就业、住房、教育、医疗等事关民生的诸多问题上陷入困境，其社会地位呈现整体性下降趋势。

从上述国家由国有计划经济到国家资本主义经济的发展历程，我们看到，共和制国家的经济私有化和自由化其实是以牺牲大多数人的利益为代价的，政商精英攫取了国家优质资源，同时具有强大的政策博弈能力，利用裙带关系影响国家政策的制定与执行。因此，自由化和私有化政策摧毁的是共和制国家的社会保障体系，最容易受到损害的也是中产阶级群体，再加上中产阶级政治地位的缺失，国家也未及时建立起新的针对社会中下层的保障体系，所以中产阶级的暂时边缘化与衰落也是必然的。

（3）经济危机与战争的影响。阿拉伯中产阶级的稳定除了受制于国家政治体制和经济发展模式之外，还受到不少外生变量因素的影响。如前述1973年和1986年石油危机及其带来的数次油价和汇率的暴跌、2008年次贷危机等，上述危机在历史的不同发展阶段都对阿拉伯国家的中产阶级造成持续性影响，弱化了中产阶级的经济

---

① 高骏：《叙利亚缘何爆发冲突？一个政治经济学解释》，《中东研究通讯》（微信公众号），2015年10月7日。

地位，导致中产阶级财富收入大量减少。特别是次贷危机，影响深远，因为许多中产阶级人士的日常生活以及经济活动如住房、交通工具、子女教育、企业经营等诸多方面都依赖信贷，一旦发生经济大波动，势必引发其收入和地位严重下跌，社会经济安全状况会显著恶化。

战争带给中产阶级的打击最为直接和致命。中东自二战以来已经发生多次局部战争，如历次中东战争、海湾战争、阿富汗战争、伊拉克战争、叙利亚内战等，战争对所在国的主要城市造成了严重破坏，大量平民伤亡，无数建筑物、基础设施、公司企业被毁，导致城市衰败、经济恶化。如2011年以来的叙利亚内战，根据2013年的数据，叙利亚的经济损失约484亿美元，占2010年国内生产总值的81.7%，公共和私人建设设施损失达到2万亿叙镑，遭受破坏家庭数为62.4万户，医院、供水、供电、公共卫生系统等社会服务基础设施也遭受严重破坏，民生损失惨重[1]。与此同时，战争造成国内数百万人逃离家园，沦为难民。叙利亚内战爆发以来，已经有超过400万叙利亚人逃往国外，是25年来最严重的难民危机[2]，难民中就包括不少之前家境富裕并在国内外有独立产业的中产阶级。

中产阶级和社会稳定的关系始终都是国内外学术界极为关注的问题。但长期以来，国内外学术界在对中产阶级社会政治功能的评判上存在结构功能论与社会冲突论两种不同的观点。结构功能论认为中产阶级凭借其身处中间阶层的社会位置、教育和专业技能背景，能够促进技术革新和社会持续发展，是维护社会政治稳定的基础和重要力量，特别是其"政治后卫"角色（米尔斯观点）使其成为社会与政治发展的"稳定器"和社会矛盾的"缓冲层""安全阀"；另一种是

---

① 肖凌：《叙利亚危机的特点、背景及其走向分析》，《阿拉伯世界研究》2013年第6期。
② 《参考消息》2015年7月11日。

社会冲突论，主张中产阶级是社会的"颠覆器""异化器"，如美国著名政治学家塞缪尔·亨廷顿认为中产阶级与民主政治的关系十分密切，中产阶级的勃兴势必推动民主政治的发展。他指出处于现代化的大多数社会中，中产阶级是革命阶级，是反政府的主要力量源泉，其政治态度与价值观支配着城市的政治①。

事实上，中产阶级在社会稳定系统中的作用到底是稳定器还是颠覆器，要根据中产阶级自身的力量以及所在国的具体国情而定。笔者较为赞同学者沈瑞英提出的观点。她认为，对于社会稳定系统而言，中产阶级是一个变量因素②，也就是说它既可以成为稳定器，也可以成为颠覆器。"稳定器说"将中产阶级视为社会稳定的防火墙，认为他们"政治上温和保守，具有阶层冲突的缓冲作用，能体现出社会主流价值观和维护社会稳定"③。但是，我们不能忽略的是，西方中产阶级的稳定作用不仅体现在中产阶级在社会构成和规模上数量庞大、比重最大，而且还因为存在制度性的渠道，其自身财富与地位能够获得相当程度的保障。因此，西方的中产阶级稳定器说具有强烈的西方话语语境特征，建立在西方国家民主政治、市场经济、自由主义价值的社会根基之上，有赖于数百年来渐进形成的多种变量的影响，有着深厚的积淀，如政治权力制约机制、社会资源公正分配机制、社会阶层民主谈判机制、公民参政议政渠道畅通机制等。

根据西方发展政治学的理念，"中产阶级的壮大被看作是政治民主化和产生政治文化的前提和基础"④。西方理论家对中产阶级社会

① 〔美〕塞缪尔·亨廷顿：《变革社会中的政治秩序》，王冠华等译，生活·读书·新知三联书店，1989，第264页。
② 沈瑞英：《矛盾与变量：西方中产阶级与社会稳定研究》，经济管理出版社，2009，第59～69页。
③ 张世青：《社会政策视阈中的社会危机治理》，《学习与实践》2009年第7期。
④ 田文林：《中东民族主义与中东社会文化变迁》，《世界民族》2002年第5期。

政治功能的判断基于如下逻辑：中产阶级持政治保守主义或政治自由主义带来的结果将完全不同，前者可能成为维持社会政治稳定的力量，而后者则可能成为推进政治变革的力量①。毋庸置疑，二战后的三十年中，阿拉伯国家的城市中产阶级有了长足发展，具备了一定的经济能力和社会地位，在西方民主政治思潮影响下，其民主与主体意识均有所提高。而且从历史上看，阿拉伯国家的中产阶级也并非某些学者所说的政治上持保守、温和的态度。阿拉伯国家现代历史上的多数社会运动、改革抑或革命，都与中产阶级的组织与推动密切相关，如埃及 1952 年革命就起于传统社会中的中间阶层，正是中产阶级成为社会转型与变革的重要推动力。90 年代以来，面对诸多社会问题，阿拉伯国家的中产阶级也开始逐步追求群体的权力，比如要求扩大政治参与度，能够拥有部分政治话语权；极力主张深入惩治腐败，进行财富收入的再分配改革，防止两极分化的加剧；积极呼吁改善社会民生保障体制，创造安全稳定的社会环境。

中产阶级政治功能的发挥取决于两个相互依存的因素，二者缺一不可。一是数量和规模的稳定，足以构成一支实力强劲的社会力量；二是一定要具有社会流动的渠道机制和制度化的保障机制。阿拉伯国家二战以来的政治发展已经说明了这两个因素的重要性。比如前文所述的 20 世纪 60 ~ 70 年代的伊拉克，石油工业和第三产业勃兴，中产阶级达到 270 万人，占城市人口的 35.7%，在社会结构中的占比达到 22.6%。但由于国家制度环境、政府主导的经济政策的偏差等因素，整个社会的两极分化较为严重，中产阶级处于经济上看似富足但政治上无权的矛盾境地；国家重大决策完全由一小部分政治精英操控，现代民主政治缺乏，中产阶级缺少参政议政的渠道和路径。所以中产阶级规模的扩大无法阻止威权政府将整个国家拖入区域性战争

---

① 李春玲：《寻求变革还是安于现状？中产阶级社会政治态度测量》，《社会》2011 年第 2 期。

（当然两伊战争、海湾战争、伊拉克战争等区域性战争的爆发有其他因素的影响）。这说明，中产阶级只是社会稳定的其中一个重要因素，拥有了中产阶级并不意味着社会就可以稳定运行，中产阶级也不会因为其数量的庞大、教育程度高、专业技术能力而自动发挥稳定器的作用。

而埃及的例子更能说明中产阶级的另一面相。在经济利益和政治权益同时被破坏的情况下，中产阶级极有可能扮演挑起社会冲突的角色，从而破坏社会稳定。一般而言，中产阶级应对困境主要有两种渠道：一是制度性参与，这一点在阿拉伯国家相对来说较为缺乏，社会上层精英的吸纳渠道狭窄，中产阶级向上流动的通道不畅通；二是非制度性参与，主要是通过自身的努力力求自主保障（如转型期的兼职），或者选择集会、示威、绝食、罢工等集体性政治活动。如20世纪90年代起被边缘化的埃及中产阶级选择全面反抗威权政体，城市中产阶级通过广泛宣传，公开抨击政府政策和腐败，吸引社会中下层人员包括国企下岗工人、中下层公务员不断发起罢工与示威游行。直到2011年最终迎来了"最后解决方案"——受"阿拉伯之春"的影响，埃及爆发了大规模的反政府示威游行活动。最初参与者多为埃及城市中产阶级，后来吸引了大批社会底层人员加入，最终在各方力量影响之下，统治埃及30年的威权主义领袖穆巴拉克倒台并受审。

此外，在特定阶段和时期，阿拉伯中产阶级的政治实践还会受到不同意识形态和宗教信仰的影响，如近些年频发的恐怖主义活动和极端主义事件的参与者中，有不少就来自在欧美接受过高等教育的中产阶级。中产阶级自身的这种复杂性、差异性和不稳定性，使其成为社会稳定和政治稳定的重要变量因素。

从阿拉伯国家的政治发展历程可以看到，中产阶级的社会政治功能具有多面向特征，其社会政治功能在不同国家的不同发展阶段不尽相同，甚至截然相反。有时它会突破人们对其稳定器角色的预设，而成为现行政治与社会体制的颠覆器。因此，对正处于现代社会转型期的广大发展中国家而言，重视中产阶级问题极为重要。如果要构建理想的橄榄形社会结构，一是必须保证相当稳定数量的中产阶级，以体现社会财富分配的合理和公正性，这是构建良性社会结构的基础；二是必须加强对中产阶级的引导。西方国家的中产阶级往往是执政党的支持者并成为执政党能够长期执政的社会阶级基础。如果统治者与政治精英所构建的政治系统不主动对中产阶级进行整合与引导、给予其相应的机会与渠道，那么西方学者所说的中产阶级的稳定器作用也就无法自动发挥。因此，发展中国家若要保持社会的长期稳定，需要为中产阶级提供足够畅通的社会流动机制和表达各种诉求的渠道，使其稳定器的功能真实有效地得以发挥，从而避免因改革政策失当而导致出现社会失稳甚至是革命性事件的发生[①]。

## 第三节　下层民众：社会失稳的受害者与引爆者

失业与贫困问题是发展中国家普遍存在的重大经济与社会问题，对作为社会基本单位的家庭、人际关系网络以及个人情感造成威胁，更重要的是对国家经济、社会和政治有着不可估量的重大影响，在特定阶段还会成为危及社会稳定的重要因素。

自 90 年代以来，阿拉伯国家的失业与贫困问题日趋严重，导致社会结构中社会下层的规模越来越大。大体上，引发阿拉伯国家失业与贫困问题的因素有以下几个。

（1）威权政府垄断了国家政治权力与财富，享有社会资源的绝对支配权，腐败大量滋生，官僚系统效率低下。埃及、叙利亚、利比

---

① 胡联合、胡鞍钢：《中产阶层："稳定器"还是相反或其他——西方关于中产阶层社会政治功能的研究综述及其启示》，《政治学研究》2008 年第 2 期。

亚、突尼斯、伊拉克均是如此，以政治和经济精英为核心的统治集团导致民主政治的迟滞化，继而加大了社会贫富分化。据统计，在阿拉伯世界，5%的人支配80%的财富。埃及20%的富人拥有社会财富的55%，20%的中产阶层占有财富的27%，而60%的低收入和贫困阶层只拥有18%的社会财富①。虽然整体上90年代以来的阿拉伯共和制国家的经济在持续增长，但严重的两极分化必然带来社会的不公正，从而引发民众的强烈不满并危及政治社会安全与稳定，造成政府的合法性危机。所以，经济增长并不必然带来社会稳定，社会公正与平等才是合理的社会结构的重要基础。

（2）经济发展模式的依附性和经济结构的扭曲造成经济衰退、失业贫困激增。如前文所述，90年代以来共和制国家的私有化政策彻底瓦解了国有计划经济体制，使国家走上了依附型经济改革之路，国有部门非自愿下岗/失业人数剧增。近年来，为了缓解政府的财政压力，埃及、叙利亚等国不断降低甚至取消了实行数十年的粮食等有关民生的各类补贴，失去生活保障的失业人员彻底滑入社会底层，成为贫困阶层。据统计，1991~2013年，中东北非地区青年人的失业率始终高于25%，2013年甚至接近30%②。与此同时，贫困问题也十分严重。如表7-1所示，2000~2012年，中东北非国家中，处于国家贫困线之下的人口比例，埃及为25%，叙利亚为30%，阿拉伯也门高达35%；同时段内，埃及12%的贫困人口每日生活费少于2美元，阿拉伯也门达到47%。因此，高失业率和严重的贫困现象极易引发群体性事件。如前所述的突尼斯布瓦吉吉自焚事件就引爆了整个阿拉伯世界，这是由于贫困、失业和社会不公正造成社会底层人员无法通过制度性渠道去维护自身的利益与经济安全。

---

① 蒋生元：《埃及社会贫富分化严重，两成富人拥有五成五社会财富》，凤凰网，http://news.ifeng.com/history/shijieshi/special/aiji/detail_2011_01/27/4480396_0.shtml。

② Ellen Lust (ed.), *The Middle East* (Fourteenth Edition), CQ Press, 2017, p. 118.

**表 7 - 1 中东北非国家的贫困与不平等**

| 国　家 | 国家贫困线下人口百分比（2000～2012） | 最贫困人口（占总人口20%）收入百分比 | 日均生活费不足2美元的人口百分比（2000～2012） | 基尼系数（2008～2012） |
|---|---|---|---|---|
| 埃　及 | 25 | 9 | 12 | 0.31 |
| 伊拉克 | 23 | 8.8 | 7 | 0.30 |
| 伊　朗 | | 6.4 | 8 | |
| 以色列 | | 4.6 | | 0.43 |
| 约　旦 | 13 | 8.2 | 3.5 | 0.34 |
| 摩洛哥 | 9 | | 14 | |
| 叙利亚 | 30 | | | |
| 突尼斯 | 27 | 6.8 | 13 | 0.36 |
| 土耳其 | | 5.8 | 2 | 0.40 |
| 也　门 | 35 | 7.2 | 47 | |

注：本表不包含阿尔及利亚、巴林、科威特、黎巴嫩、利比亚、阿曼、卡塔尔、沙特阿拉伯、阿拉伯联合酋长国、约旦河西岸与加沙（巴勒斯坦）。

资料来源：生活在国家贫困线下的人口比例数据见《2014 年人类发展报告》，《联合国发展报告》，世界银行数据库等；日均生活费不足 2 美元的人口比例数据见《人类发展报告》，联合国开发计划署，多年数据见 http://hdr.undp.org/en/statistics/data/；其他数据来源于世界银行"关键发展数据和统计资料"，2000～2006 年。转引自 Valentine M. Moghadam and Tabitha Decker, "Social Change in the Middle East", in Ellen Lust (eds.), *The Middle East* (Fourteenth Edition), CQ Press, 2017, p. 92.

（3）过度城市化。众所周知，城市作为一个国家或地区政治、经济、文化和人口聚集的中心，往往被看成社会文明发展程度的标志。而城市化是一个国家或地区由传统农业社会向现代社会转变过程中的重要环节，通常以城市人口在总人口中所占的比例作为基本衡量指标。城市化使阿拉伯国家从落后走向文明，从传统走向现代。纵观二战以来阿拉伯国家的发展，城市的迅速崛起和城市化的发展是其社会生活发生变化的突出表现之一。不过在非产油国，过度城市化导致城乡差距日益扩大，加剧了两极分化的畸形经济结构。这一点在发展中国家具有一定共性——涌入城市的多为乡村中的青壮年男性和部分女性，留守的多为老年人与儿童。如此流动造成了严重后果，直接导致乡村在性别、年龄和劳动力结构上的比例严重失调，而且土地集约化程度不断下降，反而进一步加剧了农村的困境①。农村人口离开农村进城谋生，粮食生产者减少了，同时城市人口猛增，吃商品粮的愈来愈多，造成了粮食需求量普遍超过粮食生产量的供求矛盾。事实证明，某些中东国家农村人口向城市的流动并非与农村生产力发展相适应，也没有建立起农业集约化与城市化之间的良性循环。这样，现代化的城市和落后的农牧业的农村，处于同一国家内部，呈现出明显的畸形经济结构②。

过度城市化还会引发严重的住房问题和失业问题，滋生大量失业人员和城市贫民。城市化与社会分层相互影响：一方面，过度的城市化进一步拉大了贫富差距，推进了城市社会结构的重组，出现了财富收入与社会地位不同的社会阶层，如现代中产阶级和工人阶级；另一方面，社会分层反过来又对城市本身产生重要影响，造成城市格局中的居住隔离和分区现象，从而产生大量的贫民窟和棚户区。阿拉伯国家的城市人口往往集中在少数几个大城市，如伊拉克的巴格达、埃及的开罗和亚历山大等。城市人口增长过快，产生的不良后果之一是就业危机，有些国家失业人口不断扩大，失业问题特别是青年人失业相当严重，而失业人口的增多无疑又加深了城市的贫困化。据统计，埃及无工作经验的青年失业者在1976年、1986年、1995年分别占新失业者总数的39.5%、75%、71%，而1960年、1976年、1986年、1995年，那些持有文凭的青年失业者占失业人数的比重分别为25%、60%、85%、98%③。在约旦，由于世界性石油价格大跌，海湾国家

①　车效梅：《中东城市化的原因、特点与发展趋势》，《西亚非洲》2006年第4期，第46页。
②　张俊彦主编《变化中的中东经济——现状与前景》，北京大学出版社，1992，第298~299页。
③　毕健康：《埃及现代化与政治稳定》，社会科学文献出版社，2005，第316~317页。

经济开始收缩，财政面临困难，外国劳工纷纷被解雇，再加上海湾战争，1990 年几十万约旦劳工被解雇回国，导致国内失业率大幅提高。80 年代以来，海湾国家的失业问题也在日益突出。80 年代末海湾地区巴林王国的失业率达到 10%。而据 1987 年沙特官方统计，该年度应聘工作的人数与上一年度相比增长幅度达到 13%[①]。进入 90 年代，这一群体人数不断膨胀，根据相关资料，按区域统计，阿拉伯国家失业率在全球高居第二位（非洲居首）[②]。

（4）教育的过度膨胀、教育与经济发展实际需要的脱节，造成当代阿拉伯国家的失业问题相当严重[③]。如非产油国埃及在战后为鼓励民众接受教育，不仅实行免费教育制度，而且从 1966 年开始，政府负责安排中学和大学毕业生的工作。免费教育和毕业生包分配制度极大地促进了埃及教育的普及和发展，为社会下层接受教育提供了机会。但大量毕业生涌入政府机关和国有企业，造成政府机构臃肿、人浮于事、工资低微的局面。到 80 年代，教育过度膨胀对政府安排就业造成的压力越来越大，整个社会越来越难以吸纳大批的大学毕业生，包分配政策难以为继，加剧了"隐性失业"。在产油国沙特，政府实行的是为所有沙特人提供工作而不论其文化水平的政策，实际上 80 年代初期政府机构人员已经趋于饱和；同时，大学毕业生一般好逸恶劳，再加上以文为主的专业结构使得文科生严重供过于求，而且一些大学生也不愿意接受过低的职务，因此，80 年代中期以后，沙特已经出现大学生过剩以及失业的现象，而多数女学生则不就业。

综上所述，阿拉伯国家的失业与贫困问题带来的影响是重大而深

---

① 张俊彦主编《变化中的中东经济——现状与前景》，北京大学出版社，1992，第 302 页。

② 黄民兴：《中东历史与现状十八讲》，陕西人民出版社，2008，第 211 页。

③ 黄民兴：《沙特阿拉伯——一个产油国人力资源的发展》，西北大学出版社，1998，第四章。

远的。学者毕健康曾经以埃及为例，通过大量的文献史料探讨了埃及失业和贫困问题带来的社会影响及其与埃及政治稳定的关系①，笔者觉得其分析较为客观和准确，也可以推而广之，依其分析整个阿拉伯国家失业贫困问题对社会稳定的消极影响。

失业带来的问题主要有：失业者失去基本的生活来源，情感和心理遭受巨大冲击，严重的挫败感容易导致反社会行为的出现，甚至激起暴力倾向，从而危及社会安全与稳定；失业也会严重影响家庭的和谐与稳定，引发涉及婚姻、道德、家庭等的诸多矛盾问题；失业会导致社会价值体系和价值取向的消极变化，弱化社会归属感，影响社会关系的紧张度；失业还与犯罪暴力活动存在正相关关系，威胁社会稳定；失业在政治领域会造成极端主义特别是具有意识形态和宗教内涵的极端主义思潮泛滥，失业者在没有制度化渠道获取生活保障的情况下，极易通过暴力手段解决生存问题。

同样，贫困也会成为社会不稳定的一个潜在因素。说是潜在因素，是因为贫困本身不会直接导致政治失稳，它只是影响政治社会稳定的一个基础因素而非充分必要条件。作为社会最底层的群体，贫困阶层在政治、经济上处于无权地位，社会地位卑微，属于极度弱势群体。他们往往生活水平低下、受教育程度低、无专业技能，也无法通过现有的社会流动机制改善困境。在基本需要有保障的情况下，通常并不会对政治社会秩序构成威胁。但是一旦被政府抛弃，其基本需求无法实现的时候，往往会卷入政治暴力事件，而且容易受到极端主义组织的蛊惑和招募。这样一来，贫困就与暴力和政治失稳建立起了直接的联系。因此，贫困程度越深，贫困阶层越容易卷入暴力活动，就越容易发生政治失稳事件。如 2010 年以来的"阿拉伯之春"，就是生活难以维持的突尼斯小贩自焚事件引发的，随

---

① 毕健康：《埃及现代化与政治稳定》，社会科学文献出版社，2005，第 312 ~ 356 页。

后突尼斯、埃及、利比亚等国爆发了大规模街头抗议和暴力活动，参加者绝大多数是失业群体和贫困阶层，矛头均指向政府的腐败和由此造成的失业、贫困等社会问题，最终引发政治强震，彻底改变了国家的政治格局。

# 结　语

　　社会结构是研究阿拉伯国家社会转型与社会变迁的重要视角与维度，也是影响一个国家社会稳定的重要因素。

　　纵观当代阿拉伯国家的发展，二战以来，随着民族独立国家构建的深入和基于本国历史与现实条件的现代化改革，阿拉伯国家社会结构的确已经发生巨变，但总体上属于塔形社会结构，其中社会上层人数较少，社会中下层基数很大，正处于从传统社会结构向现代社会结构的转变期，具有外源型、突变性和过渡性的特征，一个较为成熟的现代社会结构还尚未形成，离橄榄形社会结构尚有较大距离。

　　社会结构是否合理，取决于社会各阶层各群体能否构建一种和谐的、共生共存的关系模式。构建合理的社会结构，使得社会各层级形成良性互动关系，并降低社会结构变动给社会稳定带来的消极影响，需要着力解决如下几个问题。

　　首先，要强化顶层设计和制度安排，逐步推进政治民主化进程。根据阿拉伯国家的历史与现实，阿拉伯国家的威权政治体制有着极为复杂深刻的历史传统渊源和路径选择依据。目前，从政治体制而言，多数阿拉伯国家的政治发展正处在向现代民主政治过渡的转变时期，但与现代民主政治还有相当的差距。阿拉伯国家的历史传统有差异、社会发展不平衡，政治体制模式各不相同，但大多数阿拉伯国家为威权政治。

从短时段来看，我们要看到适度威权治理模式曾经在国家统一、促进经济增长、提高民生福祉、协调社会关系以及维护政治稳定上做出过巨大贡献，但是我们也应看到威权体制存在的巨大弊端和对社会结构与社会稳定造成的消极影响。由于制度缺陷，统治者与精英群体形成既得利益集团，建立了高度集权的威权政治体制，缺乏真实有效的监督机制，导致政治民主化迟滞。当然，二战以来，阿拉伯国家迫于国内外的各种压力，推行了诸如宪政选举、有限多党制、协商会议等政治民主化改革措施，但在多数情况下，形式上的制约机制和机构往往成为统治者利用的工具。因此，目前阿拉伯国家的政治民主化属于威权政府主导的有限民主制。

从长时段看，如果不具备充分的民主机制与民主素养，就无法真正构建合理的社会结构。因此，推动政治体制改革应是阿拉伯国家未来政治发展中必须考虑的重大问题。但是历史事实证明，极速的政治体制变迁在很多时候未必会有立竿见影的效果。阿拉伯国家正处于从传统向现代的过渡时期，要保持社会稳定，就需要在基本体制保持稳定的基础之上进行适度的调整与修正。如埃及 2011 年变革以来，不仅没有建立起所谓的民主政体，反而延续了其传统的路径选择偏好即军人政治，似乎进入了一个循环。再如伊拉克，2003 年战争后，伊拉克进入了艰难的政治重建进程。此前数十年受到长期压制的什叶派迅速崛起，并与逊尼派和库尔德人存在诸多矛盾，教派冲突的频率与烈度不断上升。之后的政权建设中，教派分权模式成为平衡各方力量的重要机制，但这本身就蕴含着危机，也为未来的政治失稳埋下了一定隐患。亨廷顿曾指出，政治稳定"依赖于政治参与程度与政治制度化之间的相互关系"[1]。要

_____

[1] 〔美〕塞缪尔·P. 亨廷顿：《变化社会中的政治秩序》，王冠华等译，上海人民出版社，2008，第 60 页。

实现阿拉伯国家的政治制度化，渐进性的改革是合适的。一方面，需要构建和巩固较为强大的政治权威，有效强化政府主导能力，持续完善政党制度，进一步加强政党的适应性，发挥其维护政治制度的功能；另一方面，需要改变权力高度集中的统治模式，适当修正吸纳精英的机制，适度扩大权力核心圈层，建立完备的吸纳新社会力量的渠道与路径，为社会中下群体建立公正、公平和有效的社会流动机制，让真正具备专业能力的人进入决策机构，完善监督机制，不能使其徒具民主政治的外壳，应真实有效地约束和制约统治者与权力精英，以保持政治体系结构的生命力。任何政治设计一定要考虑传统与现代的诸多政治势力，如何达到一种政治的妥协与合作，这将是一个漫长的过程，需要极为高超的政治智慧和国家治理能力。

其次，推进经济体制改革，有效改善失业与贫困问题。经济发展水平是构建合理社会结构的根本条件。国家经济实力决定了国民的日常生活、住房、就业、教育水平，为创造相对稳定的社会环境奠定基础，更有助于社会结构的深度调整。二战后阿拉伯国家的国有化曾经全面促进了经济发展，但从 90 年代起，因受多轮次国内外石油价格和汇率下跌的影响，迫于压力，阿拉伯国家经济体制极速转向，私有化瓦解了国有经济体制，依附型经济体系造成经济的畸形发展、严重的经济衰退和民生问题。私人资本高速增长，少数精英掌握着国家的经济命脉，并且拥有富可敌国的社会财富，直接损害了社会中下层的权益，造成国家社会关系紧张。弱国家—弱社会的国家与社会关系模式极容易引发社会冲突与矛盾，从而对于社会稳定产生重大影响。"阿拉伯之春"的事实证明，动荡的根源在于社会公正、公平问题，巨大的贫富差异已经严重威胁社会下层的生存条件与环境，社会结构紧张，如遇突发事件极易导致社会动荡和政府崩盘。因此，要逐步进行经济发展模式的修正，使国有化与私有化都保持在一个适度的范围之内，改变进口替代经济战略，积极改善外部环境，真正建立更为合理的经济结构和民族工业体系。此外，还要积极创造就业机会，有效降低失业率，进一步改善社会保障机制，努力减少贫困人口，至少要保证民众基本的生活需求。

纵观当代阿拉伯国家的历史与现实，我们可以发现，适合本国国情的包容性制度与长期经济增长之间有着密切的关系。美国学者德隆·阿西莫格鲁与詹姆斯·A. 罗宾逊提出，国家的兴衰成败取决于制度因素。包容性（inclusive）的政治制度和经济制度是一个国家实现长期经济增长的关键因素，而汲取性（extractive）的政治制度和经济制度只能实现短期而非长期的经济增长。在这里，所谓包容性制度，在政治层面强调人民具有政治权力，能够通过相应渠道稳定地参与政治活动及政策制定；在经济上强调自由进入和竞争，能够有效切断垄断市场获取高额利润的机会，使人民具有较高的生产性激励。而所谓汲取性制度，在政治上指的是人民参与政治的有效性不足，通过革命、政变或者世袭上台的政治精英与既得利益集团掌控本国制度选择与政策制定；在经济上，经济制度与政策均由统治者与精英决定，而且往往在各行业领域存在垄断、专卖与市场控制等现象①。在阿西莫格鲁和罗宾逊看来，埃及、突尼斯等部分阿拉伯国家属于较为典型的实施汲取性政治制度与经济制度的国家，政治精英主导的汲取性制度极大地影响了财富与权力在阿拉伯国家社会各阶层的分配。虽然在短时期内该制度能够带来经济的快速增长与一定范围的包容性政策措施（如吸纳社会中下层进入政府官僚体系、教育体系的开放），但其固有的制度缺陷与无限攫取政治、经济、社会资源的特性，极易引发各种利益群体展开对政治权力的强力争夺，可能牵引出一系列连锁反应，由此产生的政治社会动荡也危及国家经济增长，甚至导致国家失

---

① 参阅〔美〕德隆·阿西莫格鲁、詹姆斯·A. 罗宾逊《国家为什么会失败》，李增刚译，湖南科学技术出版社，2018。

败和崩溃，使国家发展陷入恶性循环。可以说，"阿拉伯之春"的爆发为汲取性制度的实质做了一个很好的注脚。

最后，要极为重视宗教极端主义的因素。可以说伊斯兰教是构建阿拉伯国家良性社会结构的另一个重要影响因素。众所周知，伊斯兰教信徒众多，有着十分广泛的群众基础，对阿拉伯国家影响深远。伊斯兰教不仅在国家层面被定为阿拉伯国家的国教，而且作为一种社会基层组织和宗教伦理观念，广泛影响着阿拉伯国家人们的日常生活。从历史上看，宗教的政治化在很大程度上已经影响了阿拉伯国家政教关系的构建，不利于消弭本已紧张的社会矛盾。虽然二战后的世俗化改革在一定程度上抑制了伊斯兰教对国家政治的影响，但大多数共和制国家如埃及、叙利亚、伊拉克等国，世俗政权依然保留有宗教的痕迹，甚至决定了政治权力结构；而在沙特等海湾君主制国家，由于宗教在国家构建中为统治者提供了合法性来源，因此宗教阶层深刻影响着政治权力结构的构成与模式。另外，90 年代以来政治伊斯兰势力的回归对阿拉伯国家政治发展构成了持续压力，如在埃及、约旦王国，穆斯林兄弟会从地下活动转为公开活动，其许多成员进入议会以及地方市镇组织，广泛参与政治；而巴勒斯坦的哈马斯，经过几十年的发展壮大，2006 年在立法委选举中胜出并获得执政地位；2011 年穆兄会出身的穆尔西还成为埃及共和国历史上的首位民选总统（但很快被推翻，穆兄会再次被解散）。可以说，90 年代以来政治伊斯兰的兴起和其他一些宗教极端组织的政治活动刺激了相关政治势力特别是极端势力的参政欲望。学者王林聪认为，2011 年以来，极端主义思潮及其影响达到了前所未有的程度，直接威胁到中东各国的意识形态安全和国家安全①。总之，政治伊斯兰势力的理念及其活动，对阿拉伯国家的世俗政权和政治民主化进程都带来了极大冲击。

---

① 王林聪：《中东国家政治发展的新变化及其影响》，《当代世界》2018 年第 10 期。

目前阿拉伯国家正处于现代社会转型的关键时期，政教关系，特别是政治伊斯兰是阿拉伯国家建立现代社会结构无法回避的重大因素，这也说明阿拉伯民族国家构建进程充满了艰巨性与复杂性。但是，我们也要看到，伊斯兰教本身并非构建现代社会结构的阻碍因素和影响阿拉伯国家社会政治稳定的关键因素。伊斯兰教虽然具有强烈的涉世性，但它自身并不会产生不稳定。我们需要关注的是宗教极端主义对社会结构和社会稳定的破坏性影响。所以，要构建阿拉伯国家的和谐社会结构以及维护社会与政治稳定，还必须从阿拉伯国家的伊斯兰文化背景出发，找出符合各国国情、兼具传统与现代的新型社会结构。

# 参考文献

## 一　中文著作

[1]　〔法〕埃米尔·涂尔干：《社会分工论》，渠东译，生活·读书·新知三联书店，2000。

[2]　埃及新闻部新闻总署：《埃及年鉴（2005年）》，埃及驻华使馆新闻处，2005。

[3]　埃及新闻部新闻总署：《埃及年鉴（2009年）》，埃及驻华使馆新闻处，2009。

[4]　〔美〕艾丽斯·泰勒：《中东》，北京大学地质地理系经济地理专业译，人民出版社，1976。

[5]　安维华、李绍先、陈建民主编《海湾寻踪》，时事出版社，1997。

[6]　安维华主编《海湾石油新论》，社会科学文献出版社，2000。

[7]　〔英〕安德罗·林克雷特：《世界土地所有制变迁史》，启蒙编译所译，上海社会科学院出版社，2016。

[8]　毕健康：《埃及现代化与政治稳定》，社会科学文献出版社，2005。

[9]　〔美〕伯纳德·路易斯：《中东：激荡在辉煌的历史中》，郑之书译，中国友谊出版公司，2002。

[10]　〔英〕布伦达·拉尔夫·刘易斯：《君主制的历史》，荣予、方力维

译，生活·读书·新知三联书店，2007。

[11] 蔡应明：《社会稳定学》，上海三联书店，2014。

[12] 车效梅：《中东城市化与社会稳定研究》，社会科学文献出版社，2019。

[13] 陈德成主编《中东政治现代化——理论与历史经验的探索》，社会科学文献出版社，2000。

[14] 陈明明：《所有的子弹都有归宿——发展中国家军人政治研究》，天津人民出版社，2003。

[15] 〔美〕查尔斯·赖特·米尔斯：《权力精英》，王昆、许荣译，南京大学出版社，2004。

[16] 戴晓琦：《阿拉伯社会分层研究——以埃及为例》，宁夏人民出版社，2013。

[17] 〔英〕戴维·李、布赖恩·特纳主编《关于阶级的冲突——晚期工业主义不平等之辩论》，姜辉译，重庆出版社，2005。

[18] 〔英〕戴维·米勒、韦农·波格丹诺主编《布莱克维尔政治学百科全书》，邓正来等译，中国政法大学出版社，1992。

[19] 〔美〕德隆·阿西莫格鲁、詹姆斯·A. 罗宾逊：《国家为什么会失败》，李增刚译，湖南科学技术出版社，2018。

[20] 〔德〕恩格斯：《反杜林论》，《马克思恩格斯选集》（第3卷），人民出版社，1995。

[21] 〔日〕富永健一：《社会结构与社会变迁》，董兴华译，云南人民出版社，1988。

[22] 〔日〕高坂健次主编《当代日本社会分层》，张弦等译，中国人民大学出版社，2004。

[23] 高鸿均：《伊斯兰法：传统与现代化》，社会科学文献出版社，1996。

[24] 〔美〕格尔哈斯·伦斯基：《权利与特权：社会分层的理论》，关信平等译，浙江人民出版社，1988。

[25] 〔德〕哈贝马斯：《公共领域及其结构转型》，曹卫东译，学林出版

社，1999。

[26] 哈全安：《中东国家的现代化历程》，人民出版社，2006。

[27] 哈全安：《中东史：610~2000》（下卷），天津人民出版社，2010。

[28] 韩志斌：《伊拉克复兴党民族主义理论与实践研究》，中国社会科学出版社，2011。

[29] 黄民兴：《沙特阿拉伯——一个产油国人力资源的发展》，西北大学出版社，1998。

[30] 黄民兴：《中东国家通史·伊拉克卷》，商务印书馆，2002。

[31] 黄民兴：《中东历史与现状十八讲》，陕西人民出版社，2008。

[32] 〔美〕霍华德·维亚尔达主编《非西方发展理论——地区模式与全球趋势》，董正华、郑振清译，北京大学出版社，2006。

[33] 〔美〕霍华德·威亚尔达：《新兴国家的政治发展：第三世界还存在吗?》，刘青、牛可译，北京大学出版社，2005。

[34] 〔美〕杰克·普拉诺等：《政治学分析辞典》，胡杰译，中国社会科学出版社，1986。

[35] 姜桂石、姚大学、王泰：《全球化与亚洲现代化》，社会科学文献出版社，2005。

[36] 金宜久主编《伊斯兰教小辞典》，上海辞书出版社，2001。

[37] 雷钰、苏瑞林：《中东国家通史·埃及卷》，商务印书馆，2003。

[38] 李福泉：《海湾阿拉伯什叶派政治发展研究》，生活·读书·新知三联书店，2017。

[39] 李强：《当代中国社会分层：测量与分析》，北京师范大学出版社，2010。

[40] 李强：《社会分层十讲》（第二版），社会科学文献出版社，2011。

[41] 刘竞、安维华主编《现代海湾国家政治体制研究》，中国社会科学出版社，1994。

[42] 陆学艺：《当代中国社会流动》，社会科学文献出版社，2004。

[43] 辽宁社会科学院社会学研究所编《阶级、阶层及社会流动》，沈阳出

版社，1989。

[44] 罗荣渠：《现代化新论——世界与中国的现代化进程》（增订本），商务印书馆，2004。

[45] 〔德〕马克斯·韦伯：《经济与社会》（上下卷），林荣远译，商务印书馆，1997。

[46] 《马克思恩格斯选集》（第1卷），人民出版社，1995。

[47] 《马克思恩格斯全集》（第4卷），人民出版社，1956。

[48] 〔德〕马克思、恩格斯《共产党宣言》，人民出版社，1964。

[49] 〔美〕米尔斯：《白领——美国的中产阶级》，周晓虹译，浙江人民出版社，1986。

[50] 〔英〕佩里·安德森《绝对主义国家的系谱》，刘北成、龚晓庄译，上海人民出版社，2001。

[51] 〔美〕乔尔·S.米格代尔：《社会中的国家——国家与社会如何相互改变与相互构成》，李杨、郭一聪译，江苏人民出版社，2013。

[52] 彭树智：《现代民族主义运动史》，西北大学出版社，1987。

[53] 彭树智主编《中东国家和中东问题》，河南大学出版社，1991。

[54] 彭树智：《东方民族主义思潮》，西北大学出版社，1992。

[55] 彭树智主编《伊斯兰教与中东现代化进程》，西北大学出版社，1997。

[56] 彭树智主编《二十世纪中东史》（第二版），高等教育出版社，2001。

[57] 彭树智主编《阿拉伯国家史》，高等教育出版社，2002。

[58] 彭树智主编《文明交往论》，陕西人民出版社，2002。

[59] 〔以〕S.N.艾森斯塔特：《反思现代性》，旷新年、王爱松译，生活·读书·新知三联书店，2006。

[60] 〔英〕S.H.朗里格：《伊拉克（1900~1950年）》，北京师范大学《伊拉克》翻译小组译，人民出版社，1977。

[61] 〔美〕塞缪尔·P.亨廷顿：《变化社会中的政治秩序》，王冠华等译，生活·读书·新知三联书店，1989。

［62］〔美〕塞缪尔·P.亨廷顿：《第三波：20世纪后期民主化浪潮》，刘军宁译，上海三联书店，1998。

［63］沈汉：《西方社会结构的演变——从中古到20世纪》，珠海出版社，1998。

［64］沈瑞英：《矛盾与变量：西方中产阶级与社会稳定研究》，经济管理出版社，2009。

［65］世界银行：《1988年世界发展报告》，中国财政经济出版社，1988。

［66］世界银行：《1992年世界发展报告：发展与环境》，中国财政经济出版社，1992。

［67］舒小昀：《分化与整合：1688～1783年英国社会结构分析》，南京大学出版社，2003。

［68］〔俄〕T.戈连科娃主编《俄罗斯社会结构变化和社会分层》，宋竹音、王育民译，中国财政经济出版社，2004。

［69］〔意〕V.帕累托：《普通社会学纲要》，田时纲译，生活·读书·新知三联书店，2001。

［70］王银梅：《我国社会稳定理论研究综述——社会稳定及预警机制研究》，法律出版社，2009。

［71］王京烈主编《动荡中东多视角分析》，世界知识出版社，1996。

［72］王京烈主编《面向二十一世纪的中东》，社会科学文献出版社，1999。

［73］王林聪：《中东国家民主化问题研究》，中国社会科学出版社，2007。

［74］王三义：《工业文明的挑战与中东近代经济的转型》，中国社会科学出版社，2006。

［75］王铁铮主编《沙特阿拉伯的国家与政治》，三秦出版社，1997。

［76］王铁铮等：《中东国家通史·沙特阿拉伯卷》，商务印书馆，2000。

［77］王彤主编《当代中东政治制度》，中国社会科学出版社，2005。

［78］王新刚：《现代叙利亚国家与政治》，人民出版社，2016。

［79］伍庆玲：《现代中东妇女问题》，云南大学出版社，2004。

［80］ 杨灝城主编《民族冲突和宗教争端：当代中东热点问题的历史探索》，人民出版社，1996。

［81］ 杨灝城、朱克柔主编《当代中东热点问题的历史探索：宗教与世俗》，人民出版社，2000。

［82］ 杨灝城、江淳：《纳赛尔和萨达特时代的埃及》，商务印书馆，1997。

［83］ 杨伟国、张海涛：《伊拉克》，载《世界知识年鉴（2001/2002）》，世界知识出版社，2001。

［84］〔美〕伊曼纽尔·沃勒斯坦：《现代世界体系》（第一卷、第二卷），罗荣渠、庞卓恒等译，高等教育出版社，1998。

［85］ 燕继荣：《发展政治学：政治发展研究的概念与理论》，北京大学出版社，2006。

［86］ 周怡、朱静、王平、李沛：《社会分层的理论逻辑》，中国人民大学出版社，2016。

［87］ 张俊彦主编《变化中的中东经济——现状与前景》，北京大学出版社，1992。

［88］ 赵国忠主编《简明西亚北非百科全书（中东）》，中国社会科学出版社，2000。

## 二 中文文章

［1］ 艾林：《当代沙特阿拉伯王国的社会不稳定因素研究》，博士学位论文，北京外国语大学，2013。

［2］ 安维华：《论中东民族问题中的政治因素》，《西亚非洲》1999 年第 2 期。

［3］ 毕健康：《论当代埃及的社会结构与发展困境》，《阿拉伯世界研究》2019 年第 2 期。

［4］ 车效梅：《中东城市化的原因、特点与发展趋势》，《西亚非洲》2006 年第 4 期。

［5］ 陈静：《当代中东妇女发展问题研究》，博士学位论文，西北大学，2003。

［6］ 陈静：《论海湾国家妇女的发展问题》，《世界民族》2007 年第 6 期。

［7］ 陈鹏：《经典三大传统社会分层观比较——以"谁得到了什么"和"为什么得到"为分析视角》，《社会科学管理与评论》2011 年第 3 期。

［8］ 程星原：《伊拉克民族宗教概况》，《国际资料信息》2003 年第 4 期。

［9］ 段智婕：《女性学视角下的埃及近代妇女研究》，博士学位论文，上海外国语大学，2014。

［10］ 丁隆：《中东民主化进程：一个政治经济学的视角》，《阿拉伯世界研究》2008 年第 1 期。

［11］ 杜红：《乌莱玛在伊斯兰国家现代化进程中的地位和作用》，《西亚非洲》1996 年第 2 期。

［12］ 戴晓琦：《19 世纪以来埃及阶级结构的演变及其对当前社会的影响》，《西亚非洲》2011 年第 6 期。

［13］ 戴晓琦：《中产阶级与埃及政局变化》，《阿拉伯世界研究》2012 年第 1 期。

［14］ 董锦霞：《伊斯兰教妇女观的社会性别解读》，《中华女子学院学报》2008 年第 6 期。

［15］ 范鲲：《20 世纪埃及妇女运动探析》，硕士学位论文，河北师范大学，2006。

［16］ 范若兰：《伊斯兰教与穆斯林妇女》，《西亚非洲》1989 年第 6 期。

［17］ 范若兰：《早期伊斯兰教妇女观及妇女地位初探》，《西亚非洲》1995 年第 5 期。

［18］ 谷亚平：《穆巴拉克时期妇女地位研究——以妇女政策和女性参与政治为视角》，硕士学位论文，郑州大学，2014。

［19］ 郭永胜：《伊斯兰教与早期阿拉伯妇女》，《内蒙古师大学报》2000 年第 6 期。

［20］ 何芳川：《论近代亚洲资产阶级早期政治活动的性质和作用》，《世界历史》1984 年第 6 期。

［21］ 何烺：《石油与中东的贸易和金融》，《阿拉伯世界》1996 年第 4 期。

［22］侯钧生、韩克庆：《西方社会分层研究中的两种理论范式》，《江海学刊》2005 年第 4 期。

［23］胡联合、胡鞍钢：《中产阶层："稳定器"还是相反或其他——西方关于中产阶层社会政治功能的研究综述及其启示》，《政治学研究》2008 年第 2 期。

［24］哈全安：《纳赛尔主义与埃及的现代化》，《世界历史》2002 年第 2 期。

［25］哈全安：《20 世纪中叶中东国家的土地改革》，《经济社会史评论》2018 年第 1 期。

［26］黄民兴：《伊拉克民族构建问题的根源及其影响》，《西亚非洲》2003 年第 6 期。

［27］黄民兴：《沙特阿拉伯妇女地位的演变》，《阿拉伯世界》1992 年第 4 期。

［28］黄民兴：《1900 至 1941 年伊拉克民族主义的发展》，《西北大学学报》（哲学社会科学版）1996 年第 4 期。

［29］黄民兴：《中东民族主义的源流和类型探析》，载肖宪主编《世纪之交看中东》，时事出版社，1998。

［30］黄民兴：《论 20 世纪中东国家的民族构建问题》，《西亚非洲》2006 年第 9 期。

［31］黄民兴：《当代中东产油国的社会变迁》，《阿拉伯世界研究》2007 年第 4 期。

［32］黄前明：《从依附到建构：战后埃及中产阶级与国家的关系》，《西北师大学报》（社会科学版）2017 年第 1 期。

［33］韩小婷：《沙特王国社会转型中的精英集团研究》，博士学位论文，西北大学，2013。

［34］何芳川：《论近代亚洲资产阶级早期政治活动的性质和作用》，《世界历史》1984 年第 6 期。

［35］鞠健：《新时期中国政治稳定问题研究》，博士学位论文，南京师范

大学，2006。

[36] 李春玲：《社会分层研究与理论的新趋势》，《社会学：理论与经验》2006 年第 1 期。

[37] 李春玲：《寻求变革还是安于现状？中产阶级社会政治态度测量》，《社会》2011 年第 2 期。

[38] 李福泉：《试论伊拉克什叶派乌莱玛的政治作用》，《江南社会学院学报》2005 年第 1 期。

[39] 刘小燕：《对外承包工程劳务市场考察的情况报告》，http：//www.nica.cn/sczn/zhyj.htm，1999。

[40] 李月军：《以行动者为中心的制度主义——基于转型政治体系的思考》，《浙江社会科学》2007 年第 4 期。

[41] 吕耀军：《当代伊朗女性主义及妇女运动》，《北方民族大学学报》（哲学社会科学版）2017 年第 4 期。

[42] 马秀梅、绽小林：《伊斯兰教法中有关妇女权利的规定及其社会效应》，《青海民族研究》1999 年第 3 期。

[43] 马东平：《论伊斯兰教法之妇女观》，《甘肃社会科学》2001 年第 5 期。

[44] 马小红：《乌莱玛与保持君主制的伊斯兰性——沙特阿拉伯君主制的伊斯兰性刍论之二》，《阿拉伯世界》1999 年第 1 期。

[45] 美国国务院国际信息局：《美国支持妇女在中东改革进程中发挥作用》，http：//usinfo.americancorner.org.tw/archive04/0825women.htm。

[46] 倪真：《瓦哈比主义与沙特王权》，《国际参考研究》2017 年第 1 期。

[47] 田文林：《中东民族主义与中东社会文化变迁》，《世界民族》2002 年第 5 期。

[48] 佟应芬：《中东妇女就业状况喜与忧》，《西亚非洲》2001 年第 4 期。

[49] 万光：《美国对中东的政策及其面临的挑战》，《西亚非洲》1996 年第 2 期。

[50] 万向东、刘林平：《世界体系论对发展中国家过度城市化的解释》，

《求索》2001 年第 6 期。

[51] 王霏：《试论叙利亚的族群、教派与地域忠诚问题》，《阿拉伯世界研究》2016 年第 1 期。

[52] 王然：《当代沙特政治稳定研究——以沙特的制度和政策调整为视角》，博士学位论文，上海外国语大学，2018。

[53] 伍庆玲：《论现代埃及女权运动的兴起》，《云南大学人文社会科学学报》2000 年第 1 期。

[54] 伍庆玲：《科威特的妇女的社会地位》，《阿拉伯世界》1996 年第 4 期。

[55] 吴敬琏：《路径依赖与中国改革——对诺斯教授演讲的评论》，《改革》1995 第 3 期。

[56] 王俊荣：《伊斯兰教与妇女》，《世界宗教文化》1995 年第 3 期。

[57] 王泰：《埃及现代化进程中妇女的政治参与问题》，《西亚非洲》2007 年第 2 期。

[58] 王泰：《当代埃及的威权主义与政治民主化问题研究——文明交往视角下国家、社会与政治伊斯兰的历史擅变》，博士学位论文，西北大学，2008。

[59] 王京烈：《伊斯兰宗教改革与中东社会变革——世界史视角下的中东社会发展剖析》，《阿拉伯世界研究》2007 年第 1 期。

[60] 王俊荣：《伊斯兰教与妇女》，《世界宗教文化》1995 年第 3 期。

[61] 王林聪：《中东国家政教关系的变化对民主实践的影响》（下），《西亚非洲》2007 年第 7 期。

[62] 王铁铮：《试探沙特王国社会结构的演变及其特点》，《世界历史》1998 年第 4 期。

[63] 吴彦：《沙特阿拉伯宗教政治初探》，《西亚非洲》2008 年第 6 期。

[64] 吴彦：《沙特阿拉伯王国宗教政治研究》，博士学位论文，南开大学，2009。

[65] 谢维雁：《宪政与公民社会》，《四川师范大学学报》（社会科学版）2002 年第 6 期。

［66］《英首相夫人：中东妇女地位提高，巴林约旦摩洛哥进步显著》，http：//news. sina. com. cn/w/2004 - 02 - 17/14291825369s. shtml。

［67］邢桂敏：《1900 ~1981 年的中东女性主义与民族主义关系研究：以埃及、伊朗为例》，博士学位论文，西北大学，2008。

［68］杨珊珊：《简论伊斯兰革命以来伊朗妇女的就业状况》，《世界民族》2007 年第 3 期。

［69］姚大学：《伊斯兰教与战后中东现代化》，《内蒙古民族大学学报》（哲社版）2002 年第 4 期。

［70］叶青：《埃及外交政策新论》，《阿拉伯世界》2004 年第 6 期。

［71］张柳：《伊拉克妇女问题研究（1991 ~2007）》，硕士学位论文，兰州大学，2015。

［72］张世青：《社会政策视阈中的社会危机治理》，《学习与实践》2009 年第 7 期。

## 三　英文著作

［1］Abir, M. , *Saudi Arabia in the Oil Era：Regime and Elites：Conflict and Collaboration*, Croom Helm, 1988.

［2］Abir, M. , *Saudi Arabia：Government, Society, and the Gulf Crisis*, Routledge, 1993.

［3］Afshar Haleh, *Women in Middle Eastern Society*, Palgrave Macmillan, 1993.

［4］Alan Richards and John Waterbury, *A Political Economy of the Middle East：State, Class and Economic Development*, Westview Press, 1990.

［5］Al-Yassini, A. , *Religion and State in the Kingdom of Saudi Arabia*, Westview Press, 1985.

［6］Al-Ali Nadje Sadig, *Iraqi Women：Untold Stories from 1948 to the Present*, Zed Books Ltd, 2007.

［7］Aliboni Roberto, *Egypt's Economic Potential*, Routledge Library Editions：

Egypt Series, 2013.

[8] Almunajjed Mona, *Women in Saudi Arabia Today*, Palgrave Macmillan, 1997.

[9] Amin, S. , *The Arab Nation: Nationalism and Class Struggle*, Zed Press Ltd. , 1978.

[10] Adeed, D. , *Arab Nationalism in the Twentieth Century*, Princeton University Press, 2003.

[11] B. R. Satloff, *The Politics of Change in the Middle East*, Westview Press, 1993.

[12] Baker Raymond William, *Egypt's Uncertain Revolution under Nasser and Sadat*, Harvard University Press, 1978.

[13] Baraka, M. , *The Egyptian Upper Class between Revolutions, 1919 – 1952*, St. Antony's College (University of Oxford), 1998.

[14] Barakat, H. , *The Arab World: Society, Culture and State*, California University Pr. , 1993.

[15] Batatu, H. , *The Old Social Classes and the Revolutionary Movements of Iraq*, Princeton University Press, 1978.

[16] Baer, G. , translated from the Hebrew by Hanna Szoke, *Population and Society in the Arab East*, Routledge and Kegan Paul, 1964.

[17] Be'eri, E. , *Army Officers in Arab Politics and Society*, Fredrick A. Praegar, 1970.

[18] Beinin, J. , *Workers and Peasants in the Modern Middle East*, Cambridge University Press, 2001.

[19] Blau, P. M. and Otis Dudley Duncan, *The American Occupational Structure*, Wiley and Sons, 1967.

[20] Charrad Mounira, *States and Women's Rights: The Making of Postcolonial Tunisia, Algeria, and Morocco*, University of California Press, 2001.

[21] Crystal, J. , *Oil and Politics in the Gulf: Rulers and Merchants in Kuwait*

*and Qatar*, Cambridge University Press, 1990.

[22] Collelo, T. , *Syria: A Country Study*, Washington: GPO for the Library of Congress, 1987.

[23] Cook, S. A. , *Ruling But Not Governing: The Military and Political Development in Egypt, Algeria, and Turkey*, John Hopkins University Press, 2007.

[24] Dawisha, A. and I. William Zartman (eds. ), *Beyond Coercion: The Durability of the Arab State*, Croom Helm, 1988.

[25] Dounmto, E. A. , *Women and Globalization in the Arab Middle East Gender, Economy, and Society*, Lynne Rienner Publishers, 2003.

[26] Dam, N. V. , *The Struggle for Power in Syria, Sectarianism, Regionalism and Tribalism in Politics, 1961 – 1980*, Croom Helm, 1981.

[27] Daly, M. W. (ed. ), *The Cambridge History of Egypt, Vol. II : Modern Egypt From 1517 to the end of the Twentieth Century*, Cambridge, Cambridge University Press, 1998.

[28] Efrati, N. , *Women in Iraq: Past Meets Present*, Columbia University Press, 2012.

[29] Elizabeth, A, M. , *Property, Social Structure, and Law in the Modern Middle East*, State University of New York Press, 1985.

[30] Finer, S. E. , *Man on Horseback: The Role of Military in Politics*, Frederick A. Praeger, 1962.

[31] Goldberg, E. J. , *The Social History of Labor in the Middle East*, Westview Press, 1996.

[32] Gadalla, S. M. , *Land Reform in Relation to Social Development: Egypt*, University of Missouri Press, 1962.

[33] Gotowicki, S. H. , "The Military Egyptian Society", Phebe Marr (ed. ), *Egypt at the Crossroads: Domestic Stability and Regional Role*, National Defense University Press, 1999.

[34] Halpern, M. , *The Politics of Social Change in the Middle East and North Africa*, Princeton University Press, 1963.

[35] Heper, M. , *Raphael Israeli, Islam and Politics in the Modern Middle East*, Croom Helm Ltd, 1984.

[36] Hopkins, N. and Saad Eddin Ibrahim ( eds. ), *Arab Society: Class, Gender, Power and Development*, Cairo, 1997.

[37] Hinnebussch, R. A. , *Syria Revolution from Above*, Routledge, 2001.

[38] Huntington, S. P. , *Political Order in Changing Societies*, New Haven, 1968.

[39] Huntington, S. P. , *The Soldier and the State: The Theory and Politics of Civil-Military Relations*, Harvard University Press, 1957.

[40] Ibrahim, S. E. , *The New Arab Social Order: A Study of the Social Impact of Oil Wealth*, Westview and Croom Helm, 1982.

[41] Ibrahim, S. E. , *Egypt Islam and Democracy: Critical Essays*, American University in Cairo Press, 2002.

[42] Ismael, Tareq Y. , Jacqueline S. Ismael and Glenn E. Perry, *Government and Politics of the Contemporary Middle East: Continuity and Change* ( Second Edition), Routledge, 2016.

[43] Jankowski, J. P. and I. Gershoni, *Rethinking Nationalism in the Arab Middle East*, Columbia University Press, 1997.

[44] Johnson, J. A. , *Role of the Military in Underdeveloped Countries*, Princeton Legacy Library, 1962.

[45] Kechichian, J. A. , *Power and Succession in Arab*, Lynne Pienner Publishers, 2008.

[46] Kholoussy, H. , *For Better, For Worse: The Marriage Crisis That Made Modern Egypt*, Stanford University Press, 2010.

[47] Karam, Azza M. , *Women, Islamism and the State: Contemporary Feminisms in Egypt*, Palgrave Macmillan Press, 1998.

[48] Kazemi, F. and John Waterbury, *Peasants and Politics in the Modern Middle East*, Florida International University Press, 1991.

[49] Keddie, Nikki R. , Beth Baron, *Women in the Middle Eastern History: Shifting Boundaries in Sex and Gender*, Yale University Press, 1991.

[50] Marr, P. , *The Modern History of Iraq*, Westview Press, 1985.

[51] Marshall, T. H. , *Class, Citizenship and Social Development*, Princeton University Press, 1965.

[52] Mayer, A. E. , *Property, Social Structure, and Law in the Modern Middle East*, State University of New York Press, 1985.

[53] Meriwether, Margaret L. and Judith E. Tucker, *Social History of Women and Gender in the Modern Middle East*, Westview Press, 1999.

[54] Metz, H. C. , *Egypt: A Country Study*, Washington: GPO for the Library of Congress, *1990.*

[55] Moghadam, V. M. , *Modernizing Woman – Gender and Social Change in the Middle East*, Lynne Rienner Publishers, 2003.

[56] Niblock Tim and Monica Malik, *The Political Economy of Saudi Arabia*, Routledge, 2007.

[57] Nieuwenhuijze, C. A. O. , *Social Stratification and the Middle East: An Interpretation*, Brill, 1965.

[58] Nasr, S. H. , *Traditional Islam in the Modern World*, Kegan Paul International, 1987.

[59] Osman Tarek, *Egypt on the Brink: From Nasser to Mubarak*, Yale University Press, 2011.

[60] Owen, R. and Sevket Pamuk, *A History of Middle East Economies in the Twentieth Century*, I. B. Tauris Publishers, 1998.

[61] Perthes, V. , *The Political Economy of Syria Under Asad*, I. B. Tauris, 1995.

[62] Perthes, V. , *Arab Elites: Negotiating the Politics of Change*, Lynne Rienner, 2004.

[63] Podeh, E., Onn Winckler, *Rethinking Nasserism Revolution and Historical Memory in Modern Egypt*, University Press of Florida, 2004.

[64] Richards, A. and John Waterbury, *A Political Economy of the Middle East: State, Class and Economic Development*, Westview Press, 1990.

[65] Rivera Sheila, *Women of the Middle East*, ABDO & Daughters, 2003.

[66] Ryzova, L., *The Age of the Efendiyya: Passages to Modernity in National-Colonial Egypt*, Oxford University Press, 2014.

[67] Stenslie, S., *Regime Stability in Saudi Arabia: The Challenge of Succession*, Routledge, 2012.

[68] Sullivan, Earl L., *Women in Egyptian Public Life*, Syracuse University Press, 1986.

[69] Thomas Marie Claude, *Women in Lebanon: Living with Christianity, Islam, and Multiculturalism*, Palgrave Macmillan, 2013.

[70] Turner, B. S., *Capitalism and Class in the Middle East: Theories of Social Change and Economic Development*, Heinemann Educational Books, 1984.

[71] UN, *Survey of Economic and Social Development in the ESCWA Region*, New York, 1995.

[72] UN, *Statistical Abstract of the ESCWA Region*, 16th Issue, New York, 1996.

[73] Wilson, P. W. and Douglas F. Graham, *Saudi Arabia: The Coming Storm*, M. E. Sharpe, 1994.

[74] Watenpaugh, K. D., *Being Modern in the Middle East: Revolution, Nationalism, Colonialism, and the Arab Middle Class*, Princeton University Press, 2006.

[75] Waterbury John, *The Egypt of Nasser and Sadat: The Political Economy of Two Regimes*, Princeton University Press, 1983.

[76] Yizraeli Sarah, *Politics and Society in Saudi Arabia: The Crucial Years of Development, 1960 – 1982*, Hurst & Co. and Columbia University Press, 2012.

[77] Zisser, E. , *Asad's Legacy*: *Syria in Transition*, New York University Press, 2001.

## 四 英文文章

[1] Ahsan, S. A. , "Economic Policy and Class Structure in Syria 1958 – 1980", *International Journal of Middle East Studies*, Vol. 16, No. 3, 1984.

[2] Alnuaim, M. , *The Composition of the Saudi Middle Class a Preliminary Study*, Gulf Research Center Gulf Paper, 2013.

[3] Arikat, H. M. M. , "The Arab Gulf Economy: A Demographic & Economic Profile", *Economic Research Paper*, No. 17, Center for Middle Eastern and Islamic Studies, University of Durham, 1987.

[4] Abul-Magd, Z. , "The Egyptian Military in Politics and the Economy: Recent History and Current Transition status", *CMI Insight*, No. 2, Oct. 2013.

[5] Bill, J. A. , "The Military and Modernization in the Middle East", *Comparative Politics*, Vol. 2, No. 1, Oct. 1969.

[6] Badawi, M. A. , "Middle Class Transformations in the Arab World", *Contemporary Arab Affairs*, Vol. 7, No. 2, 2014.

[7] Badran Margot, "Unifying Women: Feminist Pasts and Presents in Yemen", *Gender& History*, Vol. 10, No. 3, November 1998.

[8] Bill, J. A. , "Class Analysis and the Dialectics of Modernization in the Middle East", *International Journal of Middle East Studies*, Vol. 3, No. 4, Oct. 1972.

[9] Camiscioli Elisa, "Gender, Colonialism and Citizenship in the Modern Middle East", *Gender & History*, Vol. 16, No. 1, April 2004.

[10] Chaudhry, K. A. , "Economic Liberalization and the Lineages of the Rentier State: Iraq and Saudi Arabia Compared", Nicholas Hopkins and

Saad Eddin Ibrahim ( eds. ), *Arab Society: Class, Gender, Power and Development*, Cairo, 1997.

[11] Davis, K. and Wilbert Moore, "Some Principles of Stratification", *American Sociological Review*, Vol. 10, No. 2, 1945.

[12] Derek Lutterbeck, "Arab Uprisings, Armed Forces, and Civil-Military Relations", *Armed Forces & Society*, Vol. 39, No. 1, January 2013.

[13] Diwan, I. , "A Rational Framework for the Understanding of the Arab Revolutions", *CID Working Paper*, No. 237, April 2012.

[14] Eppel, M. , "The Elite, the Effendiyya, and the Growth of Nationalism and Pan-Arabism in the Hashemite Iraq, 1921 – 1958", *International Journal of Middle East Studies*, Vol. 30, No. 2, 1998.

[15] Garzouzi, E. , "Land Reform in Syria", *Middle Eastern Studies*, Vol. 17, No. 1/2, 1963.

[16] Halpern Manfred, "Egypt and the New Middle Class: Reaffirmations and New Explorations", *Comparative Studies in Society and History*, Vol. 11, No. 1, Jan. 1969.

[17] Hashirni, R. M. H. and Alfred L. Edwards, "Land Reform in Iraq: Economic and Social Implications", *Land Economics*, Vol. 37, No. 1, 1961.

[18] Hansen, B. and Carsten Jensen, "Challenges to the Role of Arab Militaries", Carsten Jensen ( ed. ), *Developments in Civil-Military Relations in the Middle East*, Royal Danish Defence College, Copenhagen, September 2008.

[19] Heller Mark and Nadav Safran, "The New Middle Class and Regime Stability in Saudi Arabia", *Harvard Middle East Papers*, Vol. 3, 1985.

[20] Hinnebusch, R. A. , "Rural Politics in Ba'thist Syria: A Case Study in the Role of the Countryside in the Political Development of Arab Societies", *The Review of Politics*, Vol. 4, No. 1, 1982.

[21] Issawi, C. , "Egypt Since 1800: A Study in Lop-side Development", *The Journal of Economic History*, Vol 21, No. 1, March 1961.

[22] Karpat, K. H. , "Society, Economics, and Politics in Contemporary Turkey", *World Politics*, Vol. 17, No. 1, Oct. 1964.

[23] Keilany, Z. , "Socialism and Economic Change in Syria", *Middle Eastern Studies*, Vol. 16, No. 3, 1973.

[24] Kamrava, M. , "Military Professionalization and Civil-Military Relations in the Middle East", *Political Science Quarterly*, Vol. 115, No. 1, Spring 2000.

[25] Mikhael Mary, "Women in Middle Eastern Societies and Churches", *Ecumenical Review*, Vol. 64, No. 1, March 2012.

[26] Perthe, S. V. , "A Look at Syria's Upper Class: The Bourgeoisie and the Ba'th", *Middle East Report*, No. 170, 1991.

[27] Rugh, W. , "Emergence of a New Middle Class in Saudi Arabia", *Middle East Journal*, Vol. 27, No. 1, 1973.

[28] Rubin, B. , "The Military in Contemporary Middle East Politics", *Middle East Review International Affairs Journal*, Vol. 5, No. 1, 2001.

[29] Sadler Neil, "Myth, Masterplots and Sexual Harassment in Egypt", *The Journal of North African Studies*, Vol. 24, No. 2, 2019.

[30] Springborg, R. , "The President and the Field Marshal: Civil-Military Relations in Egypt Today", *MERIP Middle East Report*, No. 147, *Egypt's Critical Moment*, Jul. – Aug. 1987.

# 后 记

　　十五年前，我在西北大学中东研究所攻读博士学位时，在恩师黄民兴教授的指导下，选择了中东国家的社会结构作为博士学位论文的选题方向，就此开始了我对阿拉伯国家社会结构问题的关注。当时学术界对于中东问题的研究，多集中在政治与国际关系方面，对中东国家社会结构问题关注较少。由于我是在职攻读博士学位，每学期都需承担相应的本科生课程和本科论文指导任务，因此关于阿拉伯国家社会结构问题的学术研究断断续续，好在恩师不时耳提面命，最终撰写并完成题为《当代阿拉伯国家社会结构与社会分层研究》的博士学位论文。后来在此基础上，先后主持了中央高校基本科研业务费项目"海湾国家社会结构研究"和国家社会科学基金西部项目"阿拉伯国家社会结构的演变及其对社会稳定的影响研究"。

　　2014～2015年，我在英国伦敦大学亚非学院访学，该学院的学术研究主要定位于亚非和中东，是中东问题研究重镇。穆罕默德·阿卜杜勒·哈里姆教授是我的合作导师，他是英籍埃及人，研究专长为阿拉伯国家社会与文化。虽然年过八十，但精神矍铄，坚持给本科生讲授多门课程，而且常被邀请至BBC电视台就中东局势发表见解。哈里姆教授每隔两周都会询问我的研究进展并及时给予相应指导。时任近东与中东语言系主任的著名学者欧阳文清教授在学习和生活上也给予了我很大的帮助。

拙著是国家社科基金西部项目结项成果,在博士学位论文的基础上修改而成。感谢我的授业恩师黄民兴教授,恩师将我引入中东史学术研究的道路,恩师思维敏捷、学术视野开阔,只是我资质愚钝又不够勤勉,以致长期以来庸庸碌碌无所建树,实在愧对恩师的教诲。惟有加倍努力,时刻鞭策自己,脚踏实地继续前行,不负恩师期望。感谢陕西师范大学历史文化学院领导与同仁对我的鼓励,特别是院长何志龙教授对我的支持与帮助。感谢中国中东学会会长杨光教授、中国社会科学院西亚非洲研究所王林聪研究员、中国社会科学院世界历史研究所毕健康研究员、西北大学中东研究所王铁铮教授、陕西师范大学历史文化学院李秉忠教授,他们对我的研究多有赐教。感谢社会科学文献出版社国别区域分社总编辑高明秀副编审、许玉燕编辑,她们为本书的顺利出版付出了辛勤的劳动。感谢我的家人对我的包容和理解,无论何时,家人都是我最强大的后盾。此外,感谢我的研究生刘佳、武文超、李娜、杨亚妮、李卓、苏杰、闫晶晶、李文庭、屈鑫和李迪,他们参与了本书的部分文献收集和翻译工作。

本书在撰写过程中引用了国内外诸多学者的学术成果,在此一并表示感谢。

本人学术水平有限,错误疏漏在所难免,敬请学界同仁批评指正。

詹晋洁

于陕西师范大学

2020 年 6 月 15 日

图书在版编目（CIP）数据

当代阿拉伯国家社会结构研究 / 詹晋洁著. -- 北京：
社会科学文献出版社，2020.7
ISBN 978 - 7 - 5201 - 6749 - 9

Ⅰ.①当…　Ⅱ.①詹…　Ⅲ.①社会结构 - 研究 - 阿拉
伯国家 - 现代　Ⅳ.①D737.16

中国版本图书馆 CIP 数据核字（2020）第 094808 号

## 当代阿拉伯国家社会结构研究

著　　者 / 詹晋洁

出 版 人 / 谢寿光
组稿编辑 / 高明秀
责任编辑 / 许玉燕

出　　版 / 社会科学文献出版社·国别区域分社（010）59367078
　　　　　　地址：北京市北三环中路甲 29 号院华龙大厦　邮编：100029
　　　　　　网址：www. ssap. com. cn
发　　行 / 市场营销中心（010）59367081　59367083
印　　装 / 三河市龙林印务有限公司

规　　格 / 开 本：787mm × 1092mm　1/16
　　　　　　印 张：17.25　字 数：230 千字
版　　次 / 2020 年 7 月第 1 版　2020 年 7 月第 1 次印刷
书　　号 / ISBN 978 - 7 - 5201 - 6749 - 9
定　　价 / 89.00 元

本书如有印装质量问题，请与读者服务中心（010 - 59367028）联系